内容简介

"广告策划与创意"是一门广告学专业的必修课,本书除了对广告策划尤其是广告文案等进行重点论述之外,还从广告创意的实质和特征入手,力求在深入浅出的分析与探讨过程中,为广告学这门综合了多种学科的边缘社会科学的深入研究,送上一块敲门砖。

全书分8章,从策划、策划与广告策划的关系、广告文案、品牌策划、企业CI策略、广告创意等多个角度进行介绍,并且进行了大量的广告分析,从多个角度进行了阐述。

本书适用于高等院校广告设计、艺术设计等专业的学生,也可作为相关专业的研究人员的参考书及广大从事广告设计人员的培训教材或参考用书。

本书封面贴有清华大学出版社防伪标签,无标签者不得销售。
版权所有,侵权必究。举报:010-62782989,beiqinquan@tup.tsinghua.edu.cn。

图书在版编目(CIP)数据

广告策划与创意/孟克难主编. —2版. —北京:清华大学出版社,2021.1(2024.8重印)
ISBN 978-7-302-56539-0

Ⅰ.①广… Ⅱ.①孟… Ⅲ.①广告—策划 ②广告设计 Ⅳ.①F713.81 ②J524.3

中国版本图书馆CIP数据核字(2020)第182909号

责任编辑:孙晓红
封面设计:李 坤
责任校对:周剑云
责任印制:杨 艳

出版发行:清华大学出版社
网　　址:https://www.tup.com.cn, https://www.wqxuetang.com
地　　址:北京清华大学学研大厦A座　　邮　编:100084
社 总 机:010-83470000　　邮　购:010-62786544
投稿与读者服务:010-62776969, c-service@tup.tsinghua.edu.cn
质量反馈:010-62772015, zhiliang@tup.tsinghua.edu.cn
课件下载:https://www.tup.com.cn, 010-62791865

印 装 者:三河市君旺印务有限公司
经　　销:全国新华书店
开　　本:190mm×260mm　　印　张:14.5　　字　数:349千字
版　　次:2014年9月第1版　2021年1月第2版　　印　次:2024年8月第9次印刷
定　　价:69.00元

产品编号:086889-01

Preface 前言

为了满足日益增长的广告市场需求，为了培养社会急需的广告策划技能型应用人才，我们组织多年从事广告策划教学和创作实践活动的专家教授共同精心编撰了本书，旨在迅速提高学生及广告策划从业者的专业素质，更好地服务于我国广告事业。为了保障我国文化创意产业经济活动和国际广告艺术设计制作业的顺利运转，应加强现代广告艺术设计从业者专业综合素质的培养，增强企业核心竞争力，加速推进设计制作产业化进程，提高广告策划设计制作水平，更好地为我国文化创意产业服务，这既是广告设计企业可持续快速发展的战略选择，也是本书出版的真正目的和意义。

本书从初学者的角度出发，通过讲解基础知识点与具体实例，全面介绍了广告策划与创意的性质和特点，读者可以通过实例由浅入深地了解、运用广告策划与创意。本书从广告的原理说起，围绕广告的策划与创意活动进行了叙述，是一部既具有学理深度，又具有较强实务性的优秀广告教材。

第1章和第2章主要介绍了策划与广告策划的基础知识，使读者对策划和广告策划有一个大致的了解。

第3章介绍广告策划与文案创意，主要内容包括广告战略策划、广告策划实施、广告策划内容、广告策划书制作和优秀广告作品展示。

第4章介绍品牌策划相关内容，主要内容包括品牌策划的定位、品牌策划的原则，以及品牌形象的塑造。

第5章介绍CI策划与战略，具体包括CI策划概论、CI导入、CI策划案例分析及优秀广告作品展示。

第6章介绍广告创意概论，内容包括广告创意概念、广告创意的地位和作用、广告创意的特征、广告创意思维及优秀作品展示。

第7章介绍广告创意基本原则，具体原则包括实效性原则、目标性原则、针对性原则、简洁性原则、差异性原则、通俗性原则及广告创意案例展示。

第8章通过广告案例分别对成功广告和失败广告的区别进行了分析。

本次改版，书中的基本架构和主要内容没有变，只是更换了一些案例，对全书的文字进行再次审读，使语言表述更精练、准确。

本书注重理论联系实际，内容深入浅出，例证丰富，涉及面广，可读性强，具有学术性、理论性和实践性，适合高等艺术院校教师、研究生、本科生及从事广告设计的专业人员和广大业余艺术爱好者阅读。

本书由华北理工大学的孟克难、薛涛、曹岩、刘潇潇共同编写，其中第3~6章由孟克难编写，第1、2章由薛涛编写，第7章由曹岩编写，第8章由刘潇潇编写。参与本书编写工作的还有王奇、陈艳华等，在此一并表示感谢。

由于时间仓促及作者水平有限，书中难免存在疏漏之处，敬请广大读者批评指正。

编　者

Contents 目 录

第1章 绪论 1

1.1 策划的定义与要点 2
- 1.1.1 策划的定义 3
- 1.1.2 策划需注意的要点 3

1.2 策划的分类与运用 4
- 1.2.1 策划的分类 4
- 1.2.2 商业策划及运用 5
- 1.2.3 政府公关策划及运用 6
- 1.2.4 活动策划及要素 8
- 1.2.5 艺术策划及运用 11

1.3 策划与广告策划概述 14
- 1.3.1 策划的特点 14
- 1.3.2 广告策划的特点 14

1.4 策划的基本原则 16
- 1.4.1 创意创新原则 16
- 1.4.2 客观现实原则 18
- 1.4.3 目标主导原则 19
- 1.4.4 系统规划原则 21
- 1.4.5 随机制宜原则 21
- 1.4.6 协同创优原则 22

1.5 策划的原理应用 22
- 1.5.1 聚众与分散原理 22
- 1.5.2 平衡原理 23
- 1.5.3 点式与示范原理 23
- 1.5.4 稀缺市场原理 23
- 1.5.5 效益原理 23
- 1.5.6 系统性和整合性原理 24
- 1.5.7 价格尺规原理 24
- 1.5.8 联动效应原理 24
- 1.5.9 互动效应原理 25
- 1.5.10 心理学原理 25
- 1.5.11 美女效应原理 26
- 1.5.12 名人效应原理 26
- 1.5.13 惯性原理 26
- 1.5.14 干扰分散原理 26

1.6 品牌策划案例 27
- 1.6.1 叶茂中策划案例之雅客糖果的品牌策划 27
- 1.6.2 叶茂中策划案例之赶集网 29

本章小结 31
思考练习 31
实训课堂 32

第2章 广告策划的概述 33

2.1 广告策划的含义及特性 35
- 2.1.1 广告策划的含义 37
- 2.1.2 广告策划的特性 38

2.2 广告策划的地位及意义 41
- 2.2.1 广告策划的地位 41
- 2.2.2 广告策划的意义 42

2.3 广告策划的原则 43
- 2.3.1 实事求是原则 43
- 2.3.2 系统原则 43
- 2.3.3 创新原则 43
- 2.3.4 心理原则 45
- 2.3.5 效益原则 45

2.4 广告策划的步骤 48
- 2.4.1 调查与分析 48
- 2.4.2 定位 49
- 2.4.3 广告战略的制定 53
- 2.4.4 策划的评估 55

2.5 广告策划案例 55
- 2.5.1 "喜年来"蛋卷新年行销的广告企划案例 55
- 2.5.2 阿迪达斯的网页广告 57
- 2.5.3 伊卡璐天然蔷薇精华洗发露广告案例 57

本章小结 59
思考练习 59

实训课堂 59

第3章　广告策划与广告文案 61

3.1　广告策划与市场营销 63
　　3.1.1　广告策划与市场营销的相同点 ... 64
　　3.1.2　广告策划与市场营销的区别 64
3.2　广告策划的实施 65
3.3　广告策划的内容 75
　　3.3.1　广告目标 75
　　3.3.2　广告对象 77
　　3.3.3　广告区域 77
　　3.3.4　广告媒体组合 78
3.4　广告策划书的制作 80
3.5　广告文案的撰写 82
　　3.5.1　文学型广告文案 83
　　3.5.2　说理型广告文案 87
3.6　广告文案案例 91
　　3.6.1　波音飞机广告文案 91
　　3.6.2　中国台湾某品牌的钢琴广告
　　　　　文案 92
　　3.6.3　《小红帽篇》广告文案 92
本章小结 92
思考练习 93
实训课堂 93

第4章　品牌及品牌策划概述 95

4.1　品牌概述 97
　　4.1.1　品牌的概念 97
　　4.1.2　品牌的作用 98
4.2　品牌定位的策略方法 100
　　4.2.1　类别定位 101
　　4.2.2　对比定位 103
　　4.2.3　档次定位 103
　　4.2.4　消费者定位 104
4.3　品牌策划的原则及运作流程 107
　　4.3.1　品牌策划的原则 107
　　4.3.2　品牌策划的运作流程 108
4.4　品牌形象的塑造 109
　　4.4.1　品牌形象塑造的原则 109
　　4.4.2　品牌形象塑造的误区 110
　　4.4.3　品牌形象塑造的途径 110
4.5　品牌策划案例 112
　　4.5.1　万宝路的品牌策划 112
　　4.5.2　苹果公司的品牌策略 114
本章小结 118
思考练习 118
实训课堂 119

第5章　企业CI策划与战略 121

5.1　CI策划概论 125
　　5.1.1　CI的组成与策划要点 125
　　5.1.2　CI的特点 125
　　5.1.3　CI的价值与功能 127
5.2　中国CI基础与实务 130
　　5.2.1　中国CI产生与发展的基础 130
　　5.2.2　中国CI操作应注意的问题 132
5.3　CI的导入 134
　　5.3.1　导入CI的目的及计划方针 134
　　5.3.2　CI的三大支柱 134
　　5.3.3　拟定具体实施办法 135
5.4　CI的设计与开发要点 136
　　5.4.1　企业设计要素的种类 136
　　5.4.2　基本的设计体系 137
　　5.4.3　企业的应用设计系统 138
　　5.4.4　关于品牌设计要素及企业
　　　　　识别 139
　　5.4.5　公司全体的识别系统 139
　　5.4.6　CI设计开发的程序 140
　　5.4.7　设计开发委托书的制作 141
5.5　CI策划案例 142
　　5.5.1　中国移动通信集团公司
　　　　　CI策划 142
　　5.5.2　花旗银行CI策划 143
　　5.5.3　《南方周末》CI策划 145
本章小结 147
思考练习 147
实训课堂 148

第6章 广告创意概论 149

- 6.1 广告创意概念 152
  - 6.1.1 创意 153
  - 6.1.2 广告创意 153
- 6.2 广告创意的地位与作用 156
  - 6.2.1 广告在市场营销中的地位 156
  - 6.2.2 广告创意与广告策划的关系 158
  - 6.2.3 广告创意的作用 159
- 6.3 广告创意的特征 162
  - 6.3.1 新颖独特 162
  - 6.3.2 "意"与"象"交融 164
  - 6.3.3 具有吸引力 165
- 6.4 广告的创意思维 167
  - 6.4.1 抽象思维和形象思维 168
  - 6.4.2 顺向思维与逆向思维 168
  - 6.4.3 发散思维与聚合思维 169
- 6.5 优秀广告作品欣赏 170
  - 6.5.1 宝马汽车广告 170
  - 6.5.2 德芙巧克力广告 172
- 本章小结 174
- 思考练习 175
- 实训课堂 175

第7章 广告创意的基本原则 177

- 7.1 实效性原则 180
  - 7.1.1 实效性与创益 180
  - 7.1.2 实效性与消费者心理 181
- 7.2 目标性原则 182
  - 7.2.1 明确创意目标 182
  - 7.2.2 常见的广告目标 185
- 7.3 针对性原则 187
  - 7.3.1 针对消费者 188
  - 7.3.2 针对竞争对手 190
  - 7.3.3 针对社会环境 191
- 7.4 简洁性原则 191
  - 7.4.1 简洁中的智慧 191
  - 7.4.2 简洁能使消费者更好地接收广告信息 192
- 7.5 差异性原则 193
  - 7.5.1 差异性与创新性 193
  - 7.5.2 广告创意差异性的理论依据 193
- 7.6 通俗性原则 196
  - 7.6.1 广告产生效果的前提是通俗易懂 196
  - 7.6.2 通俗的相对性和对等性 197
- 7.7 广告创意案例 198
  - 7.7.1 雪佛兰——热爱我的热爱 198
  - 7.7.2 李宁产品广告 199
- 本章小结 200
- 思考练习 200
- 实训课堂 201

第8章 优秀广告案例分析 203

- 8.1 优秀广告作品分析 205
  - 8.1.1 金六福广告分析 205
  - 8.1.2 泰国公益广告分析 208
  - 8.1.3 电信广告分析 212
  - 8.1.4 空调广告分析 213
  - 8.1.5 百事可乐广告分析 215
  - 8.1.6 聚美优品广告分析 216
- 8.2 优秀平面广告作品赏析 218
  - 8.2.1 美国Organic Nutrition有机营养体育运动品牌广告赏析 218
  - 8.2.2 Glad保鲜膜广告赏析 219
  - 8.2.3 Asurin垃圾袋平面广告赏析 219
  - 8.2.4 禁烟公益广告赏析 220
- 本章小结 221
- 思考练习 221
- 实训课堂 221

参考文献 223

第1章

绪 论

 学习要点及目标

- 了解策划和策划学的概念,以及策划包含的内容。
- 熟悉策划定义中的要点。
- 了解策划的分类。
- 熟悉策划的原理。

 核心概念

策划学　商业策划　政府公关策划　活动策划　艺术策划

引导案例

"雅倩"洗衣粉——"世界上最长的晾衣绳"

在2000年到来之际,巴西宝洁公司为推广"雅倩"洗衣粉,在巴西里约热内卢博达福戈海滩拉起了世界上最长的晾衣绳,其全长22 420.5米。当时世界吉尼斯最长晾衣绳纪录为18 000米。这根晾衣绳共用了2 800根橘红色柱子,32根700米长、5毫米粗的绳子。这根世界上最长的晾衣绳上,共晾晒了4万多件用"雅倩"洗衣粉洗涤的白色衣服。

为了收集可供晾晒的白色衣服,他们在里约热内卢发起了"捐献白衣"的活动。每捐献一件白衣,可获得一张2000年1月2日在桑巴广场举行的"千禧年狂欢"活动门票。

【案例分析】

由洗衣粉想到晾衣绳不难,再想到在美丽的海滩拉起一根世界上最长的晾衣绳也不难。这项策划的精彩之处是与"千禧年"狂欢挂钩,很好地理解了巴西人的生活状态,将巴西人天性的热情奔放和创造力很好地融合到新纪录的诞生和商业推广活动中。

(资料来源:人人网)

1.1 策划的定义与要点

在我们的生活中,无论何时何地都离不开策划,小到个体的人生策划,大到国家与国家之间的群体式策划,都离不开策划的技巧和理论知识,这些方法体现在人们生活和工作的方方面面,如个体中的人生职业规划、个体婚礼的举办。策划的分类也十分多样化,每个策划分类面对的受众群体不一样,手段也不一样,但最终的目的都是一致的,那就是以最少的投入或最小的代价,让策划对象赢得更高的经济效益、社会效益。而从事策划工作的人,就是运用策划的手段、超前的创意和思维,对手上的资源构思和谋划进行资源整合,然后制订周全和可执行的方案。

1.1.1 策划的定义

策划是一个很大的概念，有策划一个活动的，也有策划一件事情的，那么策划到底是什么？我们应该怎么定义策划呢？

策划是对某件事、某一项目或某种活动进行酝酿、统筹、实施，并运用广告、营销、公关、艺术设计、新闻、谋略等手段，进行综合实施运行，使之达到较好效果的过程。同时策划还是一门学问，有专门的策划学供人们学习。策划学是专门研究策划的一门科学，是对某种具体项目和安排进行研究的学问。

"策划"这个词的历史非常悠久，最早的意思是计划、打算。今天人们所说的"策划"除此意思以外又含有一些新的意思，如统筹、安排、酝酿、计谋、谋策。总的来说，策划就是对某件事情、某种项目、某种活动等有什么计划和打算，准备用什么计谋，采取何种谋略，然后综合实施运行，使之达到较好的效果。同时策划要用到很多手段，如新闻、广告、公关、营销、谋略等，然而实际策划中并不是将这些手段简单相加或综合而成，而是有自己的理论系统，同时将这些手段加以运用。

下面我们来谈谈如何定义策划比较准确。

(1) 我们将"策划"这个词一分为二。单独看"策"这个字在《辞海》中的解释主要有三层意思：第一层意思是指马鞭、鞭策、鞭打；第二层意思通"册"，即竹片记事之书；第三层意思是计算、筹划的意思。而"划"在《辞海》中的含义主要为划分、计划、划拨的意思。这里的"策划"中的"策"主要是第三层意思，即计算、筹划，它与"划"的计划意思相融合，就成了计划、筹划和谋划的意思。

(2) 就"策划"的宏观、中观、微观来讲，在军事、政治、经济、文化等各个领域进行的计划和谋划活动属于宏观含义；广告营销方面的创意、设计、谋划等活动属于中观含义；个人在学习、生活和工作过程中对具体事务的谋划属于微观含义。策划学关注广告、营销等方面，同时更加关注经济、政治、文化等各领域的创意方案。从这个意义上来说，策划是谋划天下，正像《史记》中所说的："运筹帷幄之中，决胜千里之外。"

知识拓展

"美国哈佛企业管理丛书"编委会讲明了策划的基本内容："策划是一种程序，在本质上是一种运用脑力的理性行为。"基本上所有的策划都是关于未来的事物，也就是说，策划是针对未来要发生的事情做当前的决策。换言之，策划是找出事物的因果关系，衡度未来可采取的途径，作为目前决策的依据，即策划是预先决定做什么、何时做、如何做、谁来做。

1.1.2 策划需注意的要点

策划在定义的时候一定要注意区分策划与规划、点子、谋略三者的关键。要知道，策划不是魔术，更不是点金术，不能无中生有，它不同于规划，也不等于点子，不是单纯的CI。策划和规划相比，是软性的，是创意、设计，是利用机遇等因素来完成的；策划和点子相比，点子就好比是零散的珍珠，需要通过策划将其串成项链才有综合的价值；策划和CI相比，CI是企业形象策划，它只是策划学的一个具体的分支。因此，策划有几个点是一定要强调的，这是它和其他与策划相似行为相区别的关键。

首先，策划不能违背现实性原则，不能离开现实资源而随意遐想；其次，策划一定得有创意，能设计新理念、新主题，能够开拓创新；再次，策划必须注重现实与创意的结合，认识规律(天时、地利、人和)，预测趋势(宏观、中观、微观)，反常规思维，审时度势，捕捉机遇；最后，策划必须能将各种资源——实物的、信息的、历史的、现实的进行分析整合，设计一套可操作的能有效达到目的的方案。

通过这几点，我们可以看出，策划不同于点子，不能违背现实性，不是空想和空谈；策划要有好的创意，不同于规划，是硬性的，具有硬性指标。

1.2 策划的分类与运用

策划能体现人的综合素质，可以说搞策划的人就像"万金油"一样，要懂的东西很多。策划学是一门综合性很强的学科，涉及许多学科，如运筹学、决策学、预测学、系统学、控制论、信息论，以及古代的谋略学说和现代的市场竞争理论等。

1.2.1 策划的分类

1. 从策划的活动主体来看

从策划的活动主体来看，策划可分为群体策划和个体策划。群体策划又可具体分为关于国际组织的策划(如联合国的维和行动)、关于国与国之间的策划(如中美建交的策划)、关于国家大型活动的策划(如我国西部开发战略的策划)、关于团体活动的策划(如政党组织、协会活动、家族活动、学术活动)、关于地方政府的重要活动的策划(如厦门市政府主办的"对台贸洽会"的策划)、关于企业集团的策划(如联想集团的发展战略的策划)。个体策划也可具体分为很多方面，如个人成长的自我设计、明星的包装策划等。

2. 从策划的活动区域来看

从策划的活动区域来看，策划可分为全球性的策划、某大洲范围的策划、国家区域内的策划、地区内的策划和社区内的策划等。

3. 从策划所涉及的不同功能来看

从策划所涉及的不同功能来看，策划可分为发展战略的策划(如企业发展战略的策划、军队发展战略的策划)、竞争战略的策划(如市场竞争战略的策划)、对抗战略的策划(如军事对抗战略的策划)、扩展战略的策划(如跨国集团拓展市场战略的策划)、转移方式的策划(如企业经营中心转移战略的策划)等。

4. 从策划所涉及的行业来看

从策划所涉及的行业来看，策划可分为旅游策划、体育策划、新闻策划、教育策划、科技策划、文艺策划(包括影视、图书、展览、庆典等方面的策划)、商业策划及书刊发行策划等。

5. 从策划所涉及的宏观的学科方向来看

从策划所涉及的宏观的学科方向来看,策划主要分为经济策划、文化策划、政治军事策划和企业形象策划四个方面。

6. 从策划人的不同手段来看

从策划人的不同手段来看,策划可分为新闻策划、营销策划、广告策划、形象策划、公关策划、设计策划和艺术策划等。

我们下面就从策划的几个方面来讨论策划的分类的具体内容,并通过案例的分析,让大家更为深入地了解策划。

1.2.2 商业策划及运用

商业策划,又称企业策划,是指商业界和企业界各种商业活动或者商业销售的一种策划。商业策划的内容非常广泛,大到城市商业空间的布局、现代化商业街区的建设,小到一个店铺的促销活动,成功的商业策划不仅会赢得客流量,还能给商家带来可观的效益。有人说,我们即将面对的是一个策划家的时代,策划在商业领域尤为重要,可以说是一门以预测为基础的学问,如果一个公司能预测到未来会出现的市场,那么就能通过这些市场的需求来提供相应的产品或者服务,从而取得商业上的成功,并获得利益上的双赢。

以下是商业策划的方法的具体操作。

(1) 商业策划专题调查法。较大的商业策划通常都采用这种策划方法。一般情况下,好的策划方案都是建立在专题调查的基础上的,这是因为市场化的细分细化了专题调查,对调查信息加以分析、比较,大致确定策划项目的运作方向、进程、实施步骤,以及要达到的目标,并用企业相关的资源保证策划的执行和实现。

(2) 商业策划直觉反应法。直觉反应法是指在策划人听取了准备经营或者促销活动的内容后,凭着"直觉反应"判断此事的可行性,并可以说出这些策划哪些能干哪些不能干。

(3) 商业策划换位思考法。换位思考法是指在做策划方案的时候,策划人既要从商家的角度来考虑问题,同时也要从消费者的角度考虑问题,这样形成的方案往往能达到双赢的效果。

(4) 商业策划逆向思考法。逆向思考法的思考角度十分独特,是指沿着人们的惯性思维反方向展开思路而形成方案。这种逆向思维产生的方案不仅具有创新精神,还能在执行中碰撞出智慧的火花,甚至能产生经营方式、模式的划时代巨变。

(5) 商业策划头脑风暴法。策划有时候光依靠一个人是无法完成的,某些策划需要在某一个时间里将有关专家集中在一起,而其内容是就与某个商业有关的提议进行研讨,在讨论过程中采用灵感激发、激荡头脑的一种集思广益的方法。

(6) 商业策划组合信息法。在进行策划的过程中,有时候会碰到一些孤立的信息,这些信息往往很容易被忽略掉。但是,请千万别小看这些信息,认为其没有太大价值。我们可以运用组合信息法,把得到的一时和一事的单个信息加以浓缩和组合在一起,有时候就会产生意想不到的变化。

(7) 商业策划潜意识思考法。如果在策划过程中一直处于冥思苦想的状态,那么这时候索性放一放，让精神彻底放松，多干一些与策划无关的事情，让自己的潜意识来思考与策划有关的事情，在潜意识中寻找策划方案的闪光点，说不定会有意想不到的效果。

(8) 商业策划观察法。观察法是指策划人通过观察来了解外界事物，获得直接感受或经验。

(9) 商业策划征询意见法。征询意见法是指通过征求意见的方法获得更多的信息，进而拓宽策划的思路。它是改进产品或经营的直接依据。

知识拓展

> 商业策划书，亦称商业计划书，英文名称为Business Plan，是公司、企业或项目单位为了达到招商融资的目的和其他发展目标，在经过前期对项目科学地调研、分析、搜集与整理有关资料的基础上，根据一定的格式和内容的具体要求而编辑整理的一个全面展示公司和项目状况、未来发展潜力与执行策略的书面材料。

1.2.3 政府公关策划及运用

政府公关策划是主要以能招商引资或者为了各种选举为目的的策划，这些策划能提高政府的形象及政府的知名度、美誉度、满意度，提高公众对政府的积极看法，如案例1-1所示，公益招贴也是政府公关策划的一部分。那么，如何进行政府公关策划呢？

1. 目标要量化

一些政府公关活动往往会耗费大量的人力、物力和财力。这主要是因为在给政府建立知名度、认知度、美誉度时，耗资巨大但却没有明确的目标策划，这就造成了资金的浪费。因此，目标一定要量化，只有量化目标，政府公关活动策划与实施才能够有明确方向，少走弯路。

2. 集中传播卖点

卖点是公关活动中的主题，也是策划的依据和主线。有些公关活动，往往花了不少钱，但就是让人不知道是什么活动，留不下很深的印象。一般活动的卖点应该是整个环节中最精彩的地方，只有在公关活动中提炼一个鲜明的主题并加以传播，才能把有关资源整合起来，完成活动目标，让人们在时隔多年后，仍然能想起这个情节。这个主题核心的内容一定要唯一，并且利于传播。

3. 公关活动是一个媒体

媒体是作用于事情或者活动向外界进行传播的手段。大家把目光都集中在新闻媒体和广告媒体上，殊不知公关活动本身也是一个传播的媒体，它具备大众媒体的很多特点，不过在公关活动实施前是没有传播作用的，但是活动开展起来了就会有良好的媒体效应。在策划和实施公关活动时，要配好相应的会刊、通讯录、内刊、宣传资料等，实现传播资源整合、提升公关活动的整体效果。

4. 可行性分析

策划得再好，最后还是要落在实处，只有如此，一场策划才能发挥出它的效果。以往的公关活动证明,公关活动的可行性、经费预算、公众分布、场地交通情况、相关政策法规等都应该进行详细的调查。俗话说:"知己知彼,百战不殆。"只有经过详细的调查和分析,才能掌握公众的需求和自身的优劣势,才能扬长避短,做出客观的决策。

案例1-1

政府公关策划的广告部分

所谓政府公共关系,是指政府为了争取公众对政府工作的理解和支持,运用传播沟通手段处理和协调与公众的关系,以便更好地管理社会公共事务的一系列活动。

热烈庆祝中国共产党建党八十周年的广告招贴、环境保护的招贴、节约用水的招贴等,都是政府用于公关策划的广告手段。

图1-1所示是庆建党八十周年的广告招贴,这款招贴画将中国共产党的历届领袖组成数字"80"电影胶片,用"过电影"的形式表现了中国共产党经历的风风雨雨,大气的字幕"80"让人们感受到80年来中国共产党在历届领袖的带领下所走过的光辉历程。

图1-2所示是一张环保招贴,这款环保招贴将文字"这盘棋该怎样下……"作为大标题,除了草地、沙漠、象棋棋盘之外,还有文字:"据统计我国土地'荒漠化'面积为262万平方公里,大大超过耕种面积的总和,并且还以每年6 700平方公里的速度扩张。"环保招贴需要给人带来一定的视觉冲击力,这幅招贴除了新颖的图片视角之外,文字的说明更能加深人们对于环境保护的重视。

图1-3所示以红色与黄色为主要色调,两者相互补充,既有色彩的区别,又同属于暖色调,非常符合招贴中"city and water"的主题,而图中占有最大面积的手掌的造型,也是城市中的楼房与水纹的组合,非常符合该招贴的表现主题。

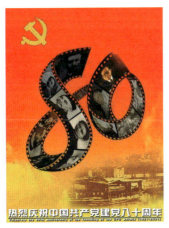
图1-1 庆祝建党八十周年的广告招贴
(设计者:刘宝成)

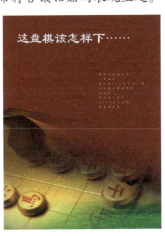
图1-2 环保招贴
(设计者:刘宝成)

图1-3 节水招贴
(设计者:刘宝成)

【案例分析】

政府公益招贴画是招贴画的一种,从本质上说,它是一种社会文化,包含的内容非常丰富，其类型有社会公德、社会福利、环境保护、交通安全、预防疾病等。政府公益招贴画历来与社会的发展有着密切联系，它的题材来源于生活又高于生活。

在我国，政府公益招贴画对我们的社会主义精神文明建设起着潜移默化的作用，承担着一定的社会职责。因此，要求我们的创作人员首先要有爱国主义精神，要对自己国家的社会、政治、经济、文化有深刻的认识，对历史的变革有一定的了解，要树立正确的世界观与人生观，要自身心态好、伦理道德明。

这三幅广告招贴画从本质上都做到了明确传达政府的公益思想，图1-1的招贴画，清晰的"80"赫然在招贴的正中央，突出了该招贴的主题，且红、黄两色相间，又将党徽放于招贴的左上方，更加突出了招贴的目的性。设计该招贴的设计师，不仅明确设计的内涵，还对我党的历史等有深刻的认识，是一名优秀的设计师。图1-2的预防沙漠化的招贴，将黄、绿两种代表沙漠与树木的颜色作为主要色彩，突出了该招贴的主题，且新颖的棋盘设计能够让看到该招贴的人们更加警醒："预防沙漠化这盘棋该怎么下？"图1-3为城市节水的招贴画，"city and water"的主题语，城市中的楼房与水纹组合成手的形状，非常明确地表现了城市与水的关系，且黄色与红色的色彩组合非常有视觉冲击力。

由此可见，政府公关策划在策划的时候一定要目标明确，如果政府的公关活动没有目标、没有重点、虎头蛇尾的话，策划也是达不到预期效果的。策划很重要，策划后的实施和执行也一样重要。

(资料来源：根据中国设计网相关资料整理)

1.2.4 活动策划及要素

活动策划如果有着良好的可执行性和可操作性，对于企业和品牌的知名度、美誉度都有着积极的促进作用。根据整个企业的营销思维和模式而做出的市场策划案和活动策划案才具有广告性。

1. 活动策划的特点

活动策划具有以下特点。

(1) 具有大众传播性。这包括两种情况：一个是活动本身就有新闻价值，能吸引公众的注意力；另一个是把公益性引入活动中，通过媒体宣传激发某个品牌在群众中的美誉度。

(2) 具有深层的阐释功能。活动策划一般都能把企业要传达的信息说得清楚、准确、详细，同时也能把客户需要表达的东西说得明白透彻，这都是广告无法完成的。

(3) 具有公关职能。具有公关作用的活动策划往往能使品牌获得在公众心中的良好形象，而这些策划往往是通过主题来开展的，它们树立了品牌的形象，用公益广告的宣传也能得到公关效益，但活动策划的公关效益更具有时效性和立体性。

(4) 具有经济性优势。广告费有的需要成百上千万元，而一次活动策划的成本远远少于广告费，如果有闪光点很快就能有成效，及时得到市场的反馈。

(5) 具有延时性。一项好的活动策划会有第二次的传播，也就是说在一个活动发布出来以后，被别的媒体纷纷转载，会把这个活动的影响向后延时。

如案例1-2所示的这则活动策划案例,从合作分析、活动分析等方面能够清晰地看出,该案例具有以上特点。

案例1-2

新游上市的游戏活动策划案例分析

某网游是由国内××知名游戏公司研发并运营的,游戏题材为武侠。在这款网游面世前,其单机版已经在玩家中赢得良好口碑,数个版本都大受欢迎。现在这款网游公测即将结束,而每个参加公测的玩家都非常踊跃。现在需要进行大量的宣传活动,以便让参加公测的玩家愿意为此款网游付费继续玩下去,为游戏的后续发展奠定良好基础。而本案例便是期间的活动之一。活动名称为"塑造你心中的'赏善罚恶'大使";合作公司为××知名网络游戏网站、××网吧联盟、××游戏杂志。

合作分析

一个活动的效应和其合作推广的宣传媒介有着密不可分的关系。××网络游戏门户网站在国内的同类宣传媒体中独占鳌头,其下属的网吧联盟是全国规模最大的网吧联盟机构,加上月销量4万的××游戏杂志,线上线下、网络平面,能够为游戏进行全方位、立体式的专业宣传推广,必将给游戏厂商带来意外的惊喜。

活动分析

GM的工作态度在很大程度上代表官方的态度,GM的行为对玩家在游戏中的"生活"有着很大的影响。由玩家自己制定GM工作条例的活动,样式新颖且能够让玩家觉得自己是游戏的主人,觉得官方很重视他们的感受,这些充满人情味的做法肯定会得到广大玩家的响应,从而扩大××网络游戏的知名度,带动人气。

常识介绍

GM,英文全称Game Master,中文全称为"游戏管理员",是游戏厂商为了保证游戏品质,使玩家更大程度上享受游戏乐趣、得到更好的服务而聘请的在线游戏管理人员。其主要工作是了解游戏运行状况,解答用户问题;根据游戏规则维护游戏秩序;及时发现游戏的BUG,进行临时补救并及时向技术部门进行汇报;了解用户的需求,并提交给相关部门进行改进。

活动说明

腥风血雨的江湖,爱恨情愁的纷争,谁来主持公道?谁能够力挽狂澜?"侠客岛赏善罚恶大使"飘然而至——游戏中的GM。揭开侠客岛神秘面纱,××网络游戏的GM工作条例由你制定。说出你最中肯的意见,塑造你心中的"赏善罚恶"大使,让你的意见"飞来"吧。

活动流程

1. 网站上公布活动新闻、活动页面和某网络游戏GM工作条例草案,以及玩家意见提交系统。

2．在相关页面上展示玩家提交的修改意见，并转给官方。

3．由官方选出最中肯的玩家意见，并以此作为获奖的依据。

4．获奖玩家的意见将公布在首页及相关页面上，玩家将获得相应的奖励。

活动提交口径

享受您应有的权利：我对上面的第××条例不满！

我的意见：　　　　　　　　　　　　　奖项设置：待定

活动时间：待定　　　　　　　　　　　活动宣传：首页广告位(已定)

文字宣传

1．活动专题页面，链接注册系统的制作。

2．某游戏网站首页、专区、网吧联盟首页，以及官方发布活动新闻。

3．网吧联盟首页图片宣传。

4．在网站首页公告区公布活动开始(什么形式，多长时间)。

5．在网站首页活动情报区发布消息(什么形式，多长时间)。

6．活动时期跟进活动动向发布新闻通告。

网吧联盟

1．在网吧联盟公告榜上发布(多长时间，多少家网吧)。

2．开通专用客服QQ和热线电话并公布。

3．在线活动帮助手册开通。

4．网吧联盟省代向下做宣传(宣传范围)。

其他配合

1．论坛炒作。

2．在××游戏杂志上进行某网络游戏活动的宣传。

预算

1．网站广告费(已定)。

2．××游戏杂志(广告及新闻、文章配合)。

【案例分析】

活动策划最重要的就是招引力，同样地，作为网游的策划活动，最重要的是在推出活动之前有一定的知名度。该游戏在推出之前，就已经有了一定的知名度。公测时，玩家非常活跃，并且已经熟悉了游戏的特点。这说明公测时期的效果可以引导玩家对游戏进行认识。此外，游戏打出服务牌，利用GM直接面向玩家，让玩家来为GM的工作制定标准，实际就表现了厂商全心全意为玩家服务的一种态度。让玩家来制定GM的工作规范，也有让玩家参与游戏运营的意味。自己当家做主，这样无疑可营造出玩家的责任感，提高玩家的忠诚度，使玩家在信任这款游戏的同时，增加这场活动策划的感召力，使得收费后会留下大部分玩家。

但是，以"塑造你心中的'赏善罚恶'大使"为活动名称，表意过于隐晦。这一活动最吸引玩家的是GM这样的关键词，因而活动名称中应出现GM的字眼。活动名称没有点明活动的主旨，不免遗憾。不过此点可以通过其他的活动宣传工作来弥补。

该案例还寻找媒体为合作单位，一方面可以扩展活动的报道面，另一方面也可以为活动本身提供公正的监督，令玩家有公平、公正之感。而且，活动有回收问卷的过程，通过媒体的渠道可以节省在此处花费的人力成本。

事实上，这个活动是围绕GM这个主题进行的，目的是让玩家认同游戏运营后的服务。这样看来，活动要做到两个方面：一是让玩家了解游戏的GM将如何提供服务(可以制作成专题在网站及杂志上发布)；二是摆出以玩家角度出发，打造出全心全意为玩家服务的态度。因而在整个活动中，除了活动流程里所列出的条陈外，还需要针对GM本身进行宣传工作(如以"××网络游戏的GM"为主题制作专题，全面介绍GM的工作环境等，在网站和杂志上发布)。此外，在最后还需将主题点明：××网络游戏将全心全意为玩家服务。

(资料来源：根据中国广告人网站相关资料整理)

2. 活动策划应该具备的要素

一个完整的活动策划应该具备以下五点要素。

(1) 招引力。活动的招引力是策划活动的关键，要成功地抓住用户的注意力和参与感，成为受众群体注意力的核心，就要促进受众群体的热情和参与。这种招引力要有构思，策划的主题要抓住用户的需求，包括好奇心、自我价值表现、利益等，还要给予适当的精神或物质鼓励。

(2) 可信度。要增强用户对活动策划对象的认同感，如果一样东西，听都没听过，那么参与这个活动的人就不会很多，推广的作用也不会很大。如果一个品牌可能没什么人知道，要想增强活动推广的可信度，就要寻求有品牌知名度的协作伙伴，通过依靠这些人气旺的品牌来策划大型活动获得人气，这样才可能使得新品牌的知名度迅速扩大。

(3) 关联度。活动推广要做好相关的关联工作，如要和网站产物、品牌文明相关联，要和企业产物、企业家、职业学者等范畴相关联。活动推广的关联度越高，其推广作用也就越密集，也就更能表现主办方宣扬的性价比。

(4) 执行力。三分策划，七分执行，能不能充分地表现推广意图，就在于推广活动中的执行力。执行力主要表现在具体任务的完成、任务的程序、执行人员、执行时间、突发事件的处置情况等方面，在活动的执行过程中若是出现问题，就会使活动推广效果大打折扣。

(5) 传达力。整个活动策划推广的关键部分就是有效地传达。传达力贯穿于策划活动的前前后后，活动前引起受众群的好奇心；活动中做好活动组织任务，把策划的主题集中表现出来，让受众群对活动建立起来的品牌形象有个良好的认知；活动后经过其他媒介的传达，把活动影响力进一步延时和延伸。

1.2.5 艺术策划及运用

策划已经成为当今社会不可或缺的一部分，相应地，艺术策划也成为一切艺术活动开始的基础。所谓的艺术策划包括对艺术品本身的包装、展览的设计、媒体的宣传、头面人物的出席捧场等。艺术策划应该是追求利润的，但最终目标是创造优秀的艺术品，要完成这个目标需要横跨多个领域并驾驭自如，因此，艺术策划是一门相当渊博的学科。

那么如何将这门策划艺术发挥得淋漓尽致呢？

1. 艺术策划的计划保障功能——计划先行

艺术策划并不是简单的单一事件，会涉及整个展览的各个环节，如宗旨制定、场地安排、资金筹措、市场推广和计划实施等。每一个环节都需要详细周密的计划及人员安排、时间的确定，是一个统筹全局的计划。它可以使工作有明确的目标，且让人了解工作对全局的意义，如案例1-3所示，该会展策划书就以"计划先行"为目标，对会展活动进行了详细的计划。

案例1-3

重庆南坪艾美儿会展策划书

1．公司简介

艾美儿美容化妆有限责任公司经营产品范围包括护肤、美白、防晒、护发、精油、洁面乳、爽肤水、面膜、润肤膏、眼霜、香水、美容工具等系列的美容化妆品。

2．现状分析

随着现代生活水平的日益提高，人们不仅注重内在精神的追求，也重视外在的形象，特别是女性消费者。在我国市面上销售的化妆品包括国货和洋货，形形色色的产品品牌让消费者难以选择。我们知道化妆品行业属于多次性消费行业，客户对于品牌建立了忠诚度之后，就会成为老客户，不断地在固定的店面购买同一品牌，并且通过口碑宣传会影响她周边的消费群体，这样店面及品牌就可以得到稳定增长的销量，利润也随之稳定增长，这些老客户就成为化妆品专营店的"聚宝盆"。

3．宣传工作

人员宣传：传单发放、POP宣传。

网络宣传：发布相关信息于房交网、搜索引擎、邮件、QQ等。

媒体宣传：报刊发布此次会展相关信息。

4．前期准备

1) 人员培训

礼仪、安保及服务人员的指导训练。

工作人员做好指定区域的管理准备工作。

2) 材料准备

文字类：有关艾美儿美容化妆的相关背景资料及新产品简介宣传册。

物品类：请柬、胸牌、水、奖品、纪念品。

作用于展览会的各种广告媒体、宣传用品、礼品、挂旗、包装袋、POP乃至书签、茶杯等设计上，对于扩大展览会的社会影响，树立展览会在社会大众心目中的形象，要具有很强的识别性和记忆性。

5. 活动内容

1) 活动主题

绽放美之花,活得精彩!

该主题旨在吸引消费者参与,引起消费者的内心共鸣,吸引消费者的眼球,引起消费者的持续注意。

2) 活动地点

重庆南坪会展中心

3) 活动目的

本次活动可以树立公司的企业形象,宣传企业产品的优势,构建一个畅通的客户关系沟通渠道,营造宽松、良好的交流氛围。会展作为联系参展商和观众的桥梁,为企业公司和观众提供了一个理想的沟通和交流的平台。同时,会展拥有全方位宣传企业、信息高度集中、联系面广、新颖性等特点,对宏观经济的作用也不可估量。

【案例分析】

策划书作为一场活动的总则,对活动的执行和效益有着指导性的作用,策划书的全面与否与最终活动的呈现有直接关系。一份策划书对于整场活动起到的是台本的作用。这份会展策划书详尽地指出了该活动如何呈现的问题,尤其是对展会这种文化策划的形式,非常细致地体现了展会策划的特点,也明确了整个展会的流程,为举办一场优秀的展会活动奠定了基础。

(资料来源:根据中国策划网相关资料整理)

2. 艺术策划有分析变化功能——分析考察

艺术策划不仅是一份时间、人员安排表,更需要有分析变化的功能,就像一个好的守门员不仅会扑球,更重要的是预知球射进的方向。艺术策划是对未发生的事做一个既定的安排,必然会和实际情况有出入,因此就必须事先分析可能会产生的变化、威胁和突发状况等。

3. 艺术策划有包装创新功能——推广宣传

一份好的艺术策划就像一个好的广告,寻求最行之有效的方式,最好的推广手段,推出艺术家、美术馆,甚至推出一种新的艺术理念、艺术形式等。这是举办一个有影响力的展览的关键性因素。

4. 艺术策划有评估总结功能——评估收尾

因为有既定的完整方案,所以可以根据整个展览策划有效地考察评估工作的进展程度,以便及时发现问题、解决问题,并建立完整的信息资源库。

1.3 策划与广告策划概述

1.3.1 策划的特点

社会对策划的需求越来越多,策划的地位也越来越突出,以下对策划的特点进行具体的描述。

(1) 策划的本质是一种思维智慧的结晶。

(2) 策划具有目的性,不论什么策划方案,都有一定的目的,不然策划就没意义了。

(3) 策划具有前瞻性、预测性。策划是人们在一定思考以及调查的基础之上进行的科学预测,因此具有一定的前瞻性。

(4) 策划具有一定的不确定性、风险性。策划既然是一种预测或者筹划,就一定具有不确定性或者风险性。

(5) 策划具有一定的科学性。策划是人们在调查的基础之上进行总结、科学的预测,不是一种突然的想法或者突发奇想的方法,它是建立在科学的基础之上进行的预测、筹划。

(6) 策划具有科学的创意,是人们思维智慧的结晶,是一种思维的革新。具有创意的策划,才是真正的策划,策划的灵魂就是创意。

(7) 策划具有可操作性,这是策划方案的前提。如果一个策划连最基本的可操作性都没有,那么这个策划方案创意再好也是一个失败的策划方案。

1.3.2 广告策划的特点

广告策划有广义和狭义之分,狭义的广告策划,是将其看作在整个广告活动中的一个环节,并且将广告活动方案进行排列组合和计划安排,最后产生广告策划方案或策划书的编写;而广义的广告策划,则认为广告策划是从广告角度对企业市场营销进行系统的整合和策划事务的全过程,其中包括市场调查,根据消费者的需要对企业产品的设计进行指导,并通过广告进行销售,从而实现传播的目的。现代的广告策划基本上都看作是对企业广告活动进行的规划、决策、组织和协调,如案例1-4所示,"好孩子"这一品牌就属于广义的广告策划,是一则通过全面的、系统的市场调查完成的广告策划案例。

案例1-4

单纯的创意,如利刃般割手——"好孩子童车,更舒适"

创建于1989年的好孩子集团,是一个致力于儿童用品的企业。多年来,好孩子在儿童用品上占据革命性与颠覆性的地位。2010年,好孩子在中国香港上市,2011年,好孩子将婴儿车作为品牌发力的首要产品。

2009年,好孩子与叶茂中营销策划公司合作,于2011年正式对市场发力,并同时开始进行深入的广告策划。

  叶茂中营销策划公司对整个婴儿车市场进行了深入的分析,认为近些年婴儿车市场完成了从简陋到优良的消费升级,四、五线城市的消费潜力也呈上升态势。好孩子的品牌认知度达95%。然而,由于好孩子的品牌并不鲜明,导致即使有高认知度也没有高销量。因此,在婴儿车市场,做大规模的品牌传播成为首要的问题。只有口口相传的累积效应,才可以让好孩子成为真正让消费者熟知并产生消费行为的品牌。

  找到一个消费点,让消费者进行购买才是这场翻身仗的本质。经过大量的市场调研,该策划公司总结出:对于婴儿车的关注因素,"安全性"是居第一位的,高达72%。但是,消费者真的只会购买一辆安全的婴儿车吗?当然不是。除了安全之外,消费者当然关注自家的婴儿在车里是否舒适。因此,该策划公司确定了好孩子婴儿车第一支广告的核心卖点:"好孩子童车,更舒适。"如图1-4所示。

图1-4　好孩子童车的平面广告

  确定了广告策划的定位之后,接下来最重要的就是在广告中完美呈现。

  整个15秒版TVC的一开始,直接切入主题,深色背景,婴儿坐在深色的婴儿车中,只做一件事,哭,不停地哭,纯粹地哭。第一时间抓住电视机前消费者的听觉神经!不管你在电视机前在做什么,是看书、聊天、上网、吃零食还是发微信,都会第一时间把注意力转移到屏幕中好孩子的广告上来,如图1-5所示。

图1-5　好孩子童车的视频广告截图

> 【案例分析】
>
> 　　在整个广告策划过程中，叶茂中营销策划公司深入了解了好孩子的市场定位、市场前景、市场占有率等情况，对好孩子婴儿车的前期策划过程做足了准备。同时，了解消费者的需要不仅是单纯对婴儿车安全性的要求，还有对舒适度的要求。
>
> 　　聪明的产品，迎合消费者；智慧的产品，引领消费者。因此，不管是广告文案的策划还是视频广告的策划，叶茂中营销策划公司都做到了针对消费者的创新想法。
>
> 　　好孩子大力传播势在必行，但从长期考虑，在有限的预算里，只有合理系统地制定出整体传播方案，才能使一部优质的广告片投放效果事半功倍。
>
> (资料来源：根据豆丁网相关资料整理)

广告策划与策划也有所不同，主要有以下几个方面。

(1) 战略性。广告策划是从广告角度对企业市场营销管理进行系统整合和策划的过程，因而它要配合企业事务整体营销进行战略层面上的运筹。

(2) 全局性。广告策划对于未来的广告计划、广告执行具有统领指导作用，因而它必须既要向前看，又要向后看，既要有前瞻性，又要有全局性。

(3) 策略性。广告策划的灵魂和核心是战略指导思想、基本原则和方向的确立，是决定"做什么"的问题；但一旦战略确定，就要有与之相匹配的可操作性的、巧妙的战术和方法，就要同时制定出关于"如何做"的一系列策略。

(4) 动态性。广告策划要适应变化多端的未来市场环境和条件，应该是富于弹性的、动态的、有变化的。

(5) 创新性。广告策划是一项创新性思维活动。

广告策划是对整个广告活动的运筹规划，通常是指单独对一个或几个广告的策划，也指带有广告目标的广告策划活动，这种广告策划活动更加系统，规模也更大。由于广告策划把广告学的基本原理运用于广告活动中，从特定的企业和商品入手，针对特定的用户，运用各种有效的广告手段对产品进行明确的宣传，目的是追求经济效益，所以在广告中任何一个项目都要讲究投入产出和广告的实际效果。

1.4 策划的基本原则

策划可以说是一项创造性工作，并且有着很强的随机性和灵活性。古人曾经说过"文无定法"，策划也是没有定法的，就算是有现成的策划套路，实践中仍然有不可预知的事件发生，需要灵活地应对。对过去的一些成功的策划案例进行分析，并且总结前人的经验，有几个基本原则可供参考。

1.4.1 创意创新原则

每个事物都有它的撒手锏，策划也不例外，它最关键的地方来自于创意和创新，创新以创意为前提。真正的创新既不是翻新也不是更新，它是通过创意来创造理想的活动效果，不过创意并不只是停留在空想状态，否则就不能称其为一个有创意的策划，这样的创意必须有实际的效果，要使创新变成现实，不能只是思想中的创意。

创意和创新原则在策划活动中十分重要，这一原则可以说是策划的"三性"，即唯一性、排他性、权威性。一些策划机构和策划方面的书籍都把创意、创新和创造列为一项重要的内容。

知识拓展

创意是基于智慧之中的，智慧是人从出生开始不断地发展起来的。美国当代著名的心理学家西尔瓦诺·阿瑞提认为："创造力的根源正是在于人的本质，这种本质可以用复杂的神经具有无限组合的能力来给予解释。"

(资料来源：[美]S.阿瑞提著.钱岗南译.创造的秘密[M].沈阳：辽宁人民出版社，1987)

策划贵在创造这"出奇制胜"之道，若想达到"三性"效果就要会运用各式各样的创意和创造性思维，如发散思维，它侧重思维的多向度；再如逆向思维，它侧重思维的反常规的方向；还有另类思维，指的是思维另辟蹊径。

案例1-5

戴尔公司的成功创意案例

目前世界上最大的计算机直销公司——戴尔公司的创始人迈克尔·戴尔发现当时一部IBM个人计算机商店销售约3 000美元，而其零部件很可能仅需600~700美元，中间环节利润大，而且销售店对客户的服务又不好。因此，戴尔说："我是以一个简单的问题来开展事业的，那就是：如何改进购买计算机的过程？答案：把计算机直接销售到使用者手上，去除零售商的利润剥削，把省下来的钱回馈给消费者。"(参见《戴尔自传》)这一创意创造了戴尔直销模式。

这种直销的商业模式消除了中间商销售环节，这样就减少了不必要的成本和时间，能够按照客户的要求制造计算机，并向客户直接发货。这种不经过任何代理商、经销商、终端零售商的模式能够使厂家保持低成本、高效率的业务运行。同时，能够确保统一的价格体系，避免了部分经销商为追求销售量而盲目降价出售最终导致市场价格的混乱。

【案例分析】

直销最成功的案例基本发生在PC(Personal Computer)行业，而其他行业不多见，这就说明了戴尔开创了PC行业独有的经销模式，这种成功的创意不仅为戴尔改进了购买计算机的过程，还使整个PC界受益。然而，该成功案例也表明，直销的特性对产品的要求是更新快、技术含量高的某些行业。正因为计算机行业的更新换代较快、降价飞快，尤其是像内存、CPU等零部件随时都有降价的压力，厂商对零件进化的时间、数量要求会高到以天甚至小时为计算单位,这在分销中几乎是不可能的。同时,摒弃分销渠道,厂商以合理的利润定价,使得产品以最快的速度及最低的价格到用户手中,亦能了解客户的需求。

这种创意的营销模式从总体来说,通过直线销售模式,顾客不仅能够可以直接与戴尔公司互动,买到具有更高性价比的计算机,还能够收到很好的投资回报,因为戴尔提供的是最新的技术和最完善的服务。

(资料来源:根据中国广告人网站相关资料整理)

1.4.2 客观现实原则

客观现实原则是策划中一项非常重要的原则,这是策划与创意和点子相区别的标准,如果一个创新的想法只是停留在一个概念中,而没有尊重客观现实,那充其量也就是点子和创意,而不是策划。策划活动追求的是树立一个目标,并且尊重客观规律来实现这个目标。也就是说,人们所制定的目标、所制订的计划和规划必须能够符合客观的发展规律才能获得实现,只有这样策划才算达到目的。我们常说的一句话是"谋事在人,成事在天",我们做出策划方案符合客观现实的原则,达成策划的目标遵循这个原则是十分重要的。因此,在策划中运用客观现实原则时,策划活动必须符合自然规律和社会规律,顺应历史潮流和人民大众的利益。

作为一个策划者必须坚持客观现实原则,这就需要策划者头脑清醒,深入调查,掌握客观的数据,严格依据事实进行策划,而不是空穴来风。因此策划要从我们社会的现实条件出发,做出符合实际可行的方案。

案例1-6

求真务实的策划案例

策划不是空谈,它要求策划者摒弃华而不实,求真务实。违背策划的客观现实的原则而失败的例子不在少数。一个最真实的例子:商界名人史玉柱在创业前期,因修建巨人大厦这个不现实的策划而导致企业破产,个人负债2亿元人民币,后来因创新同时求真务实,成功地策划了"脑白金",以至于个人拥有资产达到了50亿元人民币。

史玉柱是一位具有传奇色彩的创业者,他曾经是莘莘学子万分敬仰的创业天才,5年时间内跻身财富榜第8名;也曾是无数企业家引以为戒的失败典型,一夜之间负债2亿;而如今他又是一个著名的东山再起者,再次创业成为一个保健巨鳄、网游新锐,身家50亿的企业家。

【案例分析】

史玉柱的成功得益于以下几点。

首先，史玉柱的"脑白金"打的是广告战。1994年下半年，脑白金上市，200多万元的资金投入用于以中央电视台为主的电视广告中，如1994年12月1日在A特段播出30秒广告；区域媒体以功能诉求为主，侧重地方日报、晚报，三天一期，辅之以科普文章，加上海报、挂旗等户外宣传。那时候，脑白金仅在华东地区每天的广告投放额就高达10万元，但其投入产出比却达到了1∶8。

其次，求真务实地分析产品的特征，注重收集消费案例，进行脑白金、脑黄金的临床检验报告、典型病例及科普文章的宣传。为了配合该项目的宣传，《巨人报》的印数达到了100多万份，以夹报赠送和直投入户等方式广为散发，成为当时中国企业印数最大的"内刊"。

最后，分公司与营销部强力出击，并对销售人员进行重点培训，史玉柱亲自对销售人员进行培训，灌输同一种理念：健脑观念与渠道网络经销的场面要铺开，最重要的是"回款才是硬道理"。集团总部设立营销管理部，不停地向分公司经理施压。

(资料来源：根据中国广告人网相关资料整理)

1.4.3 目标主导原则

策划都是有一定的目标性的，之所以要进行策划，就是为了完成这样一个目标，策划的内容也是围绕着这个目标进行的。在策划活动中目标主导原则是十分重要和突出的，目标的制定和完成是一个复杂的系统，这是因为人类的活动形式是丰富多彩的。因此，我们在选择目标、制定目标和实现目标而采取一些行动时，就常常会遇到一些复杂的问题。

当策划活动遇到复杂的目标系统的时候，就需要具体情况具体分析，如把策划活动分为总的目标、具体目标、近期目标、中期目标、远期目标等。那么我们现在所处的市场经济时代，在目标系统中对于经济效应实现和经济目标的设定显得尤为突出。经济策划可以说摆在了首要的位置，文化策划、政治策划、军事策划都离不开经济策划。

案例1-7

刀郎的"街头走红"案例

2004年国内流行音乐市场上出现了一个叫刀郎的人。在当时，似乎一夜之间，他红遍了整个中国。他的成名也成为目标主导原则的典范，将刀郎作为一种市场的产物，明确定位在中国内地大量的二、三线城市的音乐市场，使大众阶层成为他的主要目标群。

让我们来看这样一组数据：刀郎的第一张个人专辑《2002年的第一场雪》销量高达270万张，这个数字相当于9个状态最好的刘欢或者刘德华，巅峰时期的他们，单碟唱片总销量不过区区30万张，而《2002年的第一场雪》上市15天后，仅内地的销量就超出了这个数字，刚刚在香港发行时，一出手就夺得香港地区当月的唱片销量冠军。

2004年的元旦前夜,作为刀郎的第一张个人专辑《2002年的第一场雪》的全国总经销——广东大圣文化传播有限公司狠下心与刀郎签下了保底数5万张的销售合同;但当刀郎的第二张专辑《喀什噶尔胡杨》准备推出时,大圣公司给出的保底数破天荒地高达500万张,翻了100倍。

2004年11月,当刀郎的第二张专辑《喀什噶尔胡杨》还在后期制作时,订单已经像雪片一般飞来,仅中国内地就已超过了500万张,而这个订单数还不包括港澳台地区和海外其他销售目的地。

以上数据都说明了刀郎案例的成功。

【案例分析】

首先,也是最重要的一点,就是刀郎的成功离不开歌曲的定位,这就是为大众阶层所喜闻乐见,代表他们的血肉筋脉,而这正是与近年来洋化歌曲和精英歌曲最大的不同。

刀郎以独特的音乐风格——阳刚、粗犷、质朴,深入民间,从日常生活中汲取营养的歌词,反映和体现了大众阶层的内心生活,成为丰富他们生活的精神食粮。而实际上,对音乐的需求,大众阶层和精英阶层一样旺盛。而这一市场近年来的音乐缺失,成为刀郎走红中国的核心所在。在刀郎的音乐里,人们发现音乐原来可以如此接近生活,而这也正符合了时下人们对于自然的回归心理。

其次,低价格和双渠道策略助力发行。有媒体认为,刀郎迅速走红与其用盗版产品带动正版销售是分不开的。一位营销界专家这样解释刀郎"用盗版唱片带动正版销售"的营销策略,这是一种类似于传统产品市场上通过大规模促销来启动市场的策略,不需要太多的广告传播,仅仅靠低价的促销就可以快速启动市场,扩大产品的市场占有率,当然,其前提就是商品本身的品质要过硬。

刀郎的成功是唱片界近年来少有的一次对抗盗版的胜利。无论是他们前期的保密工作,还是后来的低价入市,直到正版渠道和盗版渠道同时发行,一步步地把猖獗一时的盗版商挤出了市场。

在制作之初,他们的保密工作做得相当不错,歌曲推出之时,发行方通过低价策略来打击盗版市场。当正版市场和盗版市场的价格相差无几时,对于盗版商来说,实际上已经无利可图了。

进一步,发行方还通过与各地发行商的合作,采取利用盗版渠道来推销刀郎正版唱片的特殊方式,进一步打击和挤压盗版商。在全国各地,刀郎的正版唱片不但会放到新华书店及各大正版音像店的货架上销售,同时也通过盗版的发行网络,批发到各地的盗版零售店中。事实上,即使你在卖盗版的地方看到有刀郎的唱片,那也是正版的。这种"双管齐下"的发行方式,在国内十分少见,但其所起到的作用却是十分深远而独一无二的,不仅迅速挤占了盗版商的销售通路,也有力地打击了盗版。

过去,音像市场的游戏规则是只有走红的唱片才会有盗版,而且正版唱片越火,盗版越猖獗。而刀郎团队通过借道盗版渠道,迅速打入了盗版终端市场,一时间,盗版市场上到处都有刀郎的歌曲在播放,十分火爆,这种现象进一步从盗版市场蔓延到了正版市场。无形中，庞大的盗版市场的销售网络为刀郎的唱片做了免费的终端宣传，进一步带动了刀郎音乐从南方火到了北方，最终走红全国。

(资料来源：根据ido社区相关资料整理)

  同时，策划的目标主导原则还需要注意以下问题：一方面要注意眼前利益与长远利益之间的矛盾问题，有时候为了长远的利益不得不牺牲眼前的利益，而策划正是重视对长远利益的谋求；另一方面是注意总体目标与具体目标的矛盾问题，总目标是应该一直坚持的，而具体目标可以根据实际情况进行调整。在整个策划方案的制定中，目标主导原则是十分重要的，目标是策划方案的"指南针"，而策划方案是实现目标的理论构架。

  许多事例都能看到策划中目标主导原则的重要性。比如，英特尔公司在策划发展战略时，果断决策核心业务的大转移，由原来生产计算机的储存条，转为生产计算机的核心处理器，目标明确，就坚定地实施以生产CPU为核心业务的战略。英特尔不像其他公司什么都生产，它努力的方向是不断地使自己的CPU实行自我淘汰，尽管该公司现行的CPU在同业中仍是最先进的。

1.4.4 系统规划原则

  策划不是一个点，也不是一个面，而是一个立体的系统工程，策划活动中的系统和规划才是最主要的部分，策划离不开系统论。

  有机体组织靠系统内信息的传递维护其平衡态，靠系统对外部环境的信息反馈而达到功能控制。组织的健康发展，是负熵的增多，是有序状态的形成，它主要依靠的是有机体的竞争机制，竞争导致生长能力差的种族灭亡，竞争充分发挥整体内各因素的特色、能力，使整体的效能得到充分体现。一个社会如能发挥每个人的能力和特长，那么，这个社会必是一个良性发展的社会，一个企业也是如此。策划学吸取系统论的基本观点，把策划作为一个系统工程，强调整个策划的有机性、组织性、有序性和反馈性等特征，现代策划应该超越诸葛亮的"隆中对"，使我们所策划的项目能够有序地实现，达到理想的效果。

1.4.5 随机制宜原则

  策划活动离不开有机性和系统性，而健康的机体和系统是随机和灵活的。同时这种灵活反馈的机制又被称为随机制宜原则，主要说的是策划活动因时、因地、因人而进行，其实是在策划中把运动变化发展的观点作为理论根据，既要一手把握规律，又要一手不能错失机遇，就得随机制宜。一般来说，规律是客观的、必然的，而机遇是随机的、偶然的，二者要达到统一，就是要既充分发挥人的主观能动性，又要顺应客观发展规律。也就是说，主体在策划过程中，要善于掌握、利用、巧用规律，顺应必然规律，及时抓住机遇。

  随机制宜原则在策划中的适度很重要。如果光去遵循规律就会变得墨守成规，这个时候循规蹈矩就会毫无创新；如果是天马行空地想象，将在规律面前碰得头破血流。这里所说的随机制宜原则不是凭空想象，不能异想天开，也不能投机取巧；策划所讲的制宜，不仅仅是适宜，不能被动消极、按部就班地等待。古人曾说道"生生之谓易"，变化创造机遇，能顺应规律、随机应变，方能抓住机遇，获得成功。孙子《虚实篇》曰："兵行象水。"关键要善于"顺水推舟"，以便"水到渠成"。

1.4.6 协同创优原则

策划的成功在于能够将各种资源进行整合以达到更加理想的目标。只有遵循协同创优的原则，才能有效地实现资源整合。策划学的协同创优原则是"协同学"在策划领域的应用。策划活动也在于使各种资源协同作用，创造新的效果。

策划的真谛在于"双赢"，通过协同合作为合作的双方或多方带来优化的效应，好比联想集团遵循的"四赢"营销原则，主要是通过联想的营销活动，使合作者、经销商、消费者和联想集团自身都能成为赢家。在遵循策划的协同规则的同时，参加的各方之间既竞争又互利，竞争是不可避免的，而协同并不是掩盖竞争，也不是回避竞争，策划之所以要遵循协同创优原则，目的就是超越竞争。通过这项原则创造良性的竞争，从而步入更大的竞争体系中，并转化为联合对外的合力。

策划的目的在于找到超越竞争的协同机制，通过协同机制创造良性的竞争，将双方的竞争引向更大的竞争系统，并转化为联合对外的合力。这也是中国古老的智慧思想求同存异，以及"中和"和"中庸"的理论。

> **小贴士**
>
> 现代许多的国际企业大兼并都是基于协同创优的策划原则，如中国银行和中国农行的合作联盟；杨澜的阳光集团对传统媒体的并购等。在现代商战中，企业兼并如果能有效地利用协同创优原则，将为合作各方带来巨大的效益。

1.5 策划的原理应用

美国学者威廉·纽曼(William Newman)称："策划就是在做事之前，计划并设计行动路线。"日本策划大师星野匡称："策划就是从虚构出发，然后创造事实，加上正当理由，而且光明正大地去做。"策划的原理就是这些"正当理由"的前提。通过经验的积累及对经典案例的阅读，我们可以将策划的原理总结为以下几点。

1.5.1 聚众与分散原理

聚众效应原理是吸引消费者的一种手段，主要是把同类商家或者产品汇集在一起。好比步行街上卖衣服的店铺，虽然面临很多同行竞争，但人气旺、成气候，去的消费者也多，人们逛街容易选择热闹的地方，这样会有更多的选择，同时在人多的地方更有节日的气氛，但是也会存在更多的同行进行竞争。如果选择到小区附近租一店面，不会有很多同行进行竞争，但是消费群体也会减少许多。我们又把聚众原则叫作"择多原则"，也就是说消费者在许多同类商品中进行选择后才购买。

分散效应原理，与聚众效应相对，这是一种减少竞争者的手段，主要是避免同类商家和产品汇集在一起。在实践中，关键是根据产品的特性来决定是选择聚众效应还是分散效应。卖衣服的步行街一般采用聚众效应，而生活用品又不一样，应该采用分散效应。我们把这种分散效应又称为"择近原则"，这是由于人们都有一种图方便的心理，愿意选择方便的地方购买商品。

1.5.2 平衡原理

平衡原理是指在策划运作中对某件事情的平衡处理，以免顾此失彼，反而达不到想要达到的目的。平衡原理和均衡原理还是有区别的，有的平衡原理中含有均衡原理，它是一个均衡博弈，但是有的并不含有均衡原理，它并不是几个竞争对手的均衡博弈，而是通过自我调节达到一种平衡状态。

1.5.3 点式与示范原理

策划学中还有一条重要的原理——点式效应，就是故意突出几点，然后用这些点来起带头作用。比如，"像婴儿般的嫩滑皮肤"这句话主要就是运用的点式效应，通过突出皮肤嫩滑这个点，就会通过这个点而注意到整个人。同时，示范原理是通过对某件事或某个人的影响，然后让他们起带动作用。

通常，点式效应是和示范效应结合在一起的，点式效应里面包含了示范效应，通过点式效应起到示范效应的作用。在企业行为中，如果不用点式效应就会缺乏带头作用，也会难以带动全面的发展，就好比商场里面过节搞的抽奖活动，如果没有极少数人中大奖，就不会有点式效应和示范效应，抽奖活动就没有那么大的诱惑力，商场过节的活动也无法推行。再如商场经常的降价行为中，经常把某一类商品的最低价标出来，通过最低点引起人们对这类商品的注意，这都运用到了点式效应和示范效应的原理。

1.5.4 稀缺市场原理

一般策划都把握大体的方向和原则，其中稀缺市场原理就是有关策划的原则和方向性问题。在经济范围中最好要做稀缺市场，这是为什么呢？道理很简单，在一般情况下，只有稀缺市场才会有更大的利润，同时减弱了竞争激烈的程度，这就是为什么许多企业都要做高科技产品和对产品进行创新的原因。稀缺市场原理就显而易见了，那就是以追求稀缺产品为目的的市场行为。

可以说，只有创造出有生命力的产品，创造出了这种稀缺产品的市场，重视科技和创新，开发出新的产品，才是上乘的策划方案，不要老是跟在别人的后面，否则策划出来的方案也总会落后于别人。

1.5.5 效益原理

在效益原理中包括知名度、策划活动效果、策划收益效果三个方面，知名度可以等于策划活动效果，但是知名度、策划活动效果却不一定等于策划收益效果。根据这三者之间的关系，我们能得出关于策划效益的两条原理：一是用最小的投入得到最大的收益，也叫策划的效益原则；二是策划活动效果与策划收益效果并不完全相同。有的策划活动影响非常大，但是实际收益效果却很差，或者完全没有收益效果。

1.5.6 系统性和整合性原理

策划的系统性和整合性原理是指策划是一个系统、综合的过程，而不是某个方面的因素及实施某个单一的手段。前面说到过点子和策划的区别，点子是一个点，而策划是一个面，点子只有通过系统的策划才会成功，而有的点子套用了系统性和整合性之后，却发现是难以实施的。首先，细节决定成败，一个好的策划并不是空虚、只注重表面夸大的策划，否则到最后实际收益都会大打折扣。策划能不能做好关键还是在于细节的功夫是否做得好，对于企业来说应该是一个完整和长久的规划。其次，要注意策划的中长期方案、配套实施方案及策划的后续性方案。好的策划并不是追求一时的轰动效应，而是长期的和稳定的，才能够更加深入人心。然后，要做到策划活动效果与策划实际收益效果完美地结合。最后，策划活动的广告宣传要和营销战略相互配合。

1.5.7 价格尺规原理

价格尺规原理在策划学中是一项非常重要的原理，主要是说价格越高，质量、品牌(信誉、服务、形象等)就越好。价格尺规原理是因人而异的。例如，有的人选择商品时只注重质量、品牌，这样的价格尺规原理在他们身上就特别敏感；有的人选择商品时只注重实惠，这样的价格尺规原理在他们身上就不敏感。有的时候为了击败竞争对手而降低价格，但是往往让消费者得出了一个低价低质的结论，反而失去了消费者群体，所以要适度地把握价格尺规的原理。

知识拓展

定价策略，是市场营销组合中一个十分关键的组成部分。价格通常是影响交易成败的重要因素，同时又是市场营销组合中最难以确定的因素。企业定价的目标是促进销售，获取利润，这就要求企业既要考虑成本的补偿，又要考虑消费者对价格的接受能力，从而使定价策略具有买卖双方双向决策的特征。此外，价格还是市场营销组合中最灵活的因素，它可以对市场做出灵敏的反应。

1.5.8 联动效应原理

在策划活动中，举办一次活动产生的整体效果，整个过程也会有联动影响，我们称之为联动效应原理。在策划活动中，策划一次活动能产生的联动效应，比只实施某种单独的手段，如只实施新闻、广告、营销效果要好得多，因为运行一次活动产生的是整体效果。

运行策划活动比单独实施某种手段难度要大得多，实施策划活动要求各方面都要跟上，不能脱节，各个部门还需要紧密联系，不能像单独实施某项活动，只是某个部门的事情。同时，实施策划活动是动态的，而运行某项单独的策划更多的是静止的。策划活动是要寻找机会，想方设法找到能带来综合效果的活动。

1.5.9 互动效应原理

通过媒介的互动影响才能达到策划的最大或者最佳效果，叫互动效应原理。用某种单一媒介所引起的效果称为平面效果。有时候只在某一种媒介上做新闻、广告的效果不是很好，但与其他媒介配合后，效果就可能大增。媒介互动影响，效果比单一媒介要大得多，会是单一媒介的几倍或几十倍。其原因主要有三点：首先，不同载体的媒介配合可以扬长避短；其次，不同载体的媒介的交叉影响所得的效果不只是简单地相加——一种媒介效果加另一种媒介效果大于两种单一媒介的效果，效果会成倍地增长；最后，能够影响不同的受众群，满足不同区域的受众。

1.5.10 心理学原理

策划涉及的心理学原理主要有以下几种。

1. 重复加深印象心理

在策划中，很多广告就是运用此原理，直截了当地宣传产品并通过多次不断地重复而加深人们的印象，从而影响人们的购买行为。利用重复加深印象心理，也就是利用广告的实用性原理及实用性功能直接刊登、播出产品名、公司名，这种做法虽然形式简单、方法直接，但经过多次刊、播，让消费者在有意无意之中加深了对广告的印象，但是同时要避免消费者的疲劳和反感的心理。

2. 潜移默化心理

这个心理学原理在策划中有很重要的作用，很多策划并不是马上就能见到效果，而是消费者在潜意识里慢慢受到策划的影响。比如，上海正大集团与中央电视台合办的"正大综艺"，就是让电视观众在观看精彩节目的同时潜移默化地了解产品。

3. 品牌心理

消费者有时候购买商品，并不完全是因为商品的特性、价格、质量等，而仅仅是因为对企业品牌的信任就会发生购买行为。品牌心理是建立在多次重复加深印象心理、潜移默化心理基础上的，它的过程首先是重复加深印象心理，然后才是潜移默化心理，最后转变为品牌心理。这三个过程在人的心理表现为：多次重复加深印象心理更多的是处于表层的感觉或知觉，潜移默化心理则是比处于表层的感觉或知觉更深入的定式、认识，而品牌心理则是处于深层的意识。

4. 色彩心理

色彩具有吸引注意的功能，其应用范围很广，除了报纸、电视等媒体发布的广告要讲究色彩之外，在产品的包装或产品自身的着色上，色彩的运用也特别重要。了解色彩的特点在策划中非常重要，一般情况下彩色广告比黑白广告更吸引人，也有特殊情况，黑白广告的效果有时可以超过彩色广告。在色彩的使用中，对于一个民族、一个地区对某种色彩的偏爱与忌讳必须要清楚，如日本人大都喜欢蓝与红，中国人喜事用红，丧事用黑色或白色等。

5. 消费者对策划习以为常心理

在运作策划时，一定要注意此心理，如果人们对策划已经很习惯了，那么策划对消费者就很难起到作用了。这对策划计划、策划实施有很大的价值。也许表面看来有的策划活动很有效果，而根据受众的习以为常心理，它的广告效果未必就很好。

1.5.11 美女效应原理

在策划运行中，用美女来引起受众注意，以达到促销目的，这就是美女效应原理。其实在当今的策划中，很多时候美女已与经济联系在一起了，特别是商业中很多时候要借助美女，如用美女来推销项目或商品，用美女来做广告、做形象代言人，销售汽车时用美女来做汽车模特儿等。

1.5.12 名人效应原理

在策划运行中，运用名人产生的效应来达到某种促销目的，称为名人效应原理。名人中用到较多的往往又是明星，在策划运行中，运用明星产生的效应来达到某种促销目的，称为明星效应。名人效应有两个原理：一个是人们关注该名人，因为有了该名人，影响了人们关注与该名人有关的商品，人们知道某种商品后，就可能对该商品产生兴趣，从而影响到人们对某种商品产生实际购买行为；另一个是人们关注名人，因为有了该名人，就影响了人们关注与该名人有关的商品，因为有了该名人的美誉度产生的影响力、号召力和信任度，从而影响到人们实际购买某种商品。名人的这种美誉度产生的影响力、号召力和信任度，又称为名人的示范效应。

1.5.13 惯性原理

惯性原理就是大众对一些策划见多了就习以为常了，这些策划就不能或者很难吸引大众了。现在城市里到处都是广告牌，人们已经习以为常了，对繁华地区的广告牌更是司空见惯，这样就不会再注意那些广告，因而对于那些广告内容也就没有什么印象了。

知道了策划中的惯性原理，在策划广告的时候可以掌握一些技巧来进行处理，以使得广告效果更好，如人们对广告已经很习惯了，但是广告牌的灯光加上去以后，因为它是动态的，所以能引起人们对广告的注意。如果放置两块静止的、普通的广告牌，由于缺乏动感，根据策划中的惯性原理，广告牌虽然一样，但是效果绝对相差很大。

1.5.14 干扰分散原理

干扰分散原理是指在策划中，由于一些人为因素或意外因素对策划的干扰，以致产生了并非原本意愿的结果。干扰分散原理在广告中的具体表现：①广告作品如果过于强调艺术性、技巧性等就会干扰受众对广告主题的接受，从而分散了受众对广告主题内容的注意力；②过分追求广告平面、立体制作的复杂、变化，也有可能反而干扰了受众对广告主题的接受；③广告平面或画面如果过于繁多、杂乱，受众会无法知道广告的主题，从而干扰了受众对广告的接受；④在平面制作时，有时还可能因多用图片而干扰了对广告文字内容的接受，或者多用文字而干扰了对图片的欣赏。

1.6 品牌策划案例

1.6.1 叶茂中策划案例之雅客糖果的品牌策划

2003年，叶茂中策划公司接到了雅客糖果的策划订单。对雅克这一品牌进行详细的品牌分析之后，经过严密的市场调研，叶茂中策划公司提出了明确的雅客滋宝的市场目标：做维生素糖果市场的领袖品牌。

营销22条法则中有一条类别法则，就是要求产品尽量明确品类的代表身份。而感知法则是要求产品与消费者头脑中的印象或经验相符合。因此该策划公司在命名时就提出，需要想出能跟维生素产生最贴近的联想，最好是维生素的公认代表符号。这样既确定了维生素糖果品类，又符合了消费者的固有认知。含9种维生素的雅客糖果，可不就是"雅客V9"吗？从雅客滋宝到雅客V9，雅客品牌打造的战略目标已然成型。

第一步，以雅客V9抢占"维生素糖果"第一品牌。

第二步，以"维生素糖果"为龙头，带动其他副品牌共同成长。

第三步，构建品类市场竞争壁垒，为雅客集团发展创造良性环境。

确立了雅客V9抢占维生素糖果品类市场的战略目标，品牌策划抢占品类资源的动作也相继展开。

关于抢占视觉形象上，抢占橙色，橙色是维生素的代表色；抢占设计飘舞的"V"和"9色彩虹带"构成9的视觉组合。

关于抢占渠道资源上，以定价策略为杠杆，撬动网络资源；利用招商大会，鼓动经销商热情；煽动市场气氛，拉动渠道参与；强力市场支持承诺并及时兑现，增强经销商信心；锐利清晰的产品概念也是吸引渠道合作伙伴加盟的重要原因。

关于抢占消费者心智资源，也就是前面提到的三个集中。

(1) 品牌集中：集中雅客所有资源于雅客传播，打造雅客+副品牌的家族品牌构架。

(2) 品种集中：以"V9"为核心，打造维生素糖果第一品牌，并以此带动雅客旗下其他品牌的成长。

(3) 媒体集中：中央电视台集中投放时间，短时间内冲破消费者的心理阈值。

在对各种资源进行抢占之后，明星的加入使雅客有了更好的发展。在2004年前后，运动成为社会上非常重视的项目，运动感与活力感的明星成为雅客最好的选择，经过一轮接一轮的选择，雅客将代言人锁定在周迅身上，如图1-6所示。

图1-6　周迅以其活力成为雅客V9当之无愧的代言人

广告片创意非常单纯：新鲜而灿烂的阳光中，周迅奔跑在都市的大街小巷，吸引众多追随者，形成奔跑的奇观，而原因则由雅客V9引发。

这支广告片的目的是强力突出维生素糖果的概念，抢占并引领扩大整个维生素糖果市场。以2004年具有创意精神的糖果切入，用基本利益点"两粒雅客V9，补充每日所需9种维生素"来支持中心内容，最后让周迅用一句号召式的话语"想吃维生素糖果的，就快跟上吧！"自然不露痕迹地将雅客V9定位于维生素糖果行业领袖，又巧妙地完成了该角色概念的传播。

关于媒体的传播，叶茂中为雅客V9的电视媒体传播制定了两条原则。

(1) 门当户对原则。雅客V9要想成为维生素糖果的未来领袖，就要选择最有领袖气质的媒体。谁是最有领袖气质的媒体？当然是中央电视台。不温不火了十年的糖果市场，急需一个领袖品牌来带动。

(2) 集中原则。集中时段，集中媒体。因为资源有限，"散弹打鸟"没有太大的作用，集中在央视的几个时段投放，准确性和有效性就可以得到保证。

【案例分析】

该案例从一开始就明确目标，将雅客的目标定位在维生素糖果上。定位的明确使雅客的策划非常具有目的性。在这场品牌之战中，从前期到后期，策划的基本原则之一的目标主导原则占了很大比重。从确认滋宝到雅客V9，再到带动副品牌的成长，策划活动从总的目标到具体目标，都将目标性原则放于首位，使该品牌在占领市场的过程中占据主动地位。在对目标市场进行抢占之后，明星的加入对雅客的发展也起到了至关重要的作用。因为有了周迅和S.H.E的加入(见图1-7)，使雅客有了更高的影响力、号召力和信任度，从而影响到人们实际购买行为。在明星代言成风的今天，走明星线路实在是让人又爱又恨：操作得当，借明星之力一夜成名；操作不当，借不到力不说，还要无端惹上一些负面新闻，所以用明星代言一定要特别小心。为雅客V9寻找一个合适的形象代言人一直是雅客和叶茂中策划探讨的课题。由此可见，一个成功的策划案例必须从该品牌的过去、现在及未来出发，做好兼顾眼前利益和长远利益的规划。

图1-7　S.H.E代言雅客益牙木糖醇

(资料来源：根据叶茂中策划官网资料整理)

1.6.2 叶茂中策划案例之赶集网

"我有一只小毛驴，我从来也不骑！有一天我心血来潮骑着去赶集……"当姚晨骑着毛驴，一边哼着大家耳熟能详的《小毛驴》儿歌，一边扯着喉咙喊出那句"赶集啦……"之时，电视机前的观众，地铁里的乘客，等待电梯的白领，计算机前的网虫，在哈哈一笑的同时也记住了"赶集网"这个原本相对陌生的网站，如图1-8所示。

赶集网的确火了，看竞争对手的动作就能看得出来，百姓网针对赶集网这则让人过目不忘的广告片立马在当年春节期间就注册了个"赶驴网"，想着能蹭个东风，混淆视听抢抢赶集网的风头。同时，有数据显示，在当年春节期间赶集网的流量呈现出爆炸性增长的走势，彻底走出之前与百姓网、58同城等同类生活信息分类网站的均势。

这样一种爆炸性的增长，不仅解决了赶集网现阶段的问题，且对叶茂中策划机构赶集网项目组的成员来说，更是对决战春节档的传播策略及"小毛驴"创意价值的最大肯定。

叶茂中策划的三个借力如下。

1. 借力优质资源，抢占最具"赶集"特征的声音和形象载体

"赶集网"这个名字取得好，但是这个有着好名字的"孩子"却一直没有一个让人印象深刻的形象符号或声音符号。如何在消费者脑海现有的资源里找到最能吻合赶集网的声音符号或形象符号，借力现有的优质资源，正是创作的第一件工作。

"我有一只小毛驴，我从来也不骑！有一天我心血来潮骑着去赶集……"一首耳熟能详的儿歌，一只可爱有趣的毛驴，既有不可复制的声音识别性，又具备了极强的视觉冲击效果，这首被传唱了几十年的童谣，70后80后90后都相当有共鸣，最关键的是，还与赶集网有

着天衣无缝的关联。为了强化传播效果，在创意中还为小毛驴设计了一个不堪重负而发出的独特的"驴叫声"，使创意增加了极强的独特记忆点。

图1-8　赶集网广告视频截图

2. 借力"微博女王"，牵手最当红的网络红人

为了获得更好的传播效果，用"微博女王"——姚晨，在创意中与小毛驴进行互动，用姚晨的声音说出"赶集网，啥都有"。姚式幽默可以充分演绎出现代人骑驴赶集的趣味性，能够更好地提高广告的传播力与品牌的公信力。

拍摄当天，第一个大分贝的"赶集啦……"镜头，特地用广角镜头放大姚晨的大嘴，而姚晨的表现也实在是可圈可点，拍打着驴屁股向前，对着驴耳朵念出一长串快板似的广告片旁白——"赶集啦！赶集网，找房子、找工作、找装修；找宠物、找保姆、找搬家；买卖二手货；赶集网，啥都有！"

3. 借力黄金时段，决战2011年春节档

在大多数人眼里，于春节档进行大规模投放必然要冒很大的风险：①传播成本非常高；②各类影响投放质量的广告干扰也非常多。

但在现在看来，对于赶集网这样的生活信息分类网站来说这却是个不能错过的好机会：首先，春节期间，平时工作繁忙的上班族、打工族都有闲暇时间看电视上网，广告传播的到达率较高；其次，春节期间也是生活信息分类网站最能满足目标用户各类需求的黄金时段；最后，细水长流式的传播策略也不适合这类网站的传播，集中爆破式的投放更能吸引潜在用户的点击，因为用户上了就不会"跑"。

企业决定在2011年春节集中投放，春节期间赶集网广告在央视1套、3套、6套全天候滚动

播出；同时，还配合在湖南卫视《天天向上》《快乐大本营》、江苏卫视《非诚勿扰》3个当时全国收视率最高的节目中进行了投放。于是，一支春节期间最火的广告就此诞生。

短短半个月的媒体集中投放，赶集网的注册用户量不仅在上海、北京这样的传统市场完成了爆炸式的增长，更在全国范围内得到了质的飞跃，在生活信息分类网站中遥遥领先。而在生活信息分类网站的竞争中，绝对的用户量就是绝对竞争力。

【案例分析】

该案例有以下两个特点。

首先，利用重复加深消费者的印象。在这则视频广告中，代言人姚晨用同样的语调和语速介绍了赶集网的内容，加深了消费者的印象。此外，在春节期间密集播放，也加深了观众的印象。

其次，正确选择了代言人。作为一家网络公司，最好的代言人当然是在网络上有一定影响力的明星，姚晨作为"微博女王"，是赶集网最好的选择。网络上的明星使人们产生了更多的关注兴趣。关注她，就是关注最前沿的网络信息。因此，姚晨的影响力、号召力和信任度能够引来公众的极大关注。

(资料来源：根据叶茂中策划官网资料整理)

本章系统地阐述了策划是什么，策划的分类和运用，策划的特点，策划的原理应用等。"条条大路通罗马，策划就是寻找最近的那条路。"一项好的策划通过创新能让企业适度地超前、顺应潮流。也可以说策划是一门综合性很强的学科，它就像一个建筑，但并不是各项材料简单地堆积，而是由一套系统加以组装和建造起来的一个庞大工程。

通过本章的学习，可以知道对于不同的策划类型如何运用相关知识进行策划，以及在策划过程中可以遵循的原则及原理手段，为我们以后需要进行的策划提供了很好的参考内容。

1. 简述策划的概念。
2. 策划有哪些分类？对不同类型的活动对象，我们应该怎么进行策划？
3. 谈谈策划的基本原则各有什么特点。
4. 策划的原理如何在现实生活中进行运用？

1. 内容：你的同学中有喜欢画画或者制作艺术作品的吗？如果有，办一次艺术展览，对其艺术作品进行宣传，请你结合所学的策划知识对此次展览进行一次策划。
2. 要求：根据本章的策划基本原则，对艺术展览进行策划。
3. 目标：通过艺术展览实战策划，熟悉策划的所有基本内容。

第2章 广告策划的概述

- 熟悉广告策划的概念。
- 了解广告策划的含义。
- 了解现如今广告策划的地位和意义。
- 掌握广告的定义。

核心概念

广告　广告策划

农夫山泉广告案例

"农夫山泉有点甜"这句广告语，首先出现在农夫山泉一则有趣的电视广告中：一个乡村学校里，当老师往黑板上写字时，调皮的学生忍不住喝农夫山泉，推拉瓶盖发出的"砰砰"声让老师很生气，说："上课请不要发出这样的声音。"下课后老师却一边喝着农夫山泉，一边称赞道："农夫山泉有点甜。"于是"农夫山泉有点甜"的广告语广为流传，农夫山泉也借"有点甜"的优势，由名不见经传发展到现在的饮用水市场份额最大。

2000年4月，农夫山泉突然隆重宣布"长期饮用纯净水有害健康"的实验报告，并声称从此放弃纯净水生产，只从事天然水生产，俨然消费者利益的代言人。农夫山泉对纯净水的挑战，遭到了纯净水厂商的强烈反击，甚至诉诸法律。这一系列事件的发生，引来了媒体和公众的兴趣，形成了轰动效应。而作为众矢之的的农夫山泉却暗自庆幸，因为有更多的人知道了它含有微量元素而不同于纯净水。

农夫山泉乘胜追击。2000年7月中国奥委会特别授予养生堂为2001—2004年中国奥委会合作伙伴，养生堂农夫山泉拥有了中国体育代表团专用标志特许使用权，从此农夫山泉广告与奥运会挂上了钩，并邀请了孔令辉、刘璇做代言人，农夫山泉品牌形象再一次得以传播。

【案例分析】

在当时，乐百氏、娃哈哈等品牌大都推出"净化水"的概念，尤其是乐百氏，提出了"27层净化"的概念。农夫山泉则认为，纯净水连人体需要的微量元素也没有，违反了人类与自然和谐的天性，与消费者的需求不符。作为天然水，农夫山泉自然高举起反对纯净水的大旗，而它通过"有点甜"正是在向消费者透露这样的信息：我农夫山泉才是天然的、健康的。一个既无污染又含微量元素的天然水品牌，如果与纯净水相比，价格相差并不大，可想而知，对于每个消费者来说，他们都会做出理性的选择。

农夫山泉环环相扣的广告策略非常具有东方智慧，即使面临着乐百氏推出山泉水的竞争，农夫山泉的广告策划也使其地位很难被撼动。

(资料来源：根据瞧这网资料整理)

2.1 广告策划的含义及特性

随着经济的发展，策划在社会的各个领域中无处不在。商业策划成为策划界的主导，并被企业广为运用。公关策划、广告策划、CI策划、促销策划等各种策划方式不断出现并取得了进展。

在策划活动越来越多样化的同时，一些策划的组织形式和手段也产生了质的飞跃。随着社会的发展，策划越来越多地表现为一种群体式的活动。例如，阿波罗登月这样的大型综合工程，策划起来显然不是单打独斗，而是需要调动上万家企业进行配套生产，有数万名科学家和工程技术人员参与，这样的策划必然是一个庞大的工程。

如果说经济的发展给策划带来了巨大的变化，那么广告就是商品经济的产物，并且也是社会发展到一定阶段的产物，如案例2-1所示。原始的广告承载着广而告之的简单目的，就好比在中国古代飘荡在酒馆之外的幌子，非常恰如其分地实现了广告的基本目的。

无论是社会经济的发展，还是理论的不断进步，都推进了广告策划的发展。在后面的章节中，我们将进一步探讨。

案例2-1

耐克极限运动产品广告策划

NIKE是希腊女神的名字，其商标象征着希腊女神翅膀的羽毛，代表着"速度+动感"。耐克(NIKE)公司自成立至今，不断探索与创新，以其雄厚的实力领先于同类品牌，很大程度地占据着世界运动品牌市场。公司更于1999年为从事专业运动的顶级专业运动员设计最具创新性的Alpha系列产品。

耐克正式命名于20世纪70年代，不过40余年，却后来居上，超过了曾雄霸市场的领导品牌阿迪达斯、彪马、锐步、匡威等，被誉为"近20年世界新创建的最成功的消费品公司"。显然，"耐克"品牌有许多值得我们挖掘的行销启示，其中一个很出色的方面就是耐克创意广告的行销沟通。1994年，"耐克"的广告费投入为2.8亿美元，是宝洁公司广告费的1/9左右，但富有创意极具魅力的耐克行销传播，为"耐克"赢得了消费者青睐，使"耐克"成为市场的胜利女神。

近年来，一家名叫Access Agency的广告公司将耐克的广告语变成了Just Experience It，让耐克著名的"钩"化身成了若干超级刺激的极限运动的道具，只有想不到的，没有不敢玩的。如图2-1所示的极限滑雪运动的操练场，白蓝色调下显眼的红色"钩"更加突出了只有"Just Do It"的精髓。如图2-2所示的滑水极限运动的广告，海岸线的开阔与巨大的红色"钩"与图2-1一样突出了耐克运动的精髓。如图2-3所示的空中极限运动的广告，红色"钩"变成了巨大的热气球，与运动者的热情相得益彰。

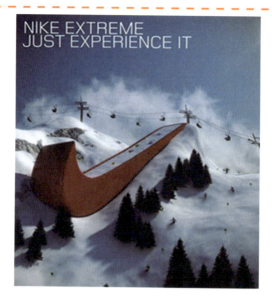

图2-1　耐克极限运动广告(1)

图2-2　耐克极限运动广告(2)

图2-3　耐克极限运动广告(3)

【案例分析】

耐克的广告案例历年来都是广告策划学习者及从业者重点研究的对象,耐克广告的成功有如下两点原因。

(1) 耐克公司注重沟通效果的广告,使耐克品牌深受消费者喜爱,迅速成长。耐克公司的早期广告作品主要侧重宣传产品的技术优势,因为当时品牌定位在正式竞技体育选手市场上。当然一些休闲跑步者及体育锻炼的人也购买耐克鞋,是为了穿着舒适,也是因为耐克宣传的:谁拥有耐克,谁就懂得体育!这对消费者有一定的影响力。但这段时期的耐克广告称不上是真正意义上的沟通,耐克的沟通广告是在其"广告变法"中产生出来的。

(2) 共鸣的沟通。在以往,耐克公司的主要突破口是青少年市场,这类消费者热爱运动,崇敬英雄人物,追星意识强烈,希望受人重视,思想活跃,想象力丰富并充满梦想。而在上述极限运动广告中,耐克公司将重点放于与极限运动爱好者的沟通中,与自然的极致亲近、极限运动的刺激都在这则广告中体现得淋漓尽致。

(资料来源:根据中国设计网资料整理)

2.1.1 广告策划的含义

广告是什么?广告是利用媒体来传播其商品、服务或观念而达到促销效果的一种手段。一般在传播中,进一步宣扬消费者能得到的利益和困难的解决,从而来满足消费者生理上或心理上的需要。不仅如此,广告还有商业性的目的,主要是希望与消费者相互沟通,吸引消费者花钱购买其产品,不断满足消费者的需要,也不断制造或创造消费者的需要,广告成为市场持续扩张的手段。广告将商品、概念或服务由公众传播给非特定对象,意图来刺激消费者的购买欲望。

现代商品经济发展到今天,广告策划的出现是必然的产物。同时,广告策划也是广告活动科学化、规范化的标志之一。最早实行广告策划制度的是美国,随后许多经济发达的国家都建立了以策划为主体、以创意为中心的广告计划管理体制。

什么是广告策划呢?所谓的广告策划是根据以广告为主的营销计划和广告目标,在调查过程中了解市场情况、产品状态、消费群体相关的数据,并根据数据制定广告计划方案,同时进行评估、实施和检验,从而对整个经营提供良好服务的活动。广告策划是对广告活动过程进行的总体策划,是广告运作的主体部分,是在企业的整体营销计划指导下做出的。

小贴士

广告策划是对广告的整体战略与策略的运筹规划。广告策划就是对于提出广告决策、实施广告决策、检验广告决策全过程做预先的考虑与设想。广告策划不是具体的广告业务,而是广告决策的形成过程。

广告策划有两种：一种是单独性的策划，也叫作单项广告活动策划，一般是为一个或几个单一的广告活动进行的策划；另一种为系统性的策划，叫作总体广告策划，一般是企业在某一时期的总体广告活动策划。

一个比较完整的广告策划主要包括五方面的内容，即市场调查的结果、广告的定位、创意制作、广告媒介安排、效果测定安排。

知识拓展

> 1986年，中国广告界首次提出广告策划的概念。这是自1979年恢复广告业之后对广告理论一次观念上的冲击，它迫使人们重新认识广告工作的性质及作用，广告工作开始走上向客户提供全面服务的新阶段。现代广告策划就是对广告的整体战略和策略的运筹规划，具体是指对提出广告决策、广告计划，以及实施广告决策、检验广告决策的全过程做预先的考虑与设想。

2.1.2 广告策划的特性

广告策划活动是一个系统过程，因此它必然具有目的性、整体性、程序性、动态性、可操作性、创造性、层次性、适应性8大特性。

1. 目的性

明确目的是从事任何工作的首要问题，广告策划也不例外。在广告策划过程中，经常会有许多目标，其中既有长期目标，又有短期目标；既有战略目标，又有战术目标；既有市场占有率目标，又有知名度、美誉度等目标。虽然广告策划中经常出现目标的多样性，但是通常只有一个主要目标和一两个次要目标，如果主要目标太多或目标不确定，必然导致无的放矢，造成各方面资源的浪费。目标正确与否决定着广告效果的好坏，甚至决定着一个企业的生死存亡。因此，广告策划中广告目标的确定至关重要。广告策划的目的在于指明广告策划的方向，引导广告活动按照正常的方向发展。

2. 整体性

广告策划是由广告策划的8个特性所构成的完整的运动系统，缺少任何一个要素，整个系统都不会成立。各个要素之间具有内在的有机联系，这个系统的运作需要各个要素之间的协调配合才能进行，割裂要素之间的联系或各要素之间不能协调统一，广告活动就不能顺利开展。广告策划具有很多环节和内容，它们之间也不是彼此孤立的，而是有机联系而存在的。如果只强调个别环节和局部的广告策划也是不完整的，广告策划者不能因为自己只对某个环节或部分内容熟悉而忽视其他环节。

3. 程序性

广告策划的过程具有内在的规律性，即广告策划活动的规律是由过程来表现的，各环节的规律化实施才能成就一套完整的广告行为。如果随意跳过某个环节就会造成"治标不治本"的情况。也就是说，没有程序和规律的广告活动是不可能有效地达成广告目的的。

4. 动态性

广告策划本身就是按一定程序开展的运动过程,这个运动过程是一种不断反馈、不断学习并不断改进的过程。由于广告策划的对象处在一定的市场条件下,其本身也会随着市场状况、消费者变动、竞争者的变化而变化,所以广告策划也会随之变化。广告活动必须根据广告环境的变化而采取相应的对策,使广告策划内容适应市场环境等客观条件的变化,从而达成广告目标。

5. 可操作性

为了实现其目标,广告策划应该是在战略和策略的指导下制定出来的一系列可操作的可实施方案,使广告策划的思想和意图能够真正落实,使广告效果、广告效益最终能得到根本体现。不具有可操作性的策划充其量只能算是纸上谈兵。这种可操作性包括广告环境的可能性、广告主的承受能力、广告公司的执行能力等方面。

6. 创造性

广告策划本身就是运用脑力的谋略行为,是集思广益的复杂脑力劳动,而脑力劳动的本质就在于创造。广告策划是面向未来的,具有规划性和预测性,这也体现出了一种不确定性。这种不确定性要求广告策划必须要以创新的思维方式和表现手法来解决新的问题。所以说,创造性是广告策划的本质特征。

7. 层次性

广告策划的层次性,有助于广告策划人员把握广告策划活动的性质、特点和规律。广告策划人员要善于把握广告活动的层次特征,一要分清层次,二要把握层次,三要把握层次之间的先后次序性、统一性和协调性。

8. 适应性

广告策划需要适应各种环境,这里所讲的环境,是指广告策划系统以外的客观条件,如政治环境、社会环境、经济环境、文化环境、市场环境、人口环境等。如案例2-2所示的宝马广告,作为国外的汽车品牌,为了能够融入中国的本土文化,将其广告也融入了中国元素,使中国的消费者更加理解宝马的企业文化和产品特性。广告策划不能脱离环境而独立存在,它既要通过环境的输入性控制而受到环境的制约,又要通过对环境的输出性反馈而对环境产生影响。广告策划的适应性是广告策划的整体性和稳定性的一种体现。

案例2-2

宝马之悦系列广告

2010年,宝马向中国消费者推出全方位体验的"BMW之悦",这种更具亲和力的方式使宝马从单方面追求"纯粹驾驶乐趣",到全方位体验"BMW之悦",更清晰地向中国消费者阐释宝马品牌的内涵,这一举措充分体现了广告策划的适应性特点。

当BMW大中华区总裁兼CEO史登科博士宣布这一战略时,白色背板上第一次出现了一个用毛笔书写的遒劲洒脱的汉字"悦"。第一眼看上去,"悦"字带给人的视觉冲击效果甚至盖过了前面的"BMW"三个英文字母。不过，史登科博士对此似乎并不介意，或者干脆说这正是他希望看到的效果："BMW"能以更具中国味道的品牌形象展现在大众面前。

实际上，从2009年下半年开始，宝马在德国率先推出"JOY IS BMW"的品牌广告并大获成功，随后，北美市场于2010年冬奥会期间推出这一主题的广告。现在，中国作为全球最重要的市场之一紧随其后。

这次"BMW之悦"品牌活动，毫无疑问，也是宝马全球统一品牌战略的一部分。

史登科博士认为：除了驾驶乐趣外，中国消费者其实更希望从宝马品牌上获得更多深层次的价值认同。

"JOY"是宝马品牌长期以来的核心诉求，"BMW之悦"是"JOY"的丰富内涵在中国社会和文化背景下的提炼。此次品牌战略宣传是宝马首次把品牌核心推到前台同消费者直接进行更为情感化的沟通。

史登科博士认为，这一举措符合现实中宝马客户群的真实情况，并将有力地拓展客户范围。为此，宝马中国专门注册了书法字体的"悦"字，作为统一使用的形象标识，并在平面广告的创意中添加"水墨画""京剧"等中国元素，以此呼应中国文化中对"悦"的理解。

史登科博士曾说，"悦"字，兑现心意，发自内心的快乐；"悦"，也是动词，悦人悦已，具有深刻的人文精神，正是宝马的品牌诉求在中国社会和文化背景下的提炼。品牌说到底是一种文化，而当一种文化要在新的文化环境中成长，如何适应这种新文化是市场的最大挑战。宝马"悦"战略，是一次文化营销的新起点。

如图2-4～图2-6所示为"BMW之悦"系列广告之一，这三则广告统一中有些许变化，不仅能够成功地推介宝马即将推出的新车型，还具有浓烈的中国风，使中国的消费者感到亲切，增强购买欲望。

图2-4 "BMW之悦"系列广告之"激情梦想，悦然天成"

图2-5 "BMW之悦"系列广告之"创新设计，激悦动感"

图2-6 "BMW之悦"系列广告之"天人合一，悦为己任"

【案例分析】

宝马中国在2010年相继启动推出的"BMW之悦"主题的企业形象品牌推广活动，将品牌概念与中国元素相结合，推出了全面体现中国味道与融会现代动感的平面广告："天""车""人"。

宝马此次品牌宣传活动以中华文明为灵感，用全新的方式将全球统一形象和中国元素完美融合，的确让在场的所有中国媒体都眼前一亮。和宝马总部的德国人一样惊诧，中国媒体未曾预料宝马的转变会如此彻底。

"BMW之悦"涵盖了驾驶乐趣之悦，成就梦想之悦，责任和分享之悦多个层次的情感。它不仅代表着高性能和有着纯粹驾驶乐趣的汽车产品和技术，而且代表着创新和积极进取的乐观精神，以及关心社会和关注未来的公益心与责任心。用汉字"悦"取代英语单词"JOY"，是史登科博士和他带领的宝马中国团队绞尽脑汁花费半年时间才想出来的一个"金点子"，为的就是以一种更符合中国人的口味，更好地向中国消费者传达宝马的品牌理念和品牌内涵。

(资料来源：根据中国设计网资料整理)

2.2 广告策划的地位及意义

2.2.1 广告策划的地位

对于整个广告活动来说，广告策划占有核心地位。首先，广告策划是以广告调查为基础的，同时也给广告调查提供指导，广告调查离开了广告策划就失去了调查的意义。广告制作如果缺少了广告策划的意图和构思，就会找不到制作的方向。广告效果测定的标准也是通过广告策划加以编定的。其次，广告策划活动的成功也体现了它的核心地位。广告策划对为什么做广告、对谁做，以及在哪个时间、地方做些什么等一系列问题进行了解答。在解答的过程中才产生了广告目标、广告对象、广告主题、广告时机、广告媒体和广告效果等成果。最后，广告策划处于广告管理的核心地位，这是因为企业的决策层亲自掌握着广告策划，这样才能使得广告活动来为企业的利益服务。

企业盈利是以营销为基础的，那么广告策划就是在这个基础上研究企业的营销活动，其中包括了市场调查、市场细分、市场选择与定位，以及产品策略、价格策略和促销策略。广告策划是为企业营销而服务的，首先，广告策划一定要体现出市场策划的意图。不同的企业就有不同的目标市场，因此，广告策划要为本企业的产品选择相应的目标市场，并通过一系列的广告为这个产品树立一定的形象。其次，广告策划要体现出产品销售的意图，不同的产品有各自与众不同的地方，因此它既要体现产品广告的必要性，又要体现产品的差异性，同时还要在产品的不同生命周期阶段实施不同的广告。最后，广告策划要体现价格策划的意图，一方面体现产品的观念价格，也就是在观念上为消费者进行价格定位；另一方面是体现产品的价值观念，就是展示出产品的价格所代表的身份、地位、意义等一些满足受众精神方面的需求。

由此可见，广告策划在众多的要素中都处于核心位置，任何广告活动都包括了广告调查、广告策划、广告设计与制作和广告效果与评估四个阶段，如图2-7所示。

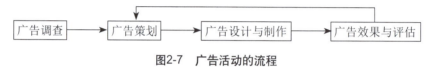

图2-7　广告活动的流程

由图2-7可以看出广告策划在广告活动中的位置，它主要是以广告调查为基础，其中包括市场调查、产品调查、用户调查、媒体调查等。广告设计与制作是广告策划一系列计划中的具体实施，广告效果与评估是将广告方案实施后给予的评价。从整个活动流程可以看出，广告策划在广告活动中处于核心地位，并且对其他的环节都有约束作用。

同时，广告策划在整个企业营销活动中居于服从和服务地位，广告策划是整个企业市场营销活动中的一部分，它和产品策划、价格策划、市场策划等一样，不仅要为企业的营销策略服务，还必须顺从营销战略与目标，充分考虑到产品、价格、渠道、市场等方面的条件与制约，以确定符合企业目的的具体操作方案。

2.2.2　广告策划的意义

广告策划在整个企业的运行中具有十分重要的意义。

(1) 广告策划运用广告可以起到搭建企业与消费者之间的桥梁的作用，成功的广告全靠成功的广告策划。

(2) 成功的广告策划能用广告来激发消费者购买的欲望。广告的最成功之处并不是希望消费者说"这广告真好"，而是希望消费者说"这商品真棒"。成功的广告和失败的广告最明显的区别是成功的广告比失败的广告更具有科学的策划程序。如果只是自己的主观愿望，凭空想象认为自己对消费者的需求了如指掌，不仅不会起到促销的作用，反而会竹篮打水一场空。

(3) 广告策划能使广告选择正确的传播媒介和传播对象，准确而合理的传播对象和传播媒介就像是广告的两个翅膀一样，是广告取得良好效果的根本保障。没有准确的传播对象就像是盲人摸象，广告是否能成功都是未知数。没有适合的传播媒介，则又会是费力不讨好、花钱不少收效甚微的过程，根本起不到广告应有的作用。

(4) 广告策划可以使广告成为"大规模消费—大规模销售—大规模生产"这一市场经济运作模式的催化剂。由于不经策划的广告带有很大的随意性和片面性，它根本就不可能适合这一规律，不仅催化的作用谈不上，有时还可能成为阻碍这一运作规律的因素。

2.3 广告策划的原则

广告策划是一个创造性的思维过程，有其自身的原则。遵循一定的原则，就是把握客观事物发展方向的利器，根据广告学的基本原理，进行广告策划必须遵循以下原则。

2.3.1 实事求是原则

实事求是，是广告的根本要求。广告的生命在于真实，而不是虚假。虚假的广告最终都会失去公众的信任，即使能带来一定的利润，也是短暂的、不长久的。求实，不仅可以保证企业的长期利益，更重要的是保证了大众的消费利益，维护了企业的品牌形象。

2.3.2 系统原则

广告策划活动是由若干个子系统组成的有机系统，这些子系统之间既相对独立又具有有机的关联性和互补性，共同为完成整体的特定功能和目标形成了一种秩序。具体来说，从系统论的基本思想出发，广告策划的系统原则主要体现在以下几个方面：①对广告系统做统筹安排，实现整体功能的最优化；②协调广告系统与环境系统的关系，不断调整广告系统来适应环境系统的变化，使广告系统达到最佳状态；③考虑广告系统的有序性，根据系统内部各要素之间的排列、组合、运动、转化的规则来进行策划，使广告系统处于有序状态。

2.3.3 创新原则

广告要想达到应有的宣传效果，新颖性是必不可少的。广告策划的创新原则主要体现在以下几个方面。

(1) 创意新颖。做前人没有创作过的作品，才是好的作品，广告作品重复前人、重复自己都是不行的，也不能获取广告受众的关注，最终导致广告效果丧失。

(2) 语言新颖。广告语往往是广告创意精神的最精辟的体现。广告语能吸引受众，很重要的一点就是要有革新精神，要突破俗套，给受众全新的广告情境之感受。

(3) 表现手法新颖。一个广告作品的成功，只依靠创意是远远不够的，再好的创意如果缺乏新颖、有效的广告表现手法的支撑，创意也将"胎死腹中"。只有广告创意新颖且表现独特的广告作品才能在广告信息大战中战胜对手，取得成功，如案例2-3所示。

案例2-3

相宜本草广告案例

相宜本草："遇见百合，温润遇合。"一个诠释"本草养肤"的品牌，将汉方本草和现代科技相结合。悠久灿烂、博大精深的中医文化充满了奥妙与智慧，相宜本草深信天然神奇的中草药对皮肤有改善作用，能让肌肤内部重获健康、自然，主动而且持久地筑起肌肤外在的美丽。2012年7月18日，相宜本草邀请小宋佳为其最新推出的百合高保湿系列担任形象大使，进一步诠释"内在力，外在美"的品牌理念。同时，与互动通携手共同上演一场华丽的媒体传播活动，让更多受众了解相宜本草新产品，并加深消费者对相宜本草品牌的认同感。

营销目标：推广相宜本草百合高保湿修护霜，提升相宜本草品牌价值，加深品牌形象，以凸显其天然草本养肤的护肤理念，通过大自然的神韵给肌肤带来焕然一新的美丽。同时强调相宜本草的亲民性，旨在人人都能拥有高品质的护肤产品，从而吸引更多关注美丽与保养的年轻女性，以提升受众对新品的认知，提高对品牌的关注度。

目标受众：25～45岁，月收入3 000元以上，注重护肤调理，崇尚经济实用型生活方式的年轻白领，以女性为主。

投放策略：通过兴趣等定向方式，结合通栏画中画联动、自定义视窗及底浮通栏等多重表现形式，将广告有效推送至目标受众，提升品牌曝光率，扩大相宜本草对受众的影响和冲击。

媒体策略：针对目标受众及相宜本草品牌的特点，并根据关键字匹配，投放在女性类、时尚类的网站，借此能够吸引更多的用户关注相宜本草及其新品，同时加强品牌形象的宣传。

创意策略：本次广告以"相宜本草：遇见百合，温润遇合"为主要诉求(见图2-8～图2-10)，以清新、水润为主要的画面风格，配以片片百合与水漾波纹，结合氧气美女小宋佳的举手投足，渲染了一种自然灵动的美感，充分展现了相宜本草的"内在力，外在美"及女性的温婉柔情。

图2-8 相宜本草广告(1)

图2-9 相宜本草广告(2)

图2-10 相宜本草广告(3)

广告策划的概述 第2章

【案例分析】

该案例表现手法新颖，不管是从广告色调还是从代言人的选择，都非常符合相宜本草"内在力，外在美"的品牌理念。

此次广告以白色和绿色为主要的色彩基调，以营造一个清新、自然的氛围，画面中片片剔透的百合与丝丝水波荡漾相得益彰，突出了整个广告水润灵动的创意风格。广告伊始的鼠标点击游戏增强了其趣味性和吸引力，通过拨开层层百合花瓣，展现在受众面前的是一朵挂着水珠徐徐绽放的百合花，由此充分展现出百合醇厚细滑的质地，寓意温润滋养，可令肌肤润泽、细滑、柔韧。

此次通过通栏画中画联动、自定义视窗和底浮通栏等多重表现形式，内容表现丰富、诉求明确，最大限度地将受众与品牌紧密结合，帮助广告效果实现最大化。直观的画面展示给消费者切身的产品体验，很好地体现了产品魅力，充分扩大了相宜本草在女性用户中的吸引力和诱惑力，同时激发了目标受众对品牌的全新认识，进一步深化品牌信息，加强品牌记忆。

(资料来源：根据中大网校资料整理)

2.3.4 心理原则

科学的广告诉求是必须遵循心理学法则的，因为人们在接受广告宣传时，必然存在着一定的心理活动规律。广告对受众的影响过程，也就是一种心理暗示和心理影响的过程。具体来说这个过程：首先诉诸感觉，引起注意；其次赋予特色，激发兴趣；再次确立目标，刺激欲望；然后创造印象，加深记忆；最后坚定信念，产生行动。如图2-11所示，这则油漆广告就很好地遵循了心理学的法则，使受众能够一目了然地明白油漆色彩的夺目效果。

图2-11 宣伟油漆广告Sherwin-Williams的色彩世界(摘自：中国设计网)

2.3.5 效益原则

效益原则是用较少的广告费用，去获得最大的广告效果。广告策划者在广告策划的过程中,要从消费者和广告主的双方利益出发,严格实行经济核算,选择最佳方案。此外,广告效益原则不能只体现在经济效益这一方面,而是要同时体现出其社会效益。广告是面向社会大众的经济信息传播工具,其本身也是一种社会文化,对于社会的价值观、消费观、审美观等都会产生一种导向性的作用。由此看来,经济效益和社会效益不可避免地成了广告所承担的社会责任。如案例2-4所示,该案例秉承了效益原则,营销目标只有一个,就是在短时间内达到一定的经济效益。

案例2-4

美年达:创新定位,选择开心,提升全民开心指数

1. 营销背景

调查研究显示,中国的年轻人因为处在经验、人脉、能力的发展初期,时常抱怨力不从心、事不如意,因而对开心的生活状态充满渴望,急需释放压力,活出自我。而如何把握这一契机,从而进一步挖掘品牌价值,进行品牌塑造,成为企业的机遇和挑战。

在这个大背景下,美年达顺势提出了"开心年代、选择开心"的主题活动口号,希冀借这一话题进行一轮品牌推广活动,倡导人们选择以开心乐观的态度面对生活,并希望借此在人们心中塑造美年达作为开心引领者的品牌形象。通过线上各大SNS平台与活动参与者的互动沟通,号召消费者选择开心,选择美年达,实现开心、美年达两者的深度关联,进而提升品牌影响力和好感度,掀起美年达开心品牌理念的传播热潮。

2. 营销目标

通过广泛的社会化媒体合作,多种社会化媒体传播渠道覆盖,传递美年达"选择开心"主题活动核心价值,扩大品牌精神的知名度,引发情感共鸣,引爆活动参与互动及传播热潮。

通过主题活动下生动、有趣的多模块活动单元及丰厚的激励举措,培养品牌与开心元素的深度关联,进一步强化活动对目标群体的吸引力与号召力,最大化活动参与度和品牌美誉度。

3. 策略与创意

(1) 主题创意。抓住现代年轻人对开心生活状态的渴望,打造符合当下社会情感需求的开心年代主题系列活动,塑造美年达"选择开心"的品牌精神,倡导全民选择开心、选择美年达,并引发关联及情感共鸣,借由强大的主题号召力提升品牌美誉度和影响力。

(2) 活动单元。借鉴当下年轻人最火热的在线交流模式,Minisite开设心情签到、开心勋章点亮、开心日志撰写、开心地带大PK、开心足迹记录和分享、传唱开心歌等活动单元模块,实现与目标用户的日常Digital行为的无缝对接,用充满个性和趣味性的活动单元激发参与积极性。

(3) 平台策略。利用全媒体整合策略,打造开心年代活动基地Minisite,打通腾讯微博、

Q-zone两个强大聚集目标用户的平台，广泛吸引在线用户的关注；活动单元同时覆盖新浪微博、豆瓣、人人网等各大SNS社交平台，实现主题活动最新动态的实时分享及传播；辅以美年达同主题TVC在腾讯视频的投放，全方位实现活动最大化曝光，引发公众自发参与及扩散传播。

4. 执行过程/媒体表现

(1) 活动网站。建立活动官方平台Minisite，用户可利用QQ账号登录，累积积分赢好礼；关注网站最新活动动态，参与心情签到、开心勋章点亮、开心日志撰写等活动，都会有不同形式的奖励；最新动态可同步分享至微博、人人网、豆瓣、腾讯空间等SNS社交平台，即可引发二级传播并邀朋友同时参与；分设开心地带大比拼、小人物大开心等丰富的活动单元，增加平台趣味性和吸引力。

(2) 开心地带大比拼。引入腾讯漂流瓶的概念，扔出漂流瓶看你的开心数值及排名，号召不同地区、城市之间进行开心值大比拼，激发活动参与者强烈的好奇心和参与热情，倡导互动互评彼此的开心故事，强大的话题性和情感共鸣进一步吸引网友的关注及互动分享，带动多级扩散和传播。

(3) 小人物，大开心。"小人物，大开心"旨在让每个平凡有开心故事的人参与，鼓励分享自己的开心故事，让开心散播，极具感染力和号召性的主题口号极易引发大众共鸣，开心日志、开心签到、开心印象及开心下载、开心相册，美年达选择开心官方微博轻松投放开心话题及平台，简单易行的互动机制通过有吸引力的奖励强化用户参与分享，Minisite与其他平台无缝对接实现了活动精彩内容的同步传输，豆瓣开心相册及小人物的开心故事汇总，超高人气成功地吸引了豆瓣网友的参与及传播热情。

(4) 投放美年达开心TVC，传唱开心歌。腾讯视频投放明星李治廷及Angela baby代言拍摄的TVC，视频中二人演唱美年达的官方主题曲，分享开心理念，传唱开心歌；官方Minisite提供MV视频、歌曲及拍摄花絮的下载，用户既可以获取开心分值，又可以下载作为手机铃声，脍炙人口的歌曲及感染力十足的开心MV画面最大限度地实现了品牌精神的传播和推广。

(5) 记录开心足迹。在活动即将结束的一周中，提示生成属于参与用户在这两个月里，随美年达"选择开心"活动记录下的"开心足迹"。在短短一周的时间内，就有超过110 000个用户参与制作和发布。

【案例分析】

通过对我国年轻人状态的全面分析，综合目标人群的特征，新颖地提出了"选择开心"的主题，借助主题活动达到广告的效果，不仅新颖有创意，而且通过生动有趣的各种单元活动和消费者进行有效的互动，提升了品牌的影响力和好感度。这种新颖的线上活动的表达方式让美年达在短时间内获得了较高的经济效益。

(资料来源：根据网赢天下资料整理)

2.4 广告策划的步骤

2.4.1 调查与分析

广告调查指的是利用有关市场调查的方式和方法，对影响广告活动有关因素的状况及其发展进行调查研究的活动。在市场调查的全过程中，通过收集产品从生产到消费全过程的有关资料并对其加以分析研究，确定广告对象、广告诉求重点、广告表现手法和广告活动的策略等。

1. 广告市场调查

广告市场调查主要是指对和广告活动密切相关的市场营销组合因素的调查和企业微观环境的调查。在一般情况下，市场调查的范围是十分宽泛的，而且内容也是十分复杂的。从不同的角度出发，就会对市场调查的内容和范围有着不同的理解。如果从广告运作的规律出发，市场调查的内容和范围基本上可以确定，那就是市场环境调查、广告主企业经营情况调查、广告产品情况调查、市场竞争性调查、消费者调查等。

2. 社会环境调查

广告环境是制约广告策划的因素之一，在广告环境中，占有大比重的就是社会环境对广告策划的影响和制约。社会环境构成的因素繁多，在广告调查中，具体应该着重于以下几方面的调查。

1) 政治和法律环境的调查

政治环境会给企业的发展带来重要的影响，宽松、稳定的政治环境会使企业在相对宽松的环境下发展，反之亦然。政治气候如果出现细微波动，或者在大环境下出现某些政治性事件，都会给产品的营销环境带来影响。因此，了解国际政治局势，关心国际政治情势，逐步把握国际变化的不规律因素，也是广告策划团队应该具备的素质之一。

> **小贴士**
>
> 法律环境对企业经营的决策及制定营销战略至关重要，因此，对法律政策环境进行调查，熟知政府颁布的新法律、法规，在广告策划的调查阶段也是必不可少的。

2) 经济环境的调查

经济环境的好坏对广告决策影响最大，广告归根结底就是反映与经济环境的关系。经济环境对市场营销和广告活动的影响主要是指购买力的影响。对经济环境进行分析主要是对购买力进行分析。

影响消费者购买力的因素主要有消费者收入的变化、支出模式的变化及储蓄和信贷模式的变化。此外，还应该考虑我国目前的经济制度和经济发展阶段等因素，应将我国经济面临的机遇与挑战进行全面的分析和调查。

3) 文化环境的调查

调查文化环境主要是为了了解广告产品所处环境的文化特征、文化禁忌等诸多方面的内容，使社会文化与广告及广告产品能够融合，而不至于发生很严重的冲突；或者能够使广告及广告产品在拓展市场空间的时候，避免与环境中的文化规则发生冲突。

3. 企业形象调查

企业形象调查是指对社会公众所给予企业的整体评价与认定的情况调查。在企业形象方面需要调查的内容有很多，主要包括品牌形象、技术形象、企业识别系统等。这些企业形象转化为具体的指数就是企业的知名度和美誉度。知名度主要是一个企业被公众知晓和了解的程度，以及企业对社会产生影响的广度和深度；美誉度主要是一个企业被公众认可、信任、赞许的程度，以及企业在社会上产生影响的美与丑、好与坏等。对企业形象调查结果一般分为四种情况：第一种低知名度、低美誉度；第二种高知名度、低美誉度；第三种低知名度、高美誉度；第四种高知名度、高美誉度。

通过对企业形象的调查，增强了对企业整体形象的认识，从而找到企业开展广告活动和公共关系活动的工作重点或区域。

4. 广告效果调查

广告效果调查分事前调查和事后调查。事前调查又称广告试查，是指广告在实施前对广告的目标对象进行小范围的抽样调查，了解消费者对该广告的反应，以此来改进广告策划及广告表现，提高随后的广告效果。这种调查是广告发布前所开展的工作。

事后调查是指在广告之后的一段时间里，对于广告的目标对象所进行的较大规模和较广泛范围的调查，通过对广大消费者对该广告活动的反应，从而测定广告效果。其目的在于测定广告预期目标与广告实际效果的态势，反馈广告活动的受众信息，为修正广告策略和随后进一步开展广告工作奠定量化基础，以便广告主或广告公司的广告活动能更好地促进企业目标的实现。

小贴士

广告效果调查必须以严格的定量化指标为结果和表现形式，所有的定性的内容都必须基于严格的量化参数。这就要求在广告效果的调查活动中，采用科学化的手段与方法，去进行各个调查环节的工作，以达到广告效果测定结果的可信度与有效性。

2.4.2 定位

一般情况下，广告定位就是指通过一些广告活动，使企业或品牌在消费者心目中确定位置的一种方法。广告定位主要包括以下几个方面。

1. 市场定位

市场定位就是把产品宣传的对象定在目标市场上最有利的位置，通过整合市场才能找出符合产品特征的基本顾客的类型，同时根据消费者的地域特点、文化背景、经济状况、心理特征等不同特点，进行市场的细致划分。如案例2-5所示，宝洁公司在进行广告策划方案时，就严格执行了市场定位的方法。

案例2-5

宝洁广告策划的市场定位

宝洁公司始创于1837年，是世界最大的日用消费品公司之一。宝洁经营着300多个品牌的产品，其中包括食品、纸品、洗涤用品、肥皂、护发护肤品、化妆品等。

在宝洁的广告策略中，每个品牌都被赋予了一个概念，如海飞丝的去屑、潘婷的保养、飘柔的柔顺等，然后通过广告传播不断强化。例如，海飞丝使用"头屑去无踪，秀发更出众"的广告语彰显个性，潘婷的个性在于对头发的营养保护，于是就有"富含维生素原B5，能由发根渗透至发梢，补充养分……"，而"洗发护发一次完成，令头发飘逸柔顺"的广告，则强调了飘柔的个性。将消费群体需求作明确划分之后，消费者可以根据自己的需要购买产品，使宝洁成功地占领了市场。

【案例分析】

宝洁号称"没有打不响的品牌"，宝洁的成功营销是有高品质产品做基础的，同时也与其准确的市场定位和有效的广告策略是分不开的。

对市场的细分是宝洁公司进入中国洗发水行业之后迅速占领市场的宝典。宝洁公司将洗发水市场分为高档、中档和低档，同时又在各个细分市场以不同的变量划分出更细的细分市场，经过精准的市场定位使宝洁产品迅速占领市场。

找准目标市场是宝洁公司成功的法宝。宝洁公司一直奉行"生产和提供世界一流的产品和服务，美化消费者的生活"为宗旨，崇尚消费者至上的原则，最初以高价位、高品质取胜。近年来，宝洁不断扩大自己的目标市场，开始发展庞大的低档市场，例如，200毫升的飘柔洗发水由30元/瓶向9.9元/瓶转变，由城市高端目标向农村市场渗透。

此外，多品牌战略也是宝洁占领市场的关键。多品牌虽然运营成本高、风险大，但其灵活的特点有利于市场的细分。例如，佳洁士、舒肤佳、飘柔、潘婷、汰渍等各种品牌在市场上的扩张为宝洁取得市场的主动性提供了帮助。

(资料来源：根据广告策划网资料整理)

2. 产品定位

挖掘产品自身的潜力，把最能代表该产品的特性、品质、内涵等个性作为宣传的形象定位。通过突出自身的优势，树立品牌独特鲜明的形象，赢得市场和企业的发展。如案例2-6所示，伊利对其产品进行策划的时候，严格执行了产品定位的原则。

案例2-6

伊利优酸乳的产品定位

2006年伊利优酸乳请来"神仙姐姐"青春美少女刘亦菲、健康阳光的篮球运动员易建联和泰国神秘小美女道Taew为新广告宣传,三人共同成功地演绎了浪漫的伊利优酸乳剧情片广告。

该广告采用连续青春剧集的形式,整个故事分四集播出,演绎了一个完整的爱情小插曲故事,令消费者在欣赏浪漫爱情故事的同时,也牢牢记住了如同爱情般酸酸甜甜的伊利优酸乳。

1. 赛前路上意外篇

篮球运动员阿联因为赶着去参加一个篮球赛而误撞了一名手拿地图和伊利优酸乳的女孩,同时撞坏了女孩的小提琴,还撞飞了女孩的伊利优酸乳,从而认识了这个叫作道Taew的女生。两人狼狈地坐在地上,最后阿联却递给她一盒优酸乳。结尾文案给出阿联是选择马上赶去打球还是留下来陪道Taew。

2. 友情与爱情抉择篇

阿联载道Taew赶到篮球场,刘亦菲看见迟到的阿联很生气,就拿球砸向他;但是当看见道Taew那熟悉的面孔时甚是欣喜。巧的是,原来她们早就认识。在更衣室里,阿联递给道Taew一瓶伊利优酸乳,并把修好的小提琴还给道Taew,道Taew欣喜地抱住阿联。不巧的是,这一幕被刘亦菲看见了,使刘亦菲面临爱情与友情的两难选择。结尾文案给出刘亦菲的选择是要进去还是不进去。

3. 三个好朋友篇

刘亦菲等了一会儿还是进去了,并告诉他们准备开演唱会,请他们都去,并给了他们一人一瓶优酸乳。刘亦菲自信地喝着伊利优酸乳说道:"这场输了,还有下一场啊!"演出前,刘亦菲正在认真排练,阿联递给她一瓶伊利优酸乳。道Taew在演出场外徘徊,但是没有进去,只是发了一条短信"我们三个永远都是好朋友",广告文案给出她面对的是应该留下还是离开的疑问。

4. 最终抉择篇

道Taew要离开了,在天桥上,道Taew递给他们每人一瓶伊利优酸乳:"我要走了。"刘亦菲和阿联目送着女孩的离开,三个人同时喝着伊利优酸乳表达对彼此的深深祝福。

广告中多次出现了伊利优酸乳的"身影"。第一次,当阿联撞倒道Taew,并捡到撞飞了的伊利优酸乳还给她,博得了道Taew的好感,这时的伊利优酸乳表达的情感是友情的开始。第二次,阿联送给道Taew一瓶新的伊利优酸乳,又把修好的小提琴还给道Taew,这时的伊利优酸乳表达的情感是道歉,而道Taew的欣然接受表达的情感是原谅和既往不咎。第三次,刘亦菲独自一人喝着伊利优酸乳,并说"这场输了,还有下一场",这时的伊利优酸乳表达的情感是爱情的坚定,同时也是为自己加油打气、增加自信。第四次，阿联递给正在排练的刘亦菲一瓶伊利优酸乳，这时的伊利优酸乳表达的情感是一种对对方的鼓励与支持。第五次，在天桥上，道Taew给刘亦菲和阿联每人一瓶伊利优酸乳，三人同时喝着优酸乳，这时的伊利优酸乳表达的情感是友情、是永恒的，不要因为误会而放弃友情。由此看来，伊利优酸乳在注重品质和创新的同时，对自己的消费目标也很明确，因此更加注重消费群体的特性，根据消费群体的特点推出一系列情感广告。

【案例分析】

广告年轻、活力的定位非常符合伊利优酸乳的产品定位，广告中的伊利优酸乳表达了多种不同的情感，有歉意、有原谅、有自信，还有鼓励、坚定的爱情，以及永恒的友情。伊利优酸乳化身为情感的表达者，诠释着人生中各种强烈、朴实的情感，很容易让人产生共鸣。作为中国乳饮料市场潮流的领军者，伊利优酸乳凭借其年轻、活力、健康、自信的形象深入人心。同时，广告口号也同样很有标志性，"我要我的滋味"，对于80后、90后的年轻人来说，追求的是个性、标新立异、讲义气、重友情，相信爱情，为爱奋不顾身，很自信、很狂野，而这样的广告词的的确确符合这个时代年轻人的性格和要求，可谓是炫得够青春、酷得够彻底。此外广告配以"我要我的滋味"的音乐旋律，充分体现伊利优酸乳给受众带来的"轻松、随意"的心态，伊利优酸乳的品牌主张得到了很好的诠释。而最后的画面中"我要我的滋味"点出主题要旨，道出目标群体心里的想法。

该广告的消费群体定位于15~22岁的个性年轻人，伊利优酸乳针对消费者调查决定在继续延续品牌的个性的同时，使之更加时尚和鲜明，采取与众不同的创意策略。

(1) 采用年轻的时尚明星作为产品广告主角。在平面广告中，三人造型青春靓丽。有"小姚明"之称的易建联，对少男少女的杀伤力非常大，高大帅气、充满朝气；万众仰慕的小龙女"神仙姐姐"刘亦菲，号召力超强，形象青春，气质清秀；神秘泰国小美女道Taew形象清丽，颇有观众缘。

(2) 广告形式上采用了连续青春剧集的形式。

(3) 全方位加深与消费者的情感交流。

(4) 选择以电视传播为主题，以广播为补充，以网络无线为消费者参与平台，以促销和无线拉动销售的媒介策略。

总的来说，伊利优酸乳的广告所倡导的品牌主张和情感因素道出了很多年轻人的心声，能够引起目标消费群体的关注，引起消费群体与产品之间的共鸣，所以才能够如此成功。

(资料来源：根据百度文库相关资料整理)

3. 观念定位

观念定位是指在广告策划过程中，通过分析公众心理而赋予产品一种全新的观念。它不仅符合产品特性，同时又迎合消费者心理，尽显优势并从更高层次打败对手，融入了一种思想、道德、感情和观念等。

4. 企业形象定位

企业形象定位是将凸显和树立企业形象作为定位的重点，并且在企业形象中注入了某种文化、情感的内涵，形成独特的品牌差异。如果企业能恰如其分地把握住时代的脉搏，就能成功地塑造企业的形象。

5. 品牌定位

品牌定位就是宣传品牌及扩大影响力。目前市场中有许多的同类商品，使消费者无法简单地辨别优劣，正如人们很难区分到底是可口可乐好喝还是百事可乐好喝，所以，企业之间的竞争也只剩品牌的竞争。谁要想抢占商机就必须抢先树立自己的品牌，因为往往消费者在无法辨识商品不同之处时，就从自己喜欢的牌子着手选择。例如，阿迪达斯、耐克、李宁都有自己的品牌特色，人们购买商品就是选择这个品牌。

一个成功的广告定位策略能帮助企业在激烈的竞争中立于不败之地，能够赢得特定而且稳定的消费者，在消费者的心目中将产品置于与众不同的位置，因此准确把握广告定位是十分重要的一个环节。

2.4.3 广告战略的制定

营销战中的促销战略是总计划，配合它而产生若干小战略，其中广告战略就是为一切广告活动而制定的。广告战略包括三大部分内容。

(1) 广告目的。广告要达到什么目的？应该做些什么？

(2) 战略操作。广告如何达到目的？怎样去做？该部分由基本战略、表现战略、媒体战略构成，包括市场分析，确定目标市场，明确广告受众，提炼对目标消费者的承诺(包括产品利益点和产品与众不同的个性)及承诺的理由和依据，选择传播工具、方式和频率等。

(3) 广告预算。预算为达成广告目的所需费用，力争以最少费用达到最大效果。其根本原则是广告所需费用不得超过广告可能带来的效益。广告费用应列入产品成本考虑。

建立具体广告战略的第一步是深入钻研相关的资料，不要被一些假象迷惑。对广告战略制定者来说，能够冷静并准确地分析资料是最起码的能力。同时还要研究市场、产品、竞争者和消费者，从而确定什么消费利益对这类受众来说是重要的或特别有意义的。比如，我们在谈论一个产品的利益点时，不应该是告诉消费者可以直接看到或已经知道的明显利益点，而应该是不易为人所发现的重要利益点。糖果好看会讨人喜欢，但重要的是口味，消费者爱不爱吃。

通常广告主和广告创作人员谈论广告时，往往更多地偏重于如何创作出一个好广告片或具体的创意，这容易让产品、价格和包装跟广告内容各行其是。你如果是在销售一种口味极好的饮料，你的创作战略就是要突出它的口味，而不是它的营养价值，不要把它和营养类保健饮料混到一起去。

大多数广告主需要广告创作者们尽可能地在广告中多说些产品的利益点。对广告主来说，他的产品各方面都是重要的，这可以理解。但对消费者来说，产品的某些特点比其他特点更重要。一个广告中强调的利益点过多反而使主要利益点显得不突出，从而丧失广告应有的作用。不仅如此,有些广告主更希望自己的产品人人都用,要求创作者对人人做广告,这显然是错误的。我们的广告只能对可能使用该产品的人说,市场永远不会被你一个产品独占。确定目标消费者虽看起来人数少了,但更为准确、有效。

广告战略要明确、简洁,尽可能不让人造成误解。只要把我们所需要说明的道理写进去说出来就可以了。如果在制定广告战略时不能突出主要问题,那么随之影响到具体的广告计划时,就让创作者们不知如何去做,因为要表现的东西太多、太杂了。一大堆红的、绿的、黄的、蓝的、方的、圆的、长的、短的一齐向你抛来,你能分辨出什么是什么吗?广告也会不堪负荷的,就像一张小小的糖果包装纸,要盛进去太多的信息肯定会不堪重负,从而破坏它应有的作用。

知识拓展

除非我们的产品是一个独创的新产品,能使市场增加新顾客,否则,你的市场份额总是从别的产品那儿夺来的,理论上称为"零和游戏"。因此在制定广告战略时必须判定生意的来源。糖果再怎么说都还是糖果,食用它的人是喜欢吃糖果的人,而不是那些一直不喜欢吃糖果的人。了解了这些,我们的目标受众就十分明确了,那我们就可以花更多时间在目标消费者身上,而不是在广告计划中花很多时间来说明商品特质。研究消费者不要只顾及其性别、年龄、收入,还要明了各种人使用产品的情况,这样才能使我们的广告创作人员说出目标消费者最想听的话,使之受劝诱去购买该商品。比较习惯的做法是将目标消费者具体化,不是一群人,而是一个人。购买食用糖果的是一位正在上高三的女生,还是一个活泼可爱、刚上小学的小女孩?这样广告创作人员创作起来会容易很多,而目标消费者也会因"度身定做"的广告而对产品更感兴趣,更加关注。

只要我们能够在市场上寻找到空当,就不要和竞争者的产品制定相同的产品形象,如果万宝路、健牌、百乐门、"555"香烟都以牛仔作为产品形象,想想看,那是怎样一场混战?因此,在一大堆竞争者产品中,要能够在市场中"跳"出来,制定一个独特的产品形象是十分重要的。我们在给"大成功"糖果创作产品形象时,考虑到了大白兔奶糖的大白兔、小龙人奶糖的小龙人,以及阿咪奶糖的小猫、喔喔奶糖的大公鸡等形象。为了与它们严格区别开来,同时又能表现"大成功"三个字的独特内涵,便创作了一个手拿"大哥大"的卡通人物形象:头部像太阳一样,身体是一个五角星,简单而容易记忆,一目了然。通过这个卡通人物在电视、报纸广告及包装设计中的扩散使用,使"大成功"品牌的形象与众不同,从市场中"跳"了出来。这一点其实并不容易做到,很多产品从未为自己树立一个"品牌形象"。品牌形象并不单单是该产品个性如何,而是要有一种感觉、一种气派,使你的品牌一下子与众不同。

广告战略的制定,必须使每个广告都能对建立品牌的长期形象有所贡献,而不是今天一个形象,明天另一个形象,使得消费者始终不能在心目中建立起一个该产品的品牌形象,而造成广告费的浪费。万宝路用牛仔形象进行广告表现,自1954年沿用至今,数十年未变,终使得万宝路持续成为世界最畅销的香烟品牌。

尽管市场和消费者不停地变化，但广告战略中的有些部分是不应该轻易改变的，如产品的主要优点和特点，应该几乎永远不变。至少在广告战略中应坚持特色诉求。可口可乐公司在遇到百事可乐甜度优势竞争时，曾试图改变配方，调整口味以迎合消费者口味偏好，来与百事可乐抗衡，结果惨遭失败。消费者对可口可乐最注重的是其为老牌、正宗可乐这样一种身份与地位的象征，可口可乐公司舍此根本而求其他，显然犯了个愚蠢的错误。尽管可口可乐公司及时恢复原配方原口味，但它依然失去了一大批消费者的信任，直至好多年后，才又重新赢回了原有的市场份额。

小贴士

> 归根结底，要做好广告，先要有好产品，这是永远不会改变的。好的广告战略永远建筑于优质的产品和对市场的清醒认识之上。同时，还取决于制定广告战略的人能否既着眼现实，又目光远大。

2.4.4 策划的评估

所谓广告策划活动评估，是指广告策划活动实施以后，通过对广告活动过程的分析、评价及效果反馈，以检验广告活动是否取得了预期效果的行为。因此，其评估不仅是对广告后期效果的评估，还应包括对广告调查、广告策划、广告实施发布的评估。在策划决策的这一环节，其基本评估内容有以下几方面。

(1) 看广告计划是否与广告目标相一致，其内在逻辑联系紧密与否，广告成功的可能性是否最大限度地得到了利用。

(2) 评估广告决策是否正确，广告策略是否运用恰当。

(3) 广告主题是否正确，广告创意是否独特新颖，广告诉求是否明确，目标消费者是否认准。

(4) 广告预算与实际费用如何，它们与广告效益的关系如何，是否随广告投资增加而效益也成正比例地增加等。

2.5 广告策划案例

2.5.1 "喜年来"蛋卷新年行销的广告企划案例

"喜年来"是中国台湾有名的蛋卷泰斗。据一项统计，在全台湾吃蛋卷的人中，吃过"喜年来"蛋卷的高达80%，在30多家蛋卷竞争厂商中高居首位。

"喜年来"蛋卷的成功在很大程度上得益于在广告上的大胆运用。一个新产品刚上市，有谁敢在第一年就把所有利润全部投入到广告中？只要自信产品的高品质，为什么不敢？

"喜年来"首先给自己取了一个好名字"喜年来"——喜事年年来，然后通过优秀的广告策略和遍布各地的流通网，一举打开品牌知名度，成为市场领导者。

"喜年来"蛋卷以第一品牌形象在消费群中稳居领导者地位，然而其他同类品牌的礼盒也相继侵入市场，尤其是大方筒新包装于中秋节推出以后，蛋卷市场又进入另一新纪元，其他各种品牌也相继在此时以庞大广告预算侵夺市场，市场竞争将更激烈。

作为领导者，"喜年来"在行销策略运用及广告媒体应用上，做到了谨小慎微，步步为营，并采取如下广告企划战略。

1. 广告策略方面

(1) 运用TV、CF(商业电视)作为主要的传播信息工具，以加深消费者的记忆。

(2) 广告活动于春节前两个星期至春节展开，以唤起消费者对"喜年来"品牌的记忆。

(3) 配合市场需求，提供其他附属广告制作物，如NP、DM(零售店)夹报、海报等，加深广告信息的传播效果。

(4) 制作特别广告在除夕、初一、初二、初三播出，把品牌性的广告宣传与春节过年之风俗结合起来，以强化促销效果。

2. 表现战略方面

(1) 以表现"喜年来"蛋卷的高贵感及价值感，尤其是表现外包装优势，加强知名度(但不标榜新包装)。

(2) 以过年喜气的气氛塑造与"喜年来"第一品牌的商品印象，来表现"喜年来"领导者的地位，使消费者把春节与"喜年来"相联系。

(3) 确保第一品牌的优良印象，以对抗其他品牌的市场侵入。

3. CF主题及内容设定方面

(1) 以包装产品为主要画面，用春节团圆送礼气氛烘托，突出指明送礼佳品——"喜年来"。

(2) CF气氛：高级感，亲切感。

(3) 人物感觉定位：现代中国人过年，"喜年来"是最好的情感表达。

4. 媒体策略方面

(1) 根据市场的性质，除使用大众媒体，如TV、报纸、杂志为主力媒体外，另外根据市场性质不同的对象，辅以"特定媒体"加强广告表达，火力支援，如夹报、DM、电台等。

(2) 拍春节篇CF一支，以作为"喜年来"春节蛋卷礼盒上市的广告，以密集的方式在三家电视台播出，以加强春节促销。

(3) 配合春节的风俗习惯，制作4套TV-Slide(幻灯)，从除夕到初三播出一系列的"喜年来"蛋卷商品的广告，使商品与浓郁的过年气氛相结合。

(4) 以制作针对工厂员工士气，送礼给员工的DM信函一套，加强机会性销售，提高成交的概率。

(5) 制作海报、夹报、消息稿及电台节目的广告加强效果，以增加广告播出的频率与层次。

(6) 制作系列杂志稿，增强品牌气势及商品的表现。

【案例分析】

在整个"喜年来"蛋卷的广告策划中，"喜年来"蛋卷策划商进行了丰富的市场调查，对市场情况、产品状态、消费群体进行了详细的分析。在"喜年来"蛋卷的市场占有率较高的状态下，让消费者对"喜年来"的广告有充足的认识并刺激消费购买成为"喜年来"广告的主要目的。广告遵循广告策划的相关原则：首先，实事求是，真实地反映出"喜年来"的特征，使消费者能够通过广告了解产品；其次，系统性，广告与新年祝福的气息相吻合，反映出了与环境协调统一的特性；最后，创新性，广告表现了蛋卷这一普通产品的高贵，比其他产品广告更具有创新性。总之，广告在满足广告策划原则的基础上完成了价值的实现。

(资料来源：根据百度文库资料整理)

2.5.2 阿迪达斯的网页广告

打开阿迪达斯的网页，页面两边的画面第一时间进入用户眼帘，两名女排选手振臂扣球，你来我挡，趣味多多。鼠标轻轻滑过，中间主画面瞬间呈现女排选手们争先跳起拦网，而身后是无数的手臂、无数的人。这样的场面只能用一个词来形容：众志成城，这样的防守有谁能突破呢？

广告主画面里有统一的"没有不可能，一起2008"的广告语。在画面上有显眼的阿迪达斯LOGO与北京奥运LOGO并列的北京2008年的奥运会合作伙伴大标志。一种氛围、一份激情、一种胜利、一片欢呼，沙滩中出现的年轻活力一派，在飞跃中展现实力，拼搏中夺取尊贵。"没有不可能，一起2008"口号在模拟场景中分外夺目，充分聚焦用户眼球。广告场景的精妙布局，人物动作设计的逼真，两侧与主画面的完美互动……都充分加深了受众对品牌的认知度。

【案例分析】

在互联网普及如此广泛的今天，品牌网站的初始广告为强化品牌在消费者心中的地位起到了重要的作用。该案例秉持创意新颖的原则，使初始广告新颖地呈现在消费者的眼前，提升了品牌的认知度。整幅广告以比赛形式展现，互动性强，表现出不一样的视觉冲击力，有效地突出了阿迪达斯的品牌内涵。不仅展现了中国女排的实力，还突出了阿迪达斯生生不息的体育精神。如果硬要给这个广告挑刺，则是由于主画面稍显庞大，需要展示的又是万众一心、众志成城的画面，出现的人物较多，造成画面的整体效果稍嫌拥挤，不过巧妙的互动效果完全可以遮盖这一小小瑕疵。

(资料来源：根据阿迪达斯官网资料整理)

2.5.3 伊卡璐天然蔷薇精华洗发露广告案例

广告主题："引发香气感染力。"

内容描述：一个长发女孩风尘仆仆地从哈雷机车上走下来，来到一个露天浴室沐浴。闻到伊卡璐草本精华洗发水的香气，女孩疲惫的脸上瞬间容光焕发。享受过洗发的清爽感觉，女孩走出浴室，甩动的发梢间如同绽放出蔷薇花一般散发着阵阵香气。一位同样玩哈雷机车的金发大叔迎面而来，被蔷薇的香气吸引，擦肩而过的片刻，女孩顺手将洗发水递到金发大叔手中。洗发后，金发大叔像个孩子一样奔向在路边等待的同伴，对着他们扮个鬼脸，引出广告主题——"引发香气感染力。"

和大多数洗发水广告不同，伊卡璐一向采用情节性很强的广告，从等待女友洗发等到须发皆白的男友到偷用宿舍管理员洗发水的女校学生，伊卡璐的广告并不着力于渲染时尚、灌输概念，而是倾向于像讲故事一样把产品推荐给观众。这与伊卡璐标榜"回归自然、崇尚环保"的理念是一致的。伊卡璐草本精华系列宣称采用天然植物精华、融合纯净高山泉水配制而成，蕴含天然花草芬芳；不含任何石油化学成分及动物副产品提取物，能被微生物分解；产品包装一直采用透明塑料瓶，饰以天然花草图案，以突出天然纯净之感。这样以"天然"特色主打的产品，其广告宣传自然会在清爽和天然芳香上做文章。

【案例分析】

从上述案例中不难看出，这款"伊卡璐天然蔷薇精华洗发露"的主要诉求有三点：一是洗发露的天然蔷薇芳香；二是洗发过程的清爽体验；三是美丽秀发和天然香气带来的感染力。

之所以选择电视广告，原因在于"天然香气"这一卖点很难用平面广告来表现。不同于飘柔的"养护"理念和海飞丝的"去屑"理念，伊卡璐的"香气"是无形无色看不见摸不着的，因此更适合用动态的画面，通过他人的反应——受到感染，以及发梢间绽放的蔷薇花来表现。

伊卡璐广告的女主角年轻靓丽，拥有一头漂亮的长发，洗过后丝丝顺滑飞扬——这和多数洗发水广告是一样的，不同之处在于：首先，在伊卡璐的广告中总能找到这样的一个配角，他们配合女主角，从"旁人"的角度来强调洗发水的"魔力"——比如，受到香气感染的金发大叔，等得花儿都谢了的男友，再如拿回被偷用的洗发水然后陶醉在香气中的严厉管理员；其次，伊卡璐的广告里几乎是清一色的金发美女，在中国播出的广告里也找不到黑头发的影子。

从广告来分析，伊卡璐的目标消费者是注重身份形象，讲究生活情调，中等以上收入水平的中青年女性人群，原因有以下几点。

(1) 伊卡璐标榜的"天然香气"对具有较高经济能力的中青年女性人群比较有吸引力，因为其他洗发水品牌也不乏香气怡人的产品，相比之下，男性、老年女性和低收入者对于香气的诉求并不敏感。

(2) 露天浴室、哈雷机车、绽放的蔷薇、随风飘扬的秀发，伊卡璐实质上是在传达一种"回归自然"的高品质生活情调。

(3) 广告的关键词"感染力"给了消费者提高个人魅力的心理暗示——发梢浮动的暗香也可以吸引人们的注意力。这对于注重身份和形象又不仅仅满足于外表美化的消费者是一个绝对的诱惑。

(4) 哈雷机车是有钱人的玩具，广告中伊卡璐的主人也正是这样的人。相比物美价廉的飘柔，低收入人群一般不愿选择价位偏高的伊卡璐。

(资料来源：根据中国广告网资料整理)

广告策划是根据广告主的营销计划和广告目标，在市场调查的基础上，制订出一个与市场情况、产品状态、消费群体相适应的经济有效的广告计划方案，并加以评估、实施和检验，从而为广告主的整体经营提供良好服务的活动。广告策划的本质，是帮助企业完成广告信息传播的任务，使有利于产品营销活动的销售、品牌等信息能够有效地传达到其预期的消费者那里，并产生良性效果。

1．广告策划的含义是什么？
2．广告策划的特性和原则是什么？
3．广告策划的作用有哪些？
4．广告策划的程序有哪些？

1．内容：根据日常生活中的积累，对苹果、阿迪达斯、德芙3种不同种类的产品广告进行分析，撰写一篇不少于2 000字的报告。

2．要求：

(1) 每位学生根据实训项目提供一份报告，分析报告要求结构合理、层次分明、语言通顺、有理有据，文字分析不得少于2 000字。

(2) 报告中的3个品牌，至少有3～4个平面广告和3～4个视频广告作为案例进行研究。

3．目标：通过对不同类型的广告进行分析，培养学生识别不同类别广告的能力；使学生更快地掌握广告策划的原则。

第3章

广告策划与广告文案

- 掌握广告策划与营销策划的异同。
- 了解广告策划的实施方案。
- 了解不同广告文案的特征。

广告策划　营销策划　广告策划书　广告文案

百事旗下知名品牌"激浪"的广告策划

2009年，全球最大的食品和饮料公司之一百事公司旗下知名品牌"激浪"重装上市、登陆中国，再次在亚洲市场重磅推出"激浪 Mountain Dew"，并指定天联广告中国公司(BBDO China)全新打造符合其全球形象的系列广告。

如果你认为手中的汽水仅仅是一瓶简单的饮料，那就完全错了——你的汽水可是充满了个性和态度。而"激浪"可以告诉你什么叫作大胆和无畏。为了让"激浪"的目标受众——16～24岁的年轻男性接受"激浪"新的品牌形象，中国天联广告专门针对这一消费群体设计了一场彰显"激浪"态度的宣传活动。这场活动紧紧围绕一句广告语"Dew！这才是汽水！"果敢有力地宣布了"激浪"作为"首选汽水"的强势地位。平面广告和户外广告由天联广告中国公司设计，于2009年6月初在中国香港各大电视媒体、报纸杂志和公共场所亮相。

挑战：香港碳酸软饮料市场已经高度饱和，增长的唯一途径——差异化。

创意执行：利用品牌名称"Dew"。广告语"Dew，这才是汽水！"在态度和主张上都宣扬了一些差异点。除了电视、网络外，还通过在香港最大的报纸双页刊登广告标语将影响力发挥到最大。以涂鸦图案搭配创意标语为特点，描绘了"激浪"汽水瓶破门而出的活力形象。这种简单却有力的组合，以一种扑面而来却具有幽默感的方式传达出"激浪"舍我其谁的魄力。

效果：产品的市场份额在两个月中达到4%，现在已成为香港市场排名第二的最畅销软饮料单品。

天联广告的创意团队在广告设计过程中面临着预算有限的问题。然而通过针对目标受众精准地投放广告，成功地突破了瓶颈限制，达到了最佳广告效果。这场宣传活动立即在香港年轻一族中引发强烈反响。

百事可乐香港区市场总经理黄思源先生说："我们为'激浪'在香港的策划案感到自豪。这个策划大胆直接又符合香港特色地展示了'激浪'的精髓。我们的目标是真正让'激浪'区别于其他碳酸饮料品牌，造成一场轰动。我们认为现在正是进行这场变革的不二时机。这场活动已经引发了一场热烈的讨论。在如此有限的预算下我们能获得如此反响，确实难能可贵。BBDO China的创意和热情使这一策划充满生命力，令人大开眼界。这场活动带领我们的合作进入了一个新的阶段。我们将始终坚持'激浪'态度，努力做到最好，也许我们甚至可以创造历史。"

"激浪"醒目的广告传递出的是一种大胆的宣言："激浪"不仅是一种汽水，更是一种生活态度。如果你大胆前卫、果敢鲜明，那么"激浪"就是你的不二选择。Dew，这才是大胆、无畏的汽水，如图3-1所示。

图3-1 "激浪"广告

【案例分析】

这款"激浪"的广告以有青春、激情范儿的墙面涂鸦为表现形式，统一于平面广告、车体广告、媒体广告上，激情的喷薄而出的绿色液体、"谁敢来激浪"的奔放字体都诠释了这则广告的主题。

面对日渐饱和的香港市场，激浪的策划团队从成立策划小组开始就根据青春、奔放的主题为其制定独有的策划方案，并在整个策划过程中以树立产品的知名度和增加产品的购买率为主要目标进行策划，完整、完善、完美地完成了整个策划过程。

(资料来源：根据中国设计网资料整理)

3.1 广告策划与市场营销

广告策划，就是指根据广告主的营销计划和广告目标，在市场调查的基础上，制订出一个与市场情况、产品状态、消费者群体相适应的经济有效的广告计划方案，并实施之，检验之，从而为广告主的整体经营提供良好服务的活动。广告策划，实际上就是对广告活动过程进行的总体策划，或者叫战略决策，包括广告目标的制定、战略战术研究、经济预算等，并诉诸文字。广告策划是广告运作的主体部分，是在企业整体营销计划指导下做出的。

市场营销是一种运用智慧与策略的营销活动与理性行为，市场营销是为了改变企业现状，达到理想目标，借助科学方法与创新思维，分析研究创新设计并制定营销方案的理性思维活动。市场营销是一个很复杂的过程，具体包括市场营销调研、消费者目标群的划分、竞争对手分析、市场目标的确立，以及促销广告等。

3.1.1 广告策划与市场营销的相同点

广告策划与市场营销具有以下相同点。

1. 产生的条件相同

市场营销的产生是由于资本主义高度发展使企业外部环境发生了很大变化。一方面，买方市场形成，消费者对产品的需求变化很大，条件也越来越苛刻。另一方面，同行竞争也日益激烈，企业不得不重视"市场"，重视"营销"，重视企业及企业产品对外的宣传等。广告的产生也是市场经济孕育的结果，19世纪末期到20世纪20年代，资本主义经济已有了很大的发展，作为商品促销的一种方式，广告方式相应地有了较大的变化，其特征主要是由向消费者告知演变为对消费者进行说服。

2. 从研究内容上看，都属于经济范畴

市场营销以满足人类的各种需求和欲望为目的，通过市场把潜在交换变为现实交换的活动，它涉及需要、欲望和需求，产品、效用、交换、交易和关系等核心概念。而这些概念对于广告活动的理论和实务也是至关重要的。广告是一种信息传播活动，但它的起点和落点都在经济领域。传递什么样的信息内容，以及如何进行传播，需要研究市场，了解营销环境；需要研究消费者，从满足消费者的需要和欲望出发；也需要研究产品，以适应不同的市场环境，制定相应的广告策略，争取较好的传播效果。研究广告学，离不开对市场营销理论的应用。

3. 市场营销把广告作为组成部分

企业在运用各种营销策略时，促销策略是必不可少的因素，而促销策略里最重要的一种方式就是广告。通过广告策划，对消费者进行教育和告知品牌的存在，提高品牌知名度和美誉度，刺激消费者热情，调动潜在消费意识，最终促成购买行动。实际上二者之间体现了一种整体与局部的关系。

4. 广告和市场营销都是企业经营管理的重要组成部分

由于市场竞争的加剧，企业要有更多的发展机会，必须以消费者为中心，重视市场，重视销售。市场营销在现代化大生产中的地位越来越重要，而促进销售是市场营销组合中的重要环节，特别是整合营销传播理论的提出，要求各种促销策略的统合，进行综合信息交流，广告活动则是其中的重要手段和方式。对于企业生产来说，市场营销的中心任务是完成产品销售。广告是为了实现市场营销目标而开展的活动，通过信息传播，在目标市场内沟通企业与消费者之间的联系，改善企业形象，促进产品销售。广告策略要服从于市场营销策略，作为营销活动的先导，在市场营销的总体目标下发挥作用。

3.1.2 广告策划与市场营销的区别

广告策划与市场营销的区别主要表现在以下几方面。

1. 目的不同

市场营销直接的目的是为了销售产品，从而进一步扩大盈利，产生企业效益；广告的目的是传播产品、形象或观念等信息，激发消费者购买欲望，对产品产生好感。当然，由于广告是服务于营销策划的，是市场营销的组成部分，广告最终的目的还是销售产品。

2. 效果不同

通常来说，市场营销以单一特定时期为标准(通常为期一年)，无论在此期间有无达到销售目的或利润目的，对将来的销售都不予考虑。因此，市场营销是即时效果；而广告常常是延时效果，即本年度广告费投放下去后，不一定马上发生作用，结果经常要延后一年，让许多消费者牢牢记住。

3. 手段不同

市场营销所采用的手段是价格、促销、包装、商标、产品设计、分销等，这些手段都是紧紧围绕着产品销售的目的；而广告所采用的手段是通过研究消费心理需求，主要通过大众传播媒介将产品、形象或观念等信息传播给消费者，告知消费者信息并刺激消费者购买欲望，产生购买行动。

3.2 广告策划的实施

广告策划由于各个国家和地区的情况不同，实施的步骤也不相同，但是大体上有以下几个步骤：成立专案策划小组、确定广告的目的、进行市场研究、进行定位研究、确定广告目标、确定广告层次、确定广告战略和战术、确定使用媒体的方式、确定广告预算、确定广告日期、进行广告评估等。

1. 成立专案策划组

专案策划小组专门负责广告的策划工作，参加专案小组的人只包括以下人员：专业执行人员或广告业务人员、创意员、撰文员、艺术指导、美术设计员、摄影师、市场调查员、媒体联络员、心理学研究员。广告业务人员和艺术指导人员是策划小组的骨干力量，也是策划小组的召集人之一，两者缺一就无法制定周密完整的广告策划。

2. 确定广告的目的

如果广告主的目的是为了推销产品，那么其广告的目标就是提示消费者购买自己的产品，其广告策划就应该写明如何介绍新产品的特点、性能、质量、用途、好处等方面的情况，并指示创作人员应该注意的事项；如果广告主是为了提高企业的知名度，其广告的目的就是树立企业的形象，提高企业的声誉。尽管两者的目的不同，但广告的最终目的仍然是为了实现企业的目标。

3. 进行市场研究

所谓市场研究，是指分别对市场中的各种同类商品进行调查研究，其中包括生产情况、品质成分、产品质量、包装、价格、销售路线、消费对象、市场占有率、信任度、广告费用、广告策略等的调查研究、综合、评估、比较，明确本产品和同类产品的不同特色，找出彼此之间的优点和弱点，进而制定出同类产品互相竞争的广告战略和策略。

如案例3-1所示，该策划就是对产品的广告目标、市场进行了详尽的分析之后制定的广告策略。

案例3-1

可口可乐的校园广告策略及广告计划

1. 可口可乐的目标策略

1）广告目标

通过广告展现可口可乐的重新定位，将产品的新概念和倡导"积极乐观美好生活"的生活观念植入消费者心中，真正打动消费者，并通过各种活动提升品牌及企业在学生心中的地位。

2）对广告目标的表述

情感类主题，广告选材于生活的平凡细节，分别涉及亲情、友情和爱情，适当采用幽默手法，保证以情动人，直击人们的心灵深处。

3）宣传方法

(1) 海报宣传：制作大幅喷绘海报，张贴食堂宣传栏处，对产品进行宣传。

(2) 制作卡片：制作印有宣传内容及口号的精美小卡片，每天在校内人流较大的地方发放，扩大宣传力度。

(3) 校园广播：制作可口可乐的音频广告，在广告的节目中播出。

(4) 校园网：在校园BBS及QQ群上发布产品信息，介绍产品的特点及订购方式。

2. 校园促销活动计划

(1) 有奖购买：在超市及食堂门口设抽奖处，奖品有免费的可口可乐及由可口可乐公司提供的礼品。

(2) 一次性订购一定数量(20瓶以上)的可口可乐可获得价格优惠或免费赠饮。

(3) 收集10个瓶盖可换取一瓶可口可乐。

(4) 与校内的公益社团进行合作。例如，每卖一瓶捐出一角钱作为公益社团的活动经费，帮助弱势群体，在促进销量的同时提升企业的形象，回馈社会。

【案例分析】

该案例是针对校园的可口可乐营销方案，这则广告策划有明确的目标群体和足以实施的促销方案，非常系统地将可口可乐这一品牌贯穿于整个校园营销方案中，如海报张贴、派发印有LOGO的小卡片及校园促销活动中的集瓶盖送可乐的活动，都非常有效地利用校园活动进行品牌营销。尤其是这种在校园中举办的品牌策划活动，受众较多、较集中，且花费相对于商场等区域较少，因此，在校园中进行促销活动对于可口可乐这个品牌来说非常具有前瞻性。

(资料来源：根据道客巴巴资料整理)

4. 进行定位研究

一般来说，"定位"的内容包括以下几点。

(1) 确定哪几种同类产品是自己的竞争对象。同类产品很多，千万不要把所有的同类产品都列为竞争对象，选择两个或三个同类产品作为竞争对象是比较适宜的。如果广告主资金雄厚，在生产上能压倒所有的同类产品，为了取得垄断地位，也可以把所有的同类产品列为竞争对象，但是在策略上要格外小心。

(2) 确定商品的销售对象。要明确了解消费对象的性别、年龄、职业、文化程度、爱好、购买习惯、收入、生活方式，以及家庭环境等情况。销售对象确定后，要尽可能地掌握销售对象的具体数字。

(3) 确定销售区域。如果产品是面向全国，其广告媒体定位就必须适应销售的范围，如果销售区域是以城市为主，农村为辅，其广告布局就必须适应城市的特点，否则可能产生极大的浪费。

(4) 确定广告指标。广告指标是指广告所要达到的标准，也就是在数量上要有明确的指标值，对商品的理解和意向方面都要有一定的概率等。一般来说，这种指标包括商品的知名度、理解度、好感度、信任度、利润率等。广告指标是用一定数值来表示的，这项广告策划实施之后，在评估中都必须明确广告指标数量上应达到的概率。

案例3-2

不同定位的广告

定位在广告策划中具有不容忽视的作用，它可以赋予产品竞争对手所不具备的优势，可以突破"同质化"所带来的竞争困境；可以为产品赢得稳定而特定的消费者，有针对性地指向目标消费者；可以树立产品在消费者心中与众不同的地位，从而获得与竞争产品的不同之处；可以帮助产品占据一个有利的地位，帮助产品在消费者心中树立独特的形象。

该案例中的三则广告中的共同特点是，都将图案或者现实物体组成了几何图形。但是，面对的目标消费者不同，产品属性不同，广告的定位则不尽相同。第一则广告是食品类广告，鲜亮的色彩表达了番茄酱的美味，如图3-2所示；第二则是用烟堆积成的树的形状，不仅体现了公益广告"吸烟有害健康"的警示，并且视觉冲击力非常强，如图3-3所示；第三则广告和圣诞树有关，是把一个比萨饼来比作圣诞树，借用圣诞节来对比萨做宣传，如图3-4所示。

图3-2　美味料理广告(设计者：曹磊)

图3-3　吸烟有害健康的公益广告(设计者：王磊)

图3-4　比萨广告(设计者：曹颖)

(资料来源：根据中国设计网资料整理)

【案例分析】

　　产品定位策略是对产品的品质、功能、造型、价格等要素从整体上进行综合性的比较分析，从中选择最能表现出产品特点和显示其特殊性的要素，并通过它们给消费者带来某种利益和好处，使产品在人们心中形成一种特定概念。

　　产品定位的关键是要在为数众多的产品中，发现或形成有竞争力、差别化的产品特质及其重要因素。这三条广告虽然都是将不同的产品组成类似的几何图形，但三者的产品及传达出来的信息有着本质的不同。第一则广告传达出来的信息是美味的食物；第二则广告传达出来的信息是吸烟产生的震撼效果；第三则广告传达出来的是圣诞促销的美味比萨。可见，产品定位对消费者接受产品信息、了解广告思想有着非常重要的作用。

5. 确定广告目标

确定广告目标是制定广告策划的重要任务。所谓广告目标，是指广告对象目标、市场占有率目标、收益目标和知名度目标。传统的广告理论把广告目标限定在单一的目标上，但实际上，广告目标不是单一的，而是多元的，在多元的目标之间就可能产生某种对立。

在一项行之有效的广告策划中，最重要的决策就是广告目标决策。在广告实施过程中，影响因素很多，以下几个因素是在确定目标之前就必须详加考虑的。

(1) 对哪些人做广告。在广告策划中，必须做出明确的回答。为此，在广告策划中，要详细地描述目标市场，集中全力找出最有消费潜力的顾客，目标一旦确定，广告的内容、媒体的选择和刊播时机才能由此决定。如果广告策划人员不完成这一关键性的决策，那么，他就不知道对谁做广告，并会选择错误的时机，把广告刊登在无效益的媒体上。总之，对广告目标的确定一定要实行目标管理。

(2) 确定什么样的广告主题。广告的主题或基本信息是广告目标的延伸，因而主题必须与目标结合起来考虑。一个明确的目标需要一个明确的主题，如果广告主题不明确，广告目标的实现就会受到阻碍。因此，广告策划中的重要因素就是广告主题、产品形象、媒体选择，以及刊播的时机等，而广告主题是影响广告目标实现的因素之一。

(3) 选择什么样的媒体。如果广告目标是正确的，而媒体却选择错了，其广告效果肯定是徒劳无益的。媒体选择要根据广告目标来决定，如广告目标是妇女市场，媒体的选择就必须与妇女市场有关。因此，理想的媒体是能将信息传达到目标对象的媒体。

6. 确定广告层次

一般来说，广告策划的实现是有步骤地进行的。为保证策划的实现，在实施过程中要按次序进行。

(1) 首先要让不知道这种商品的人知道这种商品，这叫提高商品的知有率。

(2) 当消费者开始知道这种商品之后，要让他们进一步了解这种商品的好处，这叫加深消费者对商品的印象。

(3) 当消费者对这种商品有了印象时，要使消费者对这种商品产生好感，逐步让消费者产生兴趣。

(4) 当消费者对这种商品产生兴趣时，要促使消费者产生购买的欲望。

(5) 当消费者已把这种商品列入购买清单时，要使消费者感到满意，并促使消费者尽快采取购买行动。

(6) 当消费者购买这种商品后，要使消费者感到满意，并促使他们不断购买。

这六个层次是不可分割的整体。制定广告策划要从第一个层次做起，但要以第六个层次为目标。如果这种商品在市场上已为消费者所知，并有较好的销售基础，在广告宣传上就不必从第一层次做起，只需要在第五层次和第六层次上加强广告宣传的深度。

7. 确定广告战略和战术

广告策划是根据广告的总体战略制定的，然而，广告策划本身也存在战略和战术问题。一项周密的广告策划，对广告实施的每一步骤、每一层次、每项宣传都规定了原则性的战略思想，使广告活动有所遵循。当然广告战略的制定并不是凭空想象的，而是根据对市场和商品的研究做出的。

> **知识拓展**
>
> 在广告战略中，还有一点必须提及，那就是广告的表现战略。广告的表现战略是指广告的创意，也就是说，广告的表现要以创意为中心，构思出广告主题的基本形象，同时还要对广告中的标题、副题、引题、正文、图画、音响、广告说明等一系列主题做出决定，并把上述表现战略与广告目标有机地结合在一起，创作出感人的广告作品。

8. 确定使用媒体的方式

媒体方式是指报纸、杂志、电视、广告等各种媒体的不同形式。今日的广告媒体有几百种，选择哪几种媒体作为推销同一产品的手段，不仅涉及广告预算的多少，而且还影响广告的表现战略和广告效果。因此，制定正确的媒体组合策略，是制定有效的广告策划的重要内容。

9. 确定广告预算

广告预算是指企业在广告活动中的经费预算，一项有效的广告策划必须以可靠的广告预算为前提，并要明确广告预算的具体数字，只有确定广告预算之后，才能制定有效的媒体组合策划。如果广告预算不落实，整个广告策划就会落空。

10. 确定广告日期

广告日期是指广告发稿的日程安排。在广告实施过程中，需要制定一个明确的刊登广告的时间表。

11. 进行广告评估

广告评估是对广告策划的实施进行检查和评价的最后手段，也是对广告指标的完成情况和所取得的广告效果进行一次检查和评定，其目的是总结经验，为下一步拟定新的广告策划提供备案资料。如案例3-3所示，伊利产品的开发和推广方案就是从各个角度进行分析和统筹，从而完成了全案的策划。

案例3-3

> **伊利"红黑"谷粒多的开发与推广方案**
>
> **第1部分 前言**
>
> 一日之计在于晨，一日营养始于晨。早餐的重要性已经不必多说。清早起床，体内储存的营养消耗殆尽，急需补充能量与营养。然而，现代人工作忙，压力大，早餐能简则简，甚至干脆不吃，这样的确省事，但对健康的影响非常大。有人曾提出"中国人的

营养输在早餐上",这种说法不无道理,美国政府早在19世纪60年代就开展了"营养早餐计划"。可见,每天吃早餐,而且吃得营养、吃得健康是多么重要。

伊利液态奶率先推出全球首款天然谷物与牛奶结合的产品——伊利"谷粒多",从而在群雄逐鹿的乳业混战中革命性地开辟了一个全新的领域,填补了市场空白,迎合了现在消费者所追求的健康和营养的绿色消费理念。

第2部分 SWOT分析

2.1 优势

2.1.1 奶源优势

伊利的生产基地是中国牛奶最大的生产源——内蒙古。自然是拥有丰富而优质的奶源,这个得天独厚的优势是其他企业所不能媲美和超越的。此外,还有200多个的优质牧场和200多万头优质的奶牛。

2.1.2 管理优势

以技术为依托,实行精确的管理理念。关注供应链上的每一个点,从奶农、牧场到供应商、服务商等每一环节都纳入质量控制系统,并且企业本身实行的全面质量管理系统,每位员工都拥有质量意识。对奶站进行精确化的管理,大到卫生管理、人员管理,小到每个收奶器、每个机器的零部件都实施严格标准的质量管理。

2.1.3 技术优势

与竞争对手相比,伊利的技术水平和科研实力都是处于一流的,与内蒙古自治区科技厅合作成立了我国最大的一家乳业研究机构——内蒙古乳业研究所。公司重视人才,积极引进国内外出色优秀的乳制品科研人才、营养学专家、生物工程专家,善于吸收、借鉴和学习国外的先进乳制品技术。

2.2 劣势

2.2.1 全球范围下,缺乏竞争力

如果将市场拓宽到全球范围下,伊利的竞争优势不明显。产品的生产线较长,高端的高附加值的产品所占的比重不高。

2.2.2 超额获利能力有待提高

营业利润小于行业平均值,净利润增长率低于营业收入的增长率,现阶段,乳业行业的竞争状况已经进入白热化的阶段,获利能力的提高很有必要性,品牌并不能超额利润,并不能代表投资价值。

2.2.3 人才相对劣势

由于在创业初期,伊利公司只注重打稳根基和财力的优势,并没有注重人才的重要性,以至于相当一部分人才跳槽到竞争对手——蒙牛,并成为蒙牛企业的中层以上管理者,以及生产一线的主要核心骨干,从而导致队伍趋于年轻化,在经验上略低于蒙牛。

2.3 机会

2.3.1 乳制品市场成熟

国内的乳制品市场已经逐渐趋于成熟,行业内的全国性的品牌和区域性品牌能够共存。

与此同时，乳制品行业规范化的程度和集中程度也有了明显的提高，不仅如此，行业内的龙头企业、领导型企业的导向作用越来越突出，规模的经济效益越来越明显。

2.3.2 奥运、世博等事件

伊利成为2008年北京奥运会、2010年世博会唯一一家提供奶制品的企业，伊利作为其赞助商，获得了非常好的发展环境与成长机会。以这两个活动为平台，集中物力和财力，展开全面的宣传战略，最大限度地扩大市场效应，把奥运效应、世博效应发挥到极致。奥运、世博就是伊利向世界出发的起点，向世界宣传中国的奶制品，显示中国的奶制品企业与技术。

2.4 威胁

2.4.1 竞争对手的威胁

在国内奶制品市场，除了发展迅猛的蒙牛之外，光明和三元等企业也是在稳定地发展当中，众多有实力的企业与伊利一起瓜分乳制品市场的大蛋糕。更有甚者，国外的乳业大企业纷纷进入我国市场，推动国内乳制品行业技术的进步和改进。而且国外的这些大企业拥有雄厚的资金实力和较高的科技水平，宣传力度、策略等各方面都比国内企业占有优势，压力很大。

2.4.2 市场风险

随着市场发展，国内乳制品行业已出现多元化的竞争，市场竞争激烈程度进一步升级。同时，也增加了企业的营业费用，原材料的成本也在不断地上升，这直接导致了乳制品企业的主营业务利润的下降。

2.4.3 投资风险

在2006年及以前，伊利公司一直保持着稳定地发展，因此，在资金的投入上会相应地增加，会进一步加强投资决策的管理，做到合理、规范和稳定。一定要建立风险预警机制，在进行投资之前，做好事前调研，充分了解之后，才做出投资的决策，务必力求决策的严谨性。投资过程中，要进行事项的监督，能够及时发现问题。事后的评估管理也是相当重要，而最重要的是能够化解投资风险，保障公司股东的合法权益，还有为股东们创造尽量多的利润。

第3部分　营销战略与目标

3.1 营销战略

3.1.1 成本领先战略

"开源节流"当中的节流就是培养节约意识，降低成本，减少不必要的消耗浪费。2006年开始，伊利实行一个"织网计划"节约销售费用，其核心内容是实现生产、销售、市场一体化运作，对每一个市场进行精耕细作。最重要的是，各区域根据市场的具体状况而下单生产，避免供不应求或供过于求，提高企业的营运能力和盈利能力。

3.1.2 差别化战略

乳业市场的竞争状况越演越烈，进入到白热化阶段，实行差异化才能杀出一条血路。不断地投资和开发顾客认为重要的产品，减少与对手的相似度。例如，伊利"红黑"谷粒多就是很好的一个例子，抓住市场的空缺与消费者的心理诉求，不仅实现差异化，而且具有创新性。

3.2 战略目标

在国内乳制品行业市场的占有率最高，企业的品牌知名度、忠诚度最高；在国内市场稳定发展，占据相对优势，全面实行国际化的经营战略；跻身世界乳业20强，成为国内，甚至世界范围内最具竞争实力的大型乳业集团。

第4部　分渠道战略

4.1 渠道架构厂商—代理商—(经销商)—终端卖场

4.1.1 总经销商职责

具有覆盖全国的渠道销售网络，承担谷粒多的大区域销售目标；负责面向用户及二级渠道提供产品、管理、服务、品牌支持等工作。

4.1.2 一级经销商

负责面向授权行业/区域渠道商提供产品、品牌支持；在授权行业/区域内，协助发展、支持与管理二级渠道；授权行业/区域的项目从公司进货，授权行业/区域内一级经销商；申请由总经销商支持的项目从总经销商处进货或支付双方商定的费用；非授权行业/区域项目从总经销商进货；在授权行业/区域内，向用户及二级渠道提供售后服务支持。

采取这样的渠道方式，在有利于市场管理的同时，缩短了厂家和终端的距离，增加了各个环节的利润空间。同时设有总代理和一级代理，可以迎合不同的市场区域。区域较大的可以设立总代理和一级代理，而对于较小的区域则可以先设立总代理，可以在后期市场逐步发展壮大后，再进行机制的调整。最重要的是，这样能够很好地控制整个价格体系，合理的价格体系可以很好地保证各个分销环节的高利润，提高各分销环节经营的积极性。

第5部分　广告宣传策略

5.1 广告创意

伊利"红黑"谷粒多以"喝得营养，喝得健康"为主题广告语，并通过电视、报纸、杂志等冲击目标受众和潜在消费群体，煽动其消费欲望。

5.2 宣传方式

5.2.1 报纸杂志类

准确定位，细化传播。众多报纸杂志中，商业和财经类杂志的受偏好度达84.1%，读者比率远远大于时政类、时尚类等其他主题类型的杂志，如《中国经营报》《销售与市场》《烟酒糖杂志》等。杂志的消费者人群定位更加接近于伊利谷粒多的消费者定位，采取软文和产品硬广告的投放方式。

5.2.2 网络广告

互联网作为新型的媒体通路，辐射范围广，传播不具有时间和地域的限制，交互性强，既能实现大众传播，又能实现个体传播，实时、灵活、成本低、传播速度快，并且覆盖各个年龄段，以较小的投入达到较大的效果，使品牌深入人心。可以选择优酷、土豆、天涯、酷6、新浪、腾讯、网易、搜狐等网站，该类大型门户网站的访问量很大，拥有的网民用户较多，具有很高的品牌价值，对浏览人群有很大的影响力。以网站品牌效应带动新产品的品牌形象。

5.2.3 航空广告类

目标受众高度集中,有效覆盖潜在消费者,清晰传递广告信息,具有完全的独立性、排他性,以及极高的到达率。

1. 座椅头巾广告

置于飞机客舱座椅上的头部枕片。是旅客进入机舱首先接触到的广告内容,广告面积大,而且良好的视线角度,先入为主,为大家留下极深印象。

2. 机票封套广告

机票封套广告是旅客在乘搭航班过程中,获免费赠送的装置乘机的一些相关证件、票据和机票的纸质封套。其具有以下几个优势:①广告的到达率高。旅客在确认机票日期、起飞时间、旅行准备、安全检查、办理值机等情况时会多次使用,令人难忘;②广告抗干扰性强,特别是通过值机柜台后,旅客在候机厅等候上飞机时,作为旅客持有的必需品,机票封套广告基本不受其他媒体干扰;③广告持续性强,机票封套与机票伴随旅客一路旅行,能够充分发挥广告的持续传播效果,延长广告传播寿命时间。

3. 登机牌广告

由航空公司或机场印制,地面代理服务的航空公司航班上使用。

5.2.4 电视广告

电视媒体是兼具听觉、视觉的现代化广告媒体,不仅形象生动、说服力强,而且覆盖面广、单位接触成本低、传播迅速、时空性强、直观真实、理解度高,可以实行电视广告三步走宣传策略。

(1) 当销售量达到1 000万~3 000万,市场媒体投放50万~170万:应该选择省市卫视,首选的是地方性电视台。

(2) 当销售量达到3 000万~5 000万,产品知名度上升和销量显著增加,大大推动产品的品牌建设和品牌的价值提升,应该把广告投放在国内比较出名、影响力相对比较大的电视台,如江苏卫视、湖南卫视及凤凰卫视,广告的投放费用也相对提高到170万~300万元。

(3) 这个阶段,销售量已经达到5 000万,占据市场相当的份额,产品的销售状况趋于稳定、良好,依照广告费用的相对比例,费用应该加大,以多于300万元的电视媒体宣传费用投放到中央电视台。

第6部分 促销策略

6.1 经销商促销

6.1.1 进货折扣

以折扣的方式刺激经销商,以此进行激励。超过理想目标的给予4%的折扣,完成基本目标的给予3%的折扣,而只是完成了保底目标的就给予2%的折扣。

6.1.2 按比例发货与补助

按照经销商的进货和出货的情况,以比例的大小决定给予他们发货的数量。同时,可以追加促销品,对于重点销售渠道和重点展示的渠道,再给予促销人员支持与辅助。

6.2 消费者促销

6.2.1 试喝

在各大销售点,如百货商场、超市等由促销人员进行推介。

6.2.2 买赠

一次性购买6瓶，赠送1瓶。对于重点销售，或者重点展示的地点，可以实行买一送一。

6.2.3 抽奖

一等奖：游玩农家庄园，体验绿色生活；二等奖：赠送6瓶装的谷粒多。

6.2.4 兑换促销

在大、中型超市和各种便利店，实行5个空瓶可以换1瓶新的谷粒多，鼓励消费者保护环境，减少生活垃圾，建立一个负责、有社会公德心的企业形象。

【案例分析】

该广告方案非常翔实地写出伊利"红黑"谷粒多的各项市场分析，从奶源、技术、管理方面写到了该产品的优势，并详细地写出该产品的不足与劣势。在清晰地认清当时市场中对该产品的影响之后，该方案理性地提出营销战略，首先，成本领先战略；其次，差别化战略；再次，战略目标，从营销上解决广告战略的问题；最后，该方案提出谷粒多的营销解决手段，既为广告方案提出了解决手段，又为进一步的营销提供合理化的解决手段。

值得一提的是，在该方案的第5部分提出广告宣传策略，该策划书详尽地列出一系列广告方案，并提出在营业额的每个阶段采用不同的广告宣传策略，这种整体性、统一性广告策略对于该产品在市场中取得成功有非常大的帮助。

(资料来源：根据百度文库资料整理)

3.3 广告策划的内容

广告策划的内容包括广告目标、广告对象、广告区域，以及广告媒体组合，下面一一进行介绍。

3.3.1 广告目标

广告目标，是指企业以创造理想的经济效益和社会效益为自己所追求的目标，即企业广告活动所要达到的目的。确定广告目标是广告计划中至关重要的起步环节，是为整个广告活动定性的一个环节，如图3-5所示。

广告目标应满足以下几个要求。

1. 符合企业整体营销的要求

广告不是一项独立的活动，而是企业整体营销活动中的一项具体工作。因此，广告的目标必须在企业的整体营销计划指导下做出。广告目标特别要反映出整体营销计划中的考虑重点，如广告发挥影响的范围、时限、程度等，以便使广告运动配合整体营销活动。

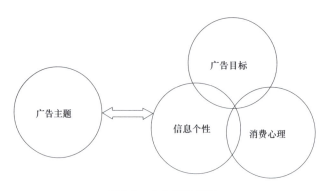

图3-5　广告活动环节

2. 清楚明确、可以被测量

因为广告目标将会成为广告主同广告公司之间相互协调的宗旨、一系列广告决策的准则，以及最后对广告效果进行测定的依据，所以广告目标不能够含含糊糊、模棱两可，使得人们可以对其肆意加以解释。对广告目标的确立要求清楚明确，可能还是一个容易实现的要求，要求广告目标可以被测量，就有一定的困难了。广告目标无法被测量，最大的缺点就是无法准确地评价广告的效果。因此，广告主应尽可能在广告活动规划之前，将广告活动的目标具体化，使得人们能以一套公认的标准对其进行测量。当然可测量不一定是严格地要求广告目标定量化，可测量是要求广告目标具有可以明确进行比较的性质。

> **小贴士**
>
> 前文中我们介绍的广告目标，只是一系列广告目标的趋向，广告主在将其定为真正的广告目标时，一定还要对其加以限定和具体化，使其可以被测量。

3. 切实可行、符合实际

广告目标虽然主要由广告主来确定，但是因广告活动是集团与个人相互协调的产物，所以这就要求广告目标必须切实可行、符合实际。也只有切实可行、符合实际的广告目标，才能保证广告活动的顺利进行。

4. 能够被其他营销部门接受

广告活动只是整体营销中的一个组成部分，为了配合整体的营销活动，广告目标就一定要让其他营销部门能够接受，这样才可以让广告活动同其他营销活动相互协调起来。

5. 要有一定的弹性

广告目标必须明确，只有这样才能够起到指导整个广告活动的作用。但是，正因为广告目标要指导整个广告活动，所以必须考虑环境的种种变化对广告活动的影响。广告活动为了更好地配合整体营销的进行，可能会做出适当的调整。而这样的调整，又应该是广告目标所能够允许的。因此，广告目标还应该具有一定的弹性。

6. 能够被化为一系列具体广告活动的目标

因为广告活动是由一系列具体的广告活动组成的,而每一项具体的广告活动又都需要一个具体的目标来指导,所以广告目标若要发挥其指导整个广告活动的作用,就要能够分解成为一系列广告活动的具体目标。而这些具体的广告目标的一一实现,将能够逐步使得总的广告目标实现。

3.3.2 广告对象

广告对象是指广告信息传播的目标市场。在广告计划中,要确定广告的诉求对象,即广告能引起哪些人的注意、兴趣,激发哪些人的购买行为。

确定了广告对象,才能有针对性地制作吸引这些人注意力,激发他们购买欲的广告。要找准广告对象并不容易,广告对象要经过周密布置和细致划分才能确定。找准广告对象的指标有多种,如性别、年龄、文化、收入、兴趣、职业等。

在广告对象方面应检讨下列问题。

(1) 企业现有的生产经营能力(如产品产量、质量、价格、销量、服务质量等)如何?
(2) 现阶段企业广告诉求对象阶层诉求效果如何?
(3) 广告诉求效果成功与失败的经验是什么?
(4) 与竞争对手选择同一诉求对象阶层有无抗衡能力?如无抗衡能力准备转向选择哪一诉求对象阶层?
(5) 选择新的诉求对象阶层需要解决哪些主要矛盾?需要其他营销活动如何配合,措施如何?

3.3.3 广告区域

广告区域是指确定广告计划期内广告传播的地理范围。广告传播的地理范围可分为三类:一是以全国范围为对象;二是以特定地区为对象;三是以海外特定市场为对象。

由于广告仅仅是市场营销组合的一个子系统,而市场营销组合是为了适应市场环境,增强企业活力,实现企业目标。因此,广告区域的选择,要充分考虑广告环境。广告环境对广告主来说是一个不可控因素,对广告起着极大的制约作用和导向作用。广告环境主要包括自然环境、国际环境、产业环境、企业环境和商品环境等。

1. 自然环境

自然环境主要是指气候、季节、节气等自然因素,这些因素会影响到许多商品的销售及广告宣传。例如,空调、啤酒、冷饮、时令糕点等商品,如果在自然环境不理想的地方发布广告,是没有多少价值的,只能造成浪费;又如,在海南做暖气设备广告,显然不合"地利"。因此,自然环境是制约商业广告发布的重要因素之一。

2. 国际环境

随着通信与交通的飞速发展,全球贸易一体化的国际市场正在形成。企业尤其是外向型企业要着眼未来,放眼世界,营销的目光不仅要盯住国内市场,还要盯住国际市场。各国的贸易政策、经济发展水平、文化风俗习惯、较大的政治活动等，都必须作为选择广告区域的重要因素。例如，用猪肉制成的火腿肠广告就不能在伊斯兰教国家和地区发布，这样做非但不能带来经济效益，相反还会引起民族仇视。

3. 产业环境

产业环境关系到行业的竞争、投资的转移、产业的兴衰更替等，能否准确地把握这些因素，对企业广告区域的选择是很有影响的。把握得好，广告区域的成功选择，无疑会给企业带来营销上的成功。

4. 企业环境

企业环境主要是指企业的社会地位、市场地位、竞争关系等。选择商业广告的发布地点，应充分分析这些因素，才能避实就虚，出奇制胜。

5. 商品环境

商品的特性、生命周期、售后服务、消费者的购买习惯等因素对广告区域的选择也有影响。例如，某种在发达地区已被淘汰的商品，在落后地区可能是先进的，若将广告在后者的地域中发布，就有可能取得预期的广告效益。

3.3.4 广告媒体组合

媒体组合是指在同一时期内运用各种媒体，发布内容基本相同的广告。媒体组合是大中型企业常用的媒介策略，它比运用单一媒体的广告效果要大得多。任何一种媒体都不可能覆盖广告的全部目标市场，因此，广告主在策划一个广告活动时，常常不止使用单一的广告媒体，而是有目的、有计划地利用多种媒体来开展广告活动。媒体组合不仅使广告对象接触广告的机会增多，还能造成一种大的声势，因而容易引人关注。

1. 视觉媒体与听觉媒体的组合

视觉媒体指借助于视觉要素表现的媒体，如报纸、杂志、户外广告、招贴、公共汽车广告等，如图3-6所示，是麦当劳的杂志广告；如图3-7所示，是一则狗粮公共汽车广告；如图3-8所示，是一则保险公共汽车广告。听觉媒体主要指借用听觉要素表现的媒体，如广播广告、音响广告，电视可以说是视听觉完美结合的媒体。视觉媒体更直观，给人一种真实感，听觉媒体更抽象，可以给人丰富的想象。

> **知识拓展**
>
> 车体广告是唯一可移动的户外媒体形式，相对于其他的户外媒体形式，车体广告的传播方式是主动出现在受众的视野之中，在传播方式上最为"积极、主动"。从人的注意力角度讲，移动的物体总是比较容易被注意到的，因此，唯一可以移动的车身媒体同样也更能在众多户外媒体中脱颖而出，得到更多的注意，实现高到达率。

2. 瞬间媒体与长效媒体的组合

瞬间媒体是指广告信息瞬时消失的媒体，如广播电视等电波电子媒体。由于广告一闪而过，信息不易保留，所以要与能长期保留信息，可供反复查阅的长效媒体配合使用。长效媒体一般是指那些可以较长时间传播同一广告的印刷品、路牌、霓虹灯、公共汽车等媒体。

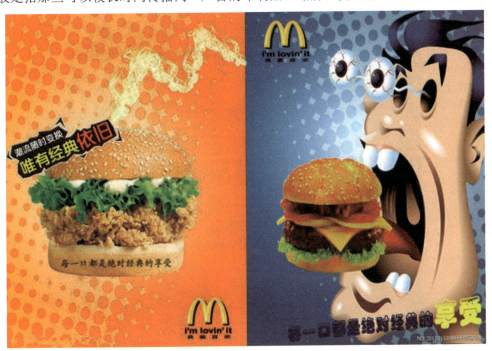

图3-6　杂志内页广告设计(摘自：昵图网　设计者：张旭峰)

图3-7　公交车车体广告设计(1)(摘自：火星时代)

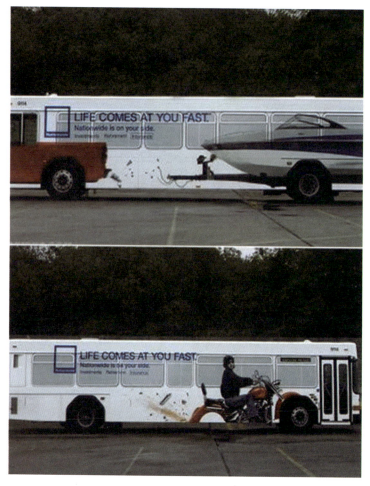

图3-8 公交车车体广告设计(2)(摘自：水母网)

3. 大众媒体与促销媒体的组合

大众媒体指报纸、电视、广播、杂志等传播面广、声势大的广告媒体，其传播优势在于"面"。但这些媒体与销售现场相脱离，只能起到间接促销的作用。促销媒体主要是指邮寄、招贴、展销、户外广告等传播面小、传播范围固定、具有直接促销作用的广告，它的优势在于"点"。若在采用大众媒体的同时又配合使用促销媒体，能使面点相结合，起到直接促销的效果。

3.4 广告策划书的制作

广告策划书是广告策划的书面形式，它是贯穿于整个广告活动时期的正式文件。广告策划可以是一份策划，也可以是由几份相互联系的策划组成，包括总策划与若干个子策划，长期策划与短期策划等。策划书的制作步骤如下。

1. 提出策划纲要

策划纲要，是整个广告策划的摘要，它能让企业的管理部门一看就了解广告策划的主要内容。

2. 对策划环境进行环境分析

环境分析包括下述四项内容。

(1) 企业和产品历史的评述。企业和产品历史的评述主要对过去广告的历史作一简述，说明它的成功与失败之处，分析当前产品面临的问题和未来的成功因素。目的在于使管理部门了解市场的变化和广告策划所建议的方法。

(2) 产品评价。产品评价主要包括以下内容。

① 与同类产品相比，本产品有何优点？是什么成分？有何用途？消费者接受程度如何？
② 近年来产品增加的特点，克服了什么缺点？有什么新的用途？
③ 产品的价值如何？是优等、中等，还是劣等？
④ 产品商标的知名度如何？是否易被人们接受？
⑤ 包装及服务如何？
⑥ 目前的分销范围如何？是否方便消费者购买？
⑦ 零售商对产品的态度如何？

(3) 消费者评价。消费者评价要求提出目标市场和广告对象的准确状况，应尽可能具体，包括广告对象的个性特征，如年龄、性别、职业、收入、文化程度、家庭构成，以及生活方式等方面的情况。

(4) 竞争状态评价。竞争状态评价主要分析竞争对手正在进行和可能进行的工作。

3. 提出策划建议

策划建议应该包括下述五方面内容。

(1) 市场营销目标。广告策划是市场营销策划的组成部分，是为实现市场营销目标服务的。在策划建议中列举市场营销目标，主要是想说明广告策划是怎样制定的，以及如何支持市场营销策划，并帮助达到销售和盈利的目标。

(2) 广告建议。广告建议是广告策划的重要部分，它包括以下五项内容。

目标市场——定出广告对象，并说明为什么这部分人是广告的最好对象。

广告目标——说明在经过多长时间之后，广告到达广告对象的百分比。

创作策略——向目标市场传播什么内容。

广告实施——广告实际进行的步骤。

实施策划——给广告实施规定一个时间上的安排。

(3) 媒体选择。媒体选择包括选定媒体目标，说明媒体目标是否有助于广告目标的实现，选定媒体，并说明选择的理由；媒体策略及理由；媒体策划，规定发布日程和广告费用。

(4) 销售促进建议。将销售促进工作与广告工作结合起来进行，效果会更好。广告策划中应提出运用销售促进的方式方法，包括目标、策略、日程、费用等。

(5) 广告预算。广告预算必须将所有的费用列入，包括策划制作费用、播放发布费用和策划测试费用等。要明确各项经费的定义,明确广告预算的分工与责任,明确广告预算总额的界限和负责部门,列出广告预算。

4. 对策划书进行评价

对整个广告策划的评价,应予说明。如果是广告公司草拟的广告策划,希望客户接受,不妨有一个结论,简单说明广告策划草拟的依据和可行性等,并可叙述一下这个策划的优点何在,使客户能把整个策划委托广告公司承办。

3.5 广告文案的撰写

广告文案的形式,一方面受到广告信息和内容的制约,另一方面它又可反作用于内容,有些还有某种相对独立的审美价值,因而其能动性是不可忽视的。

知识拓展

> 广告文案有两层含义:一是为产品而写下的打动消费者内心,甚至打开消费者钱包的文字;二是专门创作广告文字的工作者,简称文案。广告文案是由标题、副标题、广告正文和广告口号组成的。它是广告内容的文字化表现。在广告设计中,文案与图案图形同等重要,图形具有前期的冲击力,广告文案具有较深的影响力。广告文案的写作要求有较强的应用写作的能力。

广告文案体裁无疑是形式中最重要的因素之一。所谓体裁,是指广告文案的表现样式,犹如服装中的西服、夹克、制服等式样,每一种都有其特殊要求和特殊规定性。如果掌握了这些重要体裁的规律,就可以撰写出优秀的广告文案。广告文案的体裁样式十分复杂,但不外乎两大类型,即文学型文案体裁、说理型文案体裁。

小贴士

> 广告文案的本质:以语言文字为物质媒介符号,传达出创作主体某种特定的广告构想和诉求的篇章。它具以下几个优点:①它在外延上覆盖了所有的广告文案,不论是文学型的还是说理型的,其所使用的物质媒介或传播符号都是语言文字;②将广告文案和广告图形区别开,前者所用的是非造型性符号即语言文字,后者采用可以直接诉之于消费者视觉的造型性符号;③揭示出广告文案与同是使用语言文字的新闻、文学、科学著作等文化形式有质的不同;④所强调的不是媒体发布的广告作品,而是一种特定的篇章。

案例3-4

豌豆罐头的广告文案

"绿巨人"的广告,是20世纪30年代末期由李奥·贝纳先生为"绿巨人公司"(当时叫"明尼苏达流域罐头公司")所写的广告。广告标题是《月光下的收成》。文案是"无论日间或夜晚,青豆巨人的豌豆都在转瞬间选妥,风味绝佳……从产地到装罐不超过三个小时"。李奥·贝纳先生解释说:"如果用'新鲜罐装'做标题是非常容易说的;但是'月光下的收成'则兼具新鲜的价值和浪漫的气氛,并包含着特殊的关切,这在罐装豌豆的广告中是难得一见的妙句。"

【案例分析】

这是李奥·贝纳为"绿巨人公司"写的豌豆广告文案。在这个广告文案作品中,作者从产品和服务的特点入手,以真实的广告信息为基础,做出精彩的广告创意。这也是贝纳创作广告的一贯主张。他说:"如果用'新鲜罐装'做标题是非常容易说的;但是用'月光下的收成'则兼具新鲜的价值与浪漫的气氛,并包含着特殊的关切。"

真实的广告信息作为广告创意的基本依据,在广告创意的过程中,借助想象和夸张创造一个能吸引人们注意力的氛围,使消费者沉浸在对广告创意和广告文案的审美愉悦之中。人们在获得"新鲜罐装"的广告核心概念的同时,也收获了愉悦。

(资料来源:根据360百科资料整理)

3.5.1 文学型广告文案

文学型广告文案的各种体裁都存在着一个共同的特征,那就是它们都必须服从于形象的刻画和情感的表现,但每一种具体样式又有着其他样式不可替代的特殊性,而掌握这种特殊性对于我们创作出某一具体文案来说,无疑有着十分重要的意义。

> **小贴士**
>
> 文学型文案的基本特征:①符号的"同时性";②形象的间接性;③暂时的超功利性;④强烈的感情性。

文学型广告文案的体裁主要包括以下几种。

1. 微型小说体

微型小说又称小小说,是一种利用虚构的简单情节,表达一定主题,篇幅很短(一般只有几百字)的小说种类。在广告文案创作中,撰稿人经常利用几种艺术形式传达一定的广告诉求意念。由于这种体裁的情节集中、有趣,并不冗长地铺排,故显得精练简洁、意趣盎然,对消费群体有着相当大的吸引力,广告效果也较突出。

微型小说体广告文案的撰写,主要应注意下列几点:第一,作品主题必须是一种广告意念,如传达产品功效,塑造品牌形象,或者广告的广告——揄扬广告的社会功能,以吸引更多的人去登广告等,否则就成了纯文学作品了;第二,情节简单、生动;第三,篇幅应短小精练,切忌冗长拖沓。

2. 散文体

散文与小说、戏剧文学的显著差别,在于前者一般不要求完整的情节和突出的人物形象,往往通过某些实际发生过的生活片段的描述来表现主题;而它与诗歌的区别则主要体现在不分行、不押韵,也不像诗歌那样集中,可长可短,表情达意比较自由。

案例3-5

散文体的广告文案

在苍苍的完达山下,烟波浩渺的兴凯湖畔,有一座青山环抱的县城——密山,甜蜜的山!每当金秋时节,漫山遍野熟透了的山葡萄、紫梅、金梅,万紫千红,美不胜收。以野生山葡萄和各种山果为原料酿成的葡萄酒,更是盛名传南北,香飘万人家。近年来,密山县葡萄酒厂的美味思、双瑰酒在全省评比中质压群芳,名列榜首。

饮一杯密山葡萄酒吧,您会感觉密山人炽热的情怀;喝一口密山葡萄酒吧,您会感谢完达山的奉献!啊,朋友,当您在喜庆的筵席上祝酒时,欢聚的气氛中干杯的时候,请别忘了,完达山下,兴凯湖畔人,回味绵长的密山酒……

【案例分析】

通过对密山的种植环境及所种植的特产——山葡萄及各种山货进行简短的介绍之后,直接切入重点——葡萄酒的介绍,不仅介绍了葡萄酒的原料构成,还将葡萄酒的特点及所获得的赞誉在该广告文案中表现出来。

该文案不仅具备了散文体广告文案的特点,且清新的文笔与青山环抱的密山一样,字里行间让人们感受到密山的魅力及葡萄酒的甘醇。

(资料来源:根据中国广告网资料整理)

与纯文学散文相比,广告文案中的散文体在种类上不如其丰富多样,它一般以抒情、叙事性艺术散文为主,报告文学用得较少,许多体裁几乎不用。

3. 报告文学体

现在,报纸杂志上发布报告文学体的文案已呈日渐增多之势。报告文学是介于新闻与文学之间的一种交叉边缘性重要文体。首先,报告文学必须恪守报告性,即新闻真实性,要求其中的情节和细节完全符合客观对象和事件的本来面目,不允许有任何虚构和不实之词。其次,它还具有较强的文字、景物描写及抒情等表现手段,选择典型性的情节和审美意象,或重在写人，或重在写事，或两者兼而有之，使读者一方面能客观地了解某种真实的社会全景，另一方面可从中得到一定的美感享受。

4．诗歌体

在各种不同媒体发布的文学型广告文案中，诗歌体所占的比例是相当大的。应该说，这与诗歌所具有的音乐美感有着极为密切的关系。诗歌体文案作为一个大类，其具体的表现方式又是十分复杂的，如自由诗、古典诗(包括古诗和格律诗)、词等。

1) 自由诗体

自由诗体文案在各种不同的诗歌形式中运用得最为普遍，这是因为它没有古典诗词所要求的严格的格律，句子可长可短，表现形式上拘束较少，自由较多，符合大众的阅读和欣赏要求，因而受到人们的欢迎和厚爱。

案例3-6

诗歌体的广告文案

留一盏灯，给不夜的星星
向所有的人道过晚安
灯火就沉沉入睡了
独留落单的星星
……
且点一盏灯
点上无尽的诚挚和期待
邀约不夜的星星聆赏
黎明的早晨
飞利浦自然色日光灯
为不夜的星星点上一盏知心的灯

【案例分析】

飞利浦自然色日光灯广告文案不仅分行押韵，更重要之处在于它采用的是现代白话文，精练、优美但表现得却很潇洒自如、毫无拘束，是一首意境深邃、温馨亲切的优秀自由诗文案，取得了极好的传播效果。

(资料来源：根据中国广告网资料整理)

2) 古典诗体

古典诗体是指作者借鉴中国古代诗的表现方法，如文言句式、平仄、对仗、起承转合的结构等而创作出来的文案。古典诗体广告文案又可分为古诗体和格律诗体两种不同的类型。

案例 3-7

古典诗体的广告文案

慨当以慷，忧思难忘。
何以解忧，唯有杜康。

——河南杜康酒广告

湖笔争传一品王，
书来墨迹助堂堂。
蓼滩碧浪流新韵，
空谷出兰送远香。
垂统以还二百二，
求精当作强中强。
宏文今日超秦汉，
妙手千家写文章。

——湖笔"王一品斋"广告

【案例分析】

诗歌体形式本身具有音韵美、形式美、语言美、意境美四大特征，因此适合表现产品的文化韵味和附加价值，可塑造产品的美好形象，形成受众基于审美意义上的消费产生。文案一中"何以解忧，唯有杜康"套用了唐朝著名诗人的诗句，使杜康酒十分具有历史感。文案二是1961年王一品斋笔庄创立220周年之际，郭老赋七律一首，赞扬湖笔的精致，成为该品牌的广告词。

(资料来源：根据中国广告网资料整理)

3) 词

词在句式上有长有短，故又称长短句。但这种长短句又是高度规范化的，如同律诗一样在各个方面都有极严格的规定，其规定性以词牌的形式体现出来。词牌规定着该词总的句数，每一句的字数是多少，每一句的平仄以及押韵要求。词人就按这种创制的词牌规定进行创作。同格律诗一样，创作主体只要掌握了词的规律，尽管体制森严，照样可以笔走龙蛇，自由挥洒。

词以其长短不齐的句式，创造出了参差错落、别具一格的或雄奇豪放或婉约温馨的艺术美，至今仍令无数读者激赏不已，有着永恒的艺术魅力。因此，即使在西方形形色色的文化形式充斥各种媒体的今天，赋诗填词仍然成为人们托物言志的一种高雅之举。这样，广告文案中运用它来感动消费者以促销产品，也就毫不奇怪了。

案例 3-8

申花电器的广告词

金缕曲·贺新春
又到除夕夜，欢声喧团圆饭桌，春满人间。
最是味美佳肴处，
儿女情愫难遣。
望神州同此丰宴。
欲把"申花"比锅暖，
煮一腔热诚奉献。
……
前路春风正浩荡，
知否雄心未减？
幸有赖诸君相连。
市场经济火融融，
巧制作还把珍馐添。
齐抖擞，
再领先。

【案例分析】

这首按曲谱填写的词，格调高雅、内涵深厚，讲究平仄、押韵，形式严谨，显示出了浓郁的中国传统文化的韵味。

(资料来源：根据中国广告网资料整理)

3.5.2 说理型广告文案

从数量上看，说理型文案在整个广告文案中占绝大多数，这不能不引起我们对它的高度重视。说理型文案大体上可分为两大类，其一是说明型，其二是论说型，而每类之下又可分若干小类。

1. 说明型文案

说明型文案是指用一种概括性较强、没有什么情感色彩的语言来阐述产品的性状、特征、结构、功能等要素。常见的有下列几种。

1) 诠释体

诠释体是指一种将产品的性质、功能、结构、配方等向消费者予以解释，使他们对广告产品形成一个完整的印象。

案例3-9

粉黛佳人的广告词

粉黛佳人口服液拥有独特配方,精选十余种天然植物,运用现代科学方法提炼和生物技术合成,产生出容易被人体直接吸收的SOD和多种生理活性物质。依据传统的食养文化,从人的整体机能入手,治本为主,以内养外,有效抑制色素沉着,全面退隐面部各种斑块,渐显肌肤白净、细腻、润泽、富有弹性,不含激素,无副作用。

粉黛佳人口服液的独特配方中含有的其他成分还能有效清除脂肪代谢障碍,加速人体内多余脂肪分解,并转化成能滋养肌肤的营养成分,消除臃肿,避免人体发胖,渐显美丽身姿。

【案例分析】

这则广告文案从数据分析、技术分析的角度列出了粉黛佳人口服液的配方,以及对人体的多种益处。将产品的成分及技术手段运用到广告中,不仅能够提高产品的技术含量,而且能够从产品本身出发来满足消费者的自身需求。

(资料来源:根据中国广告网资料整理)

2) 数据体说明式文案

数据体说明式文案就是指大量运用可靠的系列数据来说明广告产品的优质或优价。

案例3-10

数据体说明式文案

技术领先、均已鉴定、提供原料

包出产品、现场培训、食用醋精

未来几年,食用醋精将占领大部分食醋市场,具有很高的商业价值。食用醋精是一种酸性食品添加剂,酸变是食醋的17~28倍,每公斤醋精加水17~28公斤即成食醋。每公斤成本8分,质量超过传统食醋,经质量检测部门测定,各项理化指标均符合国家卫生标准,四季均可产销,永不变质。

生产醋精占地面积小,投资少。可利用民房3间,投资500元即可生产,办厂规模可大可小。生产成本约每瓶6角,市场销售价1.5~2.1元。日产800瓶,减去工资、税收等开支,日利润最少500元。

本部即日起开始培训,保证学员亲手操作,制出合格产品,并提供原料、设备、销路。技术培训费:单位800元,个人600元。

【案例分析】

数据的罗列能够加深客户对产品的了解,使产品更加具有说服力,从而引发消费者的购买行为。案例从数据的角度说明了食用醋精的性质、生产醋精的规模及培训费用,使消费者非常清晰明了地了解食用醋精培训的相关内容。

(资料来源:根据中国广告网资料整理)

小贴士

撰写数据体说明式文案应注意的地方

撰写此类文案要注意以下两点:一是文案中所列数据必须准确可靠,不能随意夸大,否则会导致管理部门的惩处;二是运用数据要服从于广告主题表达的需要,切忌滥用,因为与主题无关的数据堆积,即使十分准确,也只会引起消费者的反感。

3) 比较体

在说明型文案中,有一种通过将两种不同产品进行对比阐述,以表明广告产品的特殊优异性能的,称为比较体。

案例3-11

独辟蹊径的"龙牡壮骨冲剂"

夜啼、多汗、不长个……说起自己缺钙的宝贝孩子,年轻父母谁不心急如焚?补钙的传统方法是服用钙片和维生素D。可这种方法有很多副作用:服用钙片往往引起消化不良,反过来,消化不良又影响钙的吸收;维生素D主要从鱼肝油中摄取,可鱼肝油中10倍于维生素D的维生素A易引起中毒;多晒太阳可使人体自然生产维生素D,可寒冬腊月又难以做到。

真是难死人!

就是为了这"难死人",武汉健民制药厂和几家医院联合研制了"龙牡壮骨冲剂"。这种药好在以中药为主,毒副作用小,也没有维生素A中毒之虞。独辟蹊径的是,这种药不仅补钙、补维生素D,还调节脾、肾功能,促进小儿对钙的吸收。专家估计,我国2亿多儿童中约有3 000万人严重缺钙。为了我们民族整体强健,"龙牡壮骨冲剂"可是做了件大好事。

【案例分析】

通过对比,能够使所要表达的文字更具有特殊性,在这篇文案中,先在第一段提出了维生素D对于儿童成长的重要性,同时又提出了日常补钙所出现的问题。由"难死人"引出武汉健民药业研制的龙牡壮骨冲剂,解决之前的问题,此外还强调了该产品除了补钙之外的其他用途,这种比较型文体非常符合消费者的购买心理。

(资料来源:根据中国广告网资料整理)

2. 论说型文案

在说理型文案中，除了上面所述的说明型之外，还有一类颇似篇幅较长的论文，它们采用撰写论文的方式，或是提出论点，然后将论据用归纳、演绎、类比等逻辑方式组合起来证明论点的可靠性；或是先将与自己相对立的观点摆出，再予以层层反驳，以论证自己观点的正确性。前一种方式被称为立论型，后一种则被称为驳论型。

在具体的广告实践中，文案撰稿人经常碰到论文作者面临的问题，或是需要正面论证某种产品的功效，或是需要驳斥社会上某种不利于广告产品销售的错误论点，如果不能将它驳得体无完肤，就无法让广告产品销售额得到较大幅度的增加。因此，说理型文案中也就必然会产生立论型和驳论型两种不同的论说型广告文案。

1) 立论型广告文案

所谓立论型广告文案就是用理论、事实、数据等确凿无疑的论据，从正面论证某种观点的正确性。

案例3-12

以台式机的价钱获得真正服务器的功能

一般中小型公司，为了节省开支，以台式微机作为服务器，但使用后才发现诸多不便，后悔莫及。现在康柏为体恤客户，解决这项难题，特别推出低价位的ProSignla·VS，让您以台式机的价钱，轻易购得一部真正的服务器。

超卓过人的效率。顾名思义，个人计算机只供个人使用，速度慢且扩展能力有限，但ProSignla·VS都是特别为提供网络服务而设计，它的32 bit EISA扩展总线及Fast~SCSI—2局部总线在数据传达上要比一般台式计算机的16 bit EISA总线及IDE控制器更加快速敏捷，难怪一般台式计算机要俯首称臣。

超级智慧型容错及放错处理。一般台式计算机若出现故障，只能束手待毙坐等外援，但ProSignla·VS特有内置运行记录及ASR自动快速复原功能，就在计算机出现故障后，服务器自动启动，找寻记录档案，分析问题所在，然后做出修正。ProSignla·VS还具有一般台式计算机没有的防错功能，秘密在于特选的Insight Manager 21网络管理软件，Proliant存储系统及能支持RAID Levels 0，1，4，5的SNL&R'I"SCSI陈列控制器。

聪明简易的安装程序。特设Smart Start智能型安装程序，让您轻易地设置硬件及安装网络操作系统，使您在网络管理中，轻松踏出成功的第一步。

超强记忆容量。ProSignla·VS还配备高达128 ME的内存容量，更可选配256KB的高运缓冲，应付任何复杂软件，依然绰绰有余。

【案例分析】

可以看出，这篇文案先提出了一个论点，即康柏ProSignia·VS计算机相当于台式机的价格，但却具有高档次的服务器的功能。然后，作者从四个方面进行论证，即康柏ProSignia具有超强的效率、超级智慧型容错及防错处理、聪明简易的安装程序、超强记忆容量。由于论据翔实，条理清楚，因而使论点具有无可辩驳的正确性，并使消费者心服口服。

(资料来源：根据中国广告网资料整理)

2) 驳论型广告方案

与前面"立论式"广告文案不同的是，"驳论式"文案侧重于驳斥某种错误观点以证明自己所持见解的正确性。如果说"立论式"是一种"直接论证"的话，那么"驳论式"则是一种"间接论证"。

案例3-13

"爱力牌"麦粉的广告文案

买对的，不是买贵的。

买麦粉时，多花一点钱值得吗？其实这正是厂商利用消费者"贵的就是好的"错误心理，故意抬高价格的做法，谋取更大的利润……贵的东西未必就一定好，花钱要有价值，否则，多花钱也是冤枉。

【案例分析】

这是台湾"爱力牌"麦粉发布的一篇"驳论式"广告文章。作者通过反驳"贵的就是好的"这一观点，来证明"贵的东西未必一定好"这一见解的正确性，并进一步落脚到"爱力牌"麦粉价格不贵但质量却很好这一广告主题上去，收到了显著的传播效果。

(资料来源：根据中国广告网资料整理)

3.6 广告文案案例

3.6.1 波音飞机广告文案

标题：只需两人驾驶，但要24万人的劳动才能使它腾飞。

正文：制造一架喷气式飞机不光需要技术，更需要人。就拿我们商用飞机部来说，就有6万员工，另外还需要公司内部其他部门几千人的帮助。波音飞机在世界各地有4 000多个供应商，每一个波音员工至少有3个供应厂商和人员与他合作。

这些供应商为波音公司的大量产品提供部件、元器件、材料及子系统等。更不用说日常营业所需要的其他东西，小到文件夹，大到精密机床，形形色色。你该明白一架喷气式飞机不仅仅是技术的纪念碑，更是人类合作的纪念碑。尽管坐在驾驶舱里的可能只有两个人，而在他们的背后却有24万人！

【案例分析】

这则广告是由美国西雅图cole&weber广告公司设计的波音飞机公司的广告,其闪光点之一在于媒体选择适当。大型精密产品——飞机,人们对其认识需要一个长期的过程,因此要求能够详细说明产品的原理、功能等性质特征,使广告具有一定的可保存性,而报纸正具有这种优势。

闪光点之二就是广告图文并茂、相得益彰,动之以情、晓之以理,把一种安全、快速、舒适、豪华的概念传达给广告受众,极大地刺激了广告受众的购买欲望。

(资料来源:崔晓文. 广告文案[M]. 北京:清华大学出版社,2011)

3.6.2 中国台湾某品牌的钢琴广告文案

标题:爸爸、妈妈都希望给孩子最好的。

正文:从孩子呱呱坠地起,所有的父母亲就希望给孩子最好的,希望孩子健健康康地成长。××钢琴愿和父母亲共同分担这个心愿。学琴的孩子不会变坏!

【案例分析】

这则文案广告主题就是从心理出发,诉求是学习钢琴可以避免某些不愉快的事情发生。文案最核心的一句话是"学琴的孩子不会变坏",可谓一语中的,点中了家长心中最为担心的事情。难怪这则广告一经推出,就赢得了众多消费者的喜爱和信赖。

(资料来源:崔晓文. 广告文案[M]. 北京:清华大学出版社,2011.)

3.6.3 《小红帽篇》广告文案

标题:正因为有大灰狼,小红帽才必须要有更妖娆的小红帽。

正文:

欲望森林/盛装的女人/令狼群失去威胁性

当她擦香水/当她敞开衣襟/当她主动放电

她才不需要讨好谁/而男人自投罗网

对魅力的自觉/让她感到愉快/两性不再注定/弱肉强食

它根本就是/女人的地盘

她微笑说:对我而言/花五个钟头/穿着打扮/或是/爱一个人都不过分。

【案例分析】

此则广告主题集中在颠覆传统的男女关系,解构由男性主导、统治的意义系统,构建了一个突出女性主体性的语言秩序。文案中的女性有了充分的自主意识,颠覆了童话中被大灰狼欺负的软弱单纯的小红帽形象,号召女性在两性关系上表现得更为主动,甚至主动出击,而不是被动地接受。广告影响很大,受到了许多消费者特别是女性消费者的追捧,并荣获了第20届台湾时报奖最佳平面广告金奖。

(资料来源:崔晓文. 广告文案[M]. 北京:清华大学出版社,2011.)

广告策划是一种斗智斗勇的活动,广告人员若能运用智慧,精于谋算之方法,在现代广告活动中,就能运筹帷幄、决胜千里。广告策划是根据广告主的营销计划和目标,在市场调查的基础上,按照广告活动的整体战略与策略进行前瞻性的运筹规划,对于提出广告决策、实施广告决策、检验广告决策的全过程做预先的考虑与设想。活动策划是对各种商业活动、演艺活动、文化活动的过程进行前期策划和设计,使活动能顺利进行,达成活动主办方举办活动的目的,产生一定的效益,因此,活动策划也是一种设计行为,但是它更具体、更现实,它受到现实政治、经济、文化、地域等因素的影响。

1. 广告策划的实施方案是什么?
2. 广告的目标是什么?
3. 广告策划的内容是什么?
4. 广告策划书是如何创作的?
5. 广告策划文案如何撰写?

1. 内容:创作一则汽车广告文案,文案需包括图示、影像和文字。
2. 要求:运用本章节的文案写作方法进行广告文案撰写;定位准确,不得超过150字,阐明创意诉求点、广告定位及广告对象。
3. 目的:如何在事物之间建立关系并能符合产品或服务的诉求;熟练掌握本章节的文案写作方式,活学活用。

第4章

品牌及品牌策划概述

- 掌握品牌及品牌策划的概念，知道什么是品牌，以及品牌的作用。
- 了解品牌定位的策略方法，知道品牌策划的原则，以及品牌形象的塑造。

品牌　品牌策划　品牌形象　品牌塑造

梅赛德斯-奔驰在中国的品牌策略

德国戴姆勒集团是世界著名的十大汽车公司之一，总部位于德国斯图加特，是戈特利布·戴姆勒(Gottlieb Daimler，1834—1900)和卡尔·本茨(Karl Friedrich Benz，1844—1929)于1886年创建的世界汽车史上举足轻重的公司，是全球最大的商用车制造商，全球第二大豪华车生产商、第二大卡车生产商。公司旗下包括梅赛德斯-奔驰汽车、梅赛德斯-奔驰轻型商用车、戴姆勒载重车和戴姆勒金融服务四大业务单元。

在当今品牌化的商品竞争中，很难有一种产品品牌像奔驰汽车那样，在全球被诠释为身份和地位的象征，并且经久不衰，如图4-1所示的车型那样经典。其之所以屹立于汽车品牌之林取决于它的两项承诺，即卓越的发动机制造技术、舒适和独树一帜的风格。它的目标消费者是富商巨贾及成熟的事业成功者，品牌形象突显稳重、尊贵。

图4-1　奔驰汽车广告

【案例分析】

梅赛德斯-奔驰在中国取得成功，主要缘于以下两点。

(1) 从产品本身看，奔驰用减配置以降低成本的方法满足部分对价格敏感的消费者的需求，如以S级为例，S300的配置就分为入门版、商务版、豪华版和动感版，以满足不同价位消费者的需求；增加销售及维修网点来满足消费者购车及维修的需求；以试乘、试驾的方式与消费者互动，使消费者或者潜在客户能够亲身体验到该品牌的安全与舒适，使客户感受到前所未有的奢华与尊贵,进而对产品的品牌产生信任及依赖,以求最大限度发挥活动的宣传效果和品牌影响力。

(2) 推出多种差异化的品牌策划活动。奔驰品牌策划活动主题非常明确,无论是哪种营销活动,其核心都是围绕目标消费者——精英人士,呈现出积极向上的风格。在品牌营销方面,非常注重广告媒体环境的选择,尽量避开大众化的广告通道,进行小众精英的媒体投放。一个品牌的策划不一定是针对周围所有的顾客,获得所有顾客的认同,仅需对自己目标客户群示好。

(资料来源:根据道客巴巴资料整理)

4.1 品牌概述

与以往任何时候相比,消费者现在更多的是关注不同品牌中的理念及象征意义的差异,而不是产品服务的功能所在。一个成功的品牌是通过其象征意义表现出来的,在相当大的程度上,品牌所包含的范畴远远超过产品本身所包含的范畴。通过品牌上对竞争对手的否定、差异、距离来引导目标群体的选择,是在与外部市场对应的内部市场(心理市场)上的竞争。品牌策划更注重的是意识形态和心理描述,即对消费者的心理进行规划、引导和激发。品牌策划本身并非是一个无中生有的过程,而是把人们对品牌的模糊认识清晰化的过程。

4.1.1 品牌的概念

英语品牌"brand"原意为"打上烙印",用于区分不同生产者的产品(包括劳务)。从这个意义上说,品牌出现是市场竞争的结果。

在《牛津大辞典》中,品牌被定义为:"用来证明所有权,作为质量的标志或其他用途。"品牌的概念于20世纪50年代,由美国学者大卫·奥格威(David Mackenzie Ogilvy,1911—1999)正式界定。

在《营销术语辞典》(1960年,美国市场营销协会)中,品牌被定义为借以识别某人或某群销售者的产品或劳务,并使之同竞争对手的产品和服务相区别的名称、属性、标记、符号或设计及其组合。由此可见,任何能够使某种商品与另外一种商品区别开来的符号都是品牌或品牌的组成部分。

知识拓展

营销大师菲利普·科特勒(Philip Kotler,1931—)对品牌所下的定义:品牌是一种名称、名词、标记、符号或设计,或者是它们的组合运用,其目的是借以辨认某个销售者或某群销售者的产品或劳务,并使之同竞争对手的产品和劳务区别开来。也就是说,品牌是形成于消费者头脑中的产品或服务的印象,消费者可以通过一个品牌来辨认出销售者或制造者,以及该品牌所隐含的附加价值。

品牌简单来说就是消费者对产品及产品系列的认知程度。品牌可以说是人们对一个企业及其产品、售后服务、文化价值的一种评价和认知，是一种信任。它是一种商品综合品质的体现和代表，当人们看到某一类商品的时候就会联想到时尚、文化和价值。企业在创造品牌的时候就开始培育文化和时尚，随着从低附加值向高附加值升级，这个时候产品开发优势和产品质量优势，以及文化优势转变为高层次。

品牌是一种商品标识，它可以触发受众的心理活动。一般情况下品牌是通过载体来表达品牌意义的，这样一个载体可以是标识，它就像是品牌的躯体。但是，仅仅有标识这个躯体是远远不够的，还需要有灵魂。而这个灵魂要深入受众心理活动中才能称之为品牌，否则只有商标的功能。

在一般情况下品牌包括品牌名称和品牌标志两个部分。下面分三个方面来说明什么是品牌。

(1) 品牌在一般意义上来说是一个名称、名词、符号或设计，或者是个组合，如图4-2所示，苹果的LOGO成为苹果品牌的主要识别物之一。这主要是因为要区别于其他的竞争对手，好让消费群体识别某个销售者或者某些销售者的产品。

图4-2　苹果品牌LOGO

(2) 品牌是通过将名称、名词、符号、颜色等因素在经过市场活动的加工表现出来的结果所形成的一种形象认知度、感觉、品质认知等，并且客户的忠诚度也是通过这种形象认知度、感觉等表现出来的，可以说品牌是一种无形资产。

(3) 品牌是企业或品牌主体(包括城市、个人等)一切无形资产总和的浓缩，而"这一浓缩"又能以特定的"符号"来识别；它是主体与客体、主体与社会、企业与消费者相互作用的产物。

4.1.2　品牌的作用

品牌是一种识别标志、一种精神象征、一种价值理念，是品质优异的核心体现。培育和创造品牌的过程也是不断创新的过程，企业自身有了创新的力量，才能在激烈的竞争中立于不败之地，继而巩固原有品牌资产，多层次、多角度、多领域地参与竞争。

1. 对于消费者的作用

(1) 有助于消费者识别产品的来源或产品的制造厂家，更有效地选择或购买商品。

(2) 借助品牌，消费者可以得到相应的服务便利，如更换零部件、维修服务等。

(3) 品牌有利于消费者权益的保护，如选购时避免上当受骗，出现问题时便于索赔和更换等。最佳品牌就是质量的保证。品牌实质上代表着卖者交付给买者的产品特征、利益和服务的一贯性的承诺。

(4) 有助于消费者避免购买风险，降低购买成本，从而更有利于消费者选购商品。

(5) 好的品牌对消费者具有很强的吸引力，有利于消费者形成品牌偏好，满足消费者的精神需求。

2. 对于生产者的作用

(1) 有助于产品的销售和占领市场。品牌知名度形成后，企业可利用品牌优势扩大市场，促成消费者对于品牌的忠诚。

(2) 有助于稳定产品的价格，减少价格弹性，增强对动态市场的适应性，减少未来的经营风险。

(3) 有助于细分市场，进而进行市场定位。

(4) 有助于新品的开发，节约产品投入成本。借助成功或成名的品牌，扩大企业的产品组合或延伸产品线，采用现有的知名品牌，利用其一定知名度或美誉度，推出新品。

(5) 有助于企业抵御竞争者的攻击，保持竞争优势。

知识拓展

> 在企业的经营过程中，品牌是灵魂体现。如今，品牌建设逐渐成为推动企业发展的重要无形力量。一个企业拥有品牌，既证明其经济实力和市场地位，也反映其持续发展力的大小。因此，品牌建设对于企业的发展起着决定性的作用，只有拥有了自己的品牌资产才会让企业在众多竞争者中立于不败之地。

3. 对竞争者的作用

(1) 可以推出相对应的品牌进行反击。

(2) 竞争者可采用品牌补缺战略占领一部分市场，从而获取利润。竞争对手的品牌组合或产品组合无论多深多广，都很难满足所有消费者的需求。没有饱和的市场，只有未被发现的市场。

(3) 竞争者可不做品牌而做销售。品牌不是万能的，开发市场需多种因素组合。例如，消费者对某些产品购买介入程度不深，对产品品牌抱着一种无所谓态度，也就是说消费者对某类产品的品牌不敏感；他们或是价格敏感者，或是从众者，或是质量、功能敏感者。竞争者只要抓住一点或几点，就可以吸引一部分消费者。品牌策划使企业品牌或产品品牌在消费者脑海中形成一种个性化的区隔，并使消费者与企业品牌或产品品牌之间形成统一的价值观，从而建立起自己的品牌影响力。

4.2 品牌定位的策略方法

1970年，杰克·特劳特(Jack Trout)和艾·里斯提出了定位的意义，他们认为，定位是一种纯粹的传播策略，为的是让产品信息占领消费者心智中的空隙。

品牌定位是对品牌进行总体的规划、设计，明确品牌的方向和基本活动范围，进而通过对企业资源的战略性配置和对品牌理念持续性的强化传播，来获取市场(包括消费者、竞争者、社会公众等)各方的认同，从而实现预期的品牌优势和品牌竞争力。当今社会正处于"信息爆炸"的时代，太多太滥的信息使信息发送者与接收者之间的通道已经出现了沟通障碍，所以信息发送者有必要寻找一条捷径，使其发出的信息能成功地通向接受者的心智，这就是品牌需要定位的最主要原因。

对品牌进行定位是为了使潜在的消费者能够对品牌产生有益的认知，从而形成对品牌的偏好和持续的购买行为。美国著名营销学者杰克·特劳特认为：定位的基本原则并不是去塑造新而独特的东西，而是去操作原已在人们心目中的想法，打开联想之门，目的是在顾客心目中占据有利的位置。因此，掌握品牌定位的策略方法就十分必要，如案例4-1所示。

案例4-1

雀巢咖啡的广告

平面广告设计的效果，往往取决于设计的创意。现代平面广告，不再仅仅是商品信息的直白式表露，而是采用夸张、幽默、寓意等手法，运用大量生活中的符号，通过改造与整合，含蓄地表达生活的理念、商品的特色与时尚的信息，以获得传情达意的效果。

图4-3只用黑、白、红三种颜色完成整幅广告，代表困倦感的字幕"Z"在经过雀巢咖啡杯之后变成了红色折线，用拟人和夸张的手法突出了雀巢咖啡提神的主题。

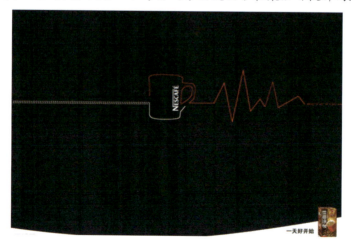

图4-3 雀巢咖啡系列广告

【案例分析】

如图4-3所示,雀巢咖啡这则广告用的是黑色的底子,代表的是纯黑的咖啡颜色,也能表示夜晚。左边的白色符号代表着瞌睡和困,但是经过了雀巢咖啡杯后马上就显示出了红色强健有力的心脏跳动,这个心电图很好地把人的状态和咖啡的作用有机地结合在了一起,将品牌定位的原理应用得恰如其分。

(资料来源:根据中国设计网资料整理)

4.2.1 类别定位

依据产品的类别建立起品牌联想,称作类别定位。类别定位力图在消费者心目中形成该品牌等同于某类产品的印象,以成为某类产品的代名词或领导品牌。当消费者有了这类特定需求时就会联想到该品牌。

案例4-2

王老吉的类别定位——"不怕上火"

2002年年底,加多宝找到成美营销顾问公司(以下简称成美),初衷是想为红罐王老吉拍一条以赞助奥运会为主题的广告片,要以"体育、健康"的口号来进行宣传,以期推动销售。

成美经初步研究后发现,红罐王老吉的销售问题不是通过简单地拍广告可以解决的——这种问题目前在中国企业中特别典型:一遇到销量受阻,最常采取的措施就是对广告片动手术,要么改得面目全非,要么赶快搞出一条"大创意"的新广告——红罐王老吉销售问题首要解决的是品牌定位。

红罐王老吉虽然销售了多年,其品牌却从未做过系统、严谨的定位,企业都无法回答红罐王老吉究竟是什么,消费者就更不用说了,完全不清楚为什么要买它——这是红罐王老吉缺乏品牌定位所致。这个根本问题不解决,拍什么样的有创意广告片都无济于事。正如广告大师大卫·奥格威所说:"一个广告活动的效果更多的是取决于你产品的定位,而不是你怎样写广告(创意)。"经过一轮深入沟通后,加多宝公司最后接受了建议,决定暂停拍广告片,委托成美先对红罐王老吉进行品牌定位。

为了了解消费者的认知,成美的研究人员一方面研究红罐王老吉、竞争者传播的信息;另一方面,与加多宝内部、经销商、零售商进行大量访谈,完成上述工作后,聘请市场调查公司对王老吉现有用户进行调查。以此为基础,研究人员进行综合分析,理清红罐王老吉在消费者心目中的位置,即在哪个细分市场中参与竞争。

在研究中发现,广东的消费者饮用红罐王老吉主要在烧烤、登山等场合,其原因不外乎"吃烧烤容易上火,喝一罐先预防一下""可能会上火,但这时候没有必要吃牛黄解毒片"。如图4-4所示是王老吉系列广告。

图4-4 王老吉系列广告

在浙南,饮用场合主要集中在"外出就餐、聚会、家庭"。在对当地饮食文化的了解过程中,研究人员发现:该地区消费者对于"上火"的担忧比广东有过之而无不及。例如,消费者座谈会桌上的话梅蜜饯、可口可乐都被说成了"会上火"的危险品而无人问津(后面的跟进研究也证实了这一点,发现可乐在温州等地销售始终低落,最后可乐几乎放弃了该市场,一般都不进行广告投放)。而他们对红罐王老吉的评价是"不会上火""健康,小孩、老人都能喝,不会引起上火"。这些观念可能并没有科学依据,但这就是浙南消费者头脑中的观念,这是研究需要关注的"唯一的事实"。

消费者的这些认知和购买消费行为均表明,消费者对红罐王老吉并无"治疗"要求,而是作为一个功能饮料购买,购买红罐王老吉的真实动机是用于"预防上火"。例如,希望在品尝烧烤时减少上火情况发生等,真正上火以后可能会采用药物,如牛黄解毒片、传统凉茶类治疗。

再进一步研究消费者对竞争对手的看法,则发现红罐王老吉的直接竞争对手,如菊花茶、清凉茶等由于缺乏品牌推广,仅仅是低价渗透市场,并未占据"预防上火的饮料"的定位。而可乐、茶饮料、果汁饮料、水等明显不具备"预防上火"的功能,仅仅是间接的竞争。

由于"预防上火"是消费者购买红罐王老吉的真实动机,自然有利于巩固加强原有市场。而能否满足企业对于新定位"进军全国市场"的期望,则成为研究的下一步工作。通过二手资料、专家访谈等研究表明,中国几千年的中医概念"清热祛火"在全国广为普及,"上火"的概念也在各地深入人心,这就使红罐王老吉突破了凉茶概念的地域局限。研究人员认为:"做好了这个宣传概念的转移,只要有中国人的地方,红罐王老吉就能活下去。"

【案例分析】

按常规做法,品牌的建立都是以消费者需求为基础展开,因而大家的结论与做法亦大同小异,所以仅仅符合消费者的需求并不能让红罐王老吉形成差异。而品牌定位的制定,是在满足消费者需求的基础上,通过了解消费者认知,提出与竞争者不同的主张。

又因为消费者的认知几乎不可改变,所以品牌定位只能顺应消费者的认知而不能与之相冲突。如果人们心目中对红罐王老吉有了明确的看法,最好不要去尝试冒犯或挑战,就像消费者认为茅台不可能是一个好的"啤酒"一样。因此,红罐王老吉的品牌定位不能与广东、浙南消费者的现有认知发生冲突,才可能稳定现有销量,为企业创造生存以及扩张的机会。

同时,任何一个品牌定位的成立,都必须是该品牌最有能力占据的,即有据可依,如可口可乐说"正宗的可乐",是因为它就是可乐的发明者。研究人员对于企业、产品自身在消费者心智中的认知进行了研究,结果表明,红罐王老吉的"凉茶始祖"身份、神秘中草药配方、175年的历史等,显然是有能力占据"预防上火的饮料"这一定位的。

(资料来源:根据全球品牌网资料整理)

4.2.2 对比定位

对比定位是以竞争者品牌为参照,依附竞争者定位,亦称之为比附定位。比附定位的目的是通过品牌竞争提升自身品牌的价值与知名度。企业可以通过各种方法和同行中的知名品牌建立一种内在联系,使自己的品牌迅速进入消费者的心中,借名牌之光使自己的品牌生辉。

美国艾维斯汽车租赁公司是史上最为经典的比附定位案例。20世纪60年代,赫尔茨公司占据了美国汽车租赁市场份额的55%,为了避免与其正面交锋,艾维斯公司在其广告中发出了著名的"老二宣言",因为巧妙地与市场领导建立了联系,艾维斯的市场份额大幅上升28%。

4.2.3 档次定位

不同的品牌常被消费者在心目中分为不同的档次。品牌价值是产品质量、消费者心理感受及各种社会因素,如价值观、文化传统等的综合反映,档次具备了实物之外的价值,如给消费者带来自尊和优越感等。高档次品牌往往通过高价位来体现其价值,如台湾顶新集团为了更好地占据国内方便面市场,在成功推出了"康师傅"品牌占据中档市场后,为进军低档方便面市场时,又推出了"福满多"的品牌。

案例4-3

安利雅姿的高端定位

1997年,安利雅姿以"国际高档美容化妆品"的身份低调进入中国市场,1998年7月,雅姿以"国际高档美容化妆品"的定位推广雅姿,2004年,雅姿开始对品牌进行创新,以"高雅艺术"注入雅姿的品牌个性。2007年,雅姿在中国销售额高达24亿元人民币,一举跃为中国销量最大的化妆品高端品牌。2008年安利雅姿知名度高达67%,资生堂为53%。

近年来,中国的化妆品市场增长非常快,据欧睿信息咨询公司调查,2002—2007年,大众市场逐渐倾向消费高端市场。2002年,高端化妆品的市场占有率为15%,而到了2006年,高端化妆品的市场占有率为25.5%。由此可见,高端化妆品的市场逐渐扩大。从化妆品使用者的角度来看，高端品牌强调品牌的情感因素多于产品功能。

1997年，雅姿进入中国市场之后，定位为"国际高档美容化妆品"，提出"帮助女性达至科学与美丽的平衡"的口号，符合高端的品牌形象。针对消费者的高端定位，雅姿研发了旗舰产品——玑因14活颜精华液，售价1560元，2008年，雅姿推出玑因14活颜眼膜，售价900元，同时要求好莱坞著名导演亲自拍摄广告，并同时配合全国性营销。随着同类产品的市场竞争加剧，2009年2月，雅姿推出雅姿臻萃焕能乳霜，售价1998元，是雅姿目前最高价的护肤品，邀请桑德拉·布洛克作为全球代言人。据了解，短短5天的预售期内，这款产品的销售量超过13 000套，销售额高达2 000万元。由此可见，雅姿高端定位的成功。

【案例分析】

雅姿的高端定位吸引对价格不敏感、愿意用高价去购买优质产品的消费者，同时引起大众消费者渴望拥有雅姿产品的需求。

根据雅姿成功的品牌定位来看，直销行业的化妆品品牌进入高端化妆品品牌市场是可行的，雅姿通过准确的市场定位和品牌营销策略，成功获得消费者的认同。

从市场定位看，雅姿清晰地意识到要找到属于自己的目标市场，必须要有准确的品牌定位，产品并不是针对全部用户，而是细分市场，实现品牌个性差异化和产品差异化。雅姿的品牌定位是"艺术、市场、知性"的国际高档品牌化妆品，针对的人群是关注潮流、高学历高收入的女性人群，这与雅姿的高端定位相符。

(资料来源：根据万方数据库资料整理)

4.2.4 消费者定位

按照产品与某类消费者的生活形态和生活方式的关联作为定位的基础，深入了解目标消费者希望得到什么样的利益和结果，然后针对这一需求提供相对应的产品和利益。比如，海尔刚推出自己的手机时，为能体现出海尔国际化品牌的定位，提出了"听世界、打天下！"的诉求。因为手机本身在品质上的差距很小，关键是给消费者的感觉，海尔手机瞄准的是都市里一大批正在奋斗的年轻人，而这些人都满腹豪情，希望能打出一片属于自己的天空，所以"听世界、打天下"综合消费者和品牌特点，既传达了海尔大气的感觉，又考虑到目标市场的需求，最终取得了良好的市场业绩。

成功运用消费者定位，可以将品牌个性化，从而树立独特的品牌形象和品牌个性。在20世纪30年代美国菲利普·莫里斯烟草公司推出了万宝路香烟，然而在其上市之初，销售非常不如人意。后来经调查得知，主要原因是万宝路香烟带过滤嘴，焦油含量较低，被人们认为是"女性香烟"，由此影响了销路。据此，该公司认为只有改变品牌的形象才能争取到更多的消费者，特别是男性消费者。

案例4-4

苏州茶坊"茗香阁"的品牌定位

苏州茶坊"茗香阁"位于一条偏僻的小巷内,占地500多平方米。自开业以来,即使推出售打折卡的活动,茶坊也一直处于亏损的状态。图4-5所示为"茗香阁"之"茗香"。

图4-5 茗香阁之"茗香"

经分析发现,造成"茗香阁"上座儿率不高的客观原因有两个:一是茶馆的地理位置偏僻;二是在"茗香阁"周围半径一公里范围内,有4家规模相当的茶馆,同行业竞争激烈。

那么如何使这间茶馆经营下去,在策划公司的策划下推出了针对目标消费人群的举措,对原有单一的经营模式进行了大胆的创新。把"茗香阁"打造成一个具有多种盈利模式的"多媒体"平台。

1. 建立商务交流平台

经过市场调研,茶馆的目标消费群是年轻白领,如企业的管理人员、销售人员、广告、法律、保险、IT、新闻从业者等。这个群体非常注重学习交流,并在不断寻求事业机会。很多人到茶馆不是为喝茶而喝茶,而是把茶馆当作一个相互交流、学习的场所。把茶馆变成一个商务交流的平台,这是一个很好的切入点。

这些职业消费者是茶馆的主流消费群体,茶馆是上述人员交际和消费的主要场所。有鉴于此,茶馆推出了商务交流活动,为商务交流提供平台。同时,推出商务培训活动,为这些白领提供"充电"的平台。"茗香阁"有针对性地推出了一系列商务培训活动,内容包括销售、管理、社交等,每周一个专题,如针对销售人员的"如何提升销售业绩、如何作销售计划",针对财务人员的"怎样合理避税"、针对交际技巧的"如何拓展你的交际网"等。以上这些培训讲座每次仅收35元,而且包括茶水。这项活动推出后受到热烈欢迎,消费者一方面借助茶馆这个平台,扩大了自己的交际网;另一方面,通过商务培训学到了很多知识。

2. 提供婚介交友活动

"茗香阁"与多家婚介机构进行了沟通，希望他们能把茶馆作为征婚者见面约会的地点。这里内部环境幽雅，很适合见面约会，大多数婚介机构表示愿意和茶馆合作。很快地，"茗香阁"成了很多情侣约会见面的场所。"茗香阁"特意在二楼开辟了一块专区，相邻茶桌之间全部以轻纱相隔，营造出一种幽雅、温馨的气氛。为了给到"茗香阁"约会的情侣留下美好的记忆，茶馆特意制作了一张充满温情的情侣贵宾卡，卡上有一句让人很感动的话："珍惜生命中的缘分，铭记第一次的美好，茗香阁衷心祝愿有情人终成眷属。"

3. 开辟茶叶销售终端

传统经营理念认为茶馆只是个喝茶的地方，能不能既卖茶又卖茶叶？这一想法完全颠覆了传统观念。经与一些茶厂联系，茶馆开设了茶叶展示、销售专柜，消费者可以看样品茶，如果觉得哪种茶好喝，可以买回去。来喝茶的消费者同时也是茶叶的中高端消费群体，这一消费群体对健康比较关注，因此，茶馆特意联合有条件的茶厂推出了"无公害"茶叶，由茶厂直接供货，很好地迎合了消费者的需求。茶叶展示、销售专柜推出后受到消费者的热烈欢迎，消费者普遍认为茶馆在茶叶销售上更加专业，有相当多的人成为双重客户，既来喝茶又来买茶。这样一来，茶馆的上座儿率提高了，茶叶销售也创造了非常可观的利润。

4. 文化营销改善消费体验

茶馆的目标消费群体大多数文化层次较高，他们有着较强的文化需求。根据消费群体的这一特点，茶馆设计了一个把文化与茶馆相结合的方案。在茶馆的一角，开辟了一个书吧，根据目标消费群体的喜好，购置了一批热门畅销图书。这样，消费者在喝茶之余，还可以读书，可谓心旷神怡。消费者还可以租回或者购买喜欢的书籍。同时，"茗香阁"还推出了一项书籍代售和代租业务，消费者可以把自己不需要的书带到茶馆，由茶馆负责寄卖或出租，并且不收取任何费用。对茶馆来说，这样既不用花钱，还丰富了茶馆书籍的数量和品类。这项业务吸引了许多喜欢看书、学习的消费者，不但带来了茶叶销售的增长，还通过图书销售和租赁给茶馆带来了利润。

【案例分析】

传统的茶馆只是从自身的角度考虑自己能卖什么，而没有从消费者角度考虑消费者需要什么，从而导致了千店一面的现象。"茗香阁"对茶馆盈利模式的创新完全是从消费者角度来考虑，为消费者创造更有价值的服务，自然会赢得消费者的青睐。通过以上4种新的盈利模式的运营，茶馆已是生意兴隆。销售茶水不再是茶馆唯一的盈利模式，人际关系、商务、文化和产品营销成为新的盈利模式，茶馆从原先单纯的卖茶服务变为融商务交流、交友娱乐、产品销售、传播文化为一体的综合服务体。纵观国内服务行业，产品和服务的高度雷同化已成为企业经营的沼泽地。作为服务企业，如果就产品而卖产品，就服务而卖服务，往往会使企业经营走入死胡同。企业只有跳出传统经营的条条框框，改变传统的思维模式，才可能创造新的、具有差异性和竞争力的新盈利模式。

(资料来源：根据全球品牌网资料整理)

4.3 品牌策划的原则及运作流程

品牌策划能使企业在还未进入市场之前就对市场需求做出正确的判断，有效防止企业做出不正确的操作，造成巨大的经济损失，为"品牌"投入市场提供成功的基础保障，而品牌策划应有自己的原则及运作流程。

4.3.1 品牌策划的原则

品牌策划的原则主要有三个，亦称"三光原则"，即眼光原则、阳光原则和X光原则。

(1) 眼光原则。策划必须具有前瞻性，也就是"眼光"，这就是说人要看得远，要看到他人没有看到的，这样才能抢占先机，出奇制胜。这个原则理解起来很容易，但是在遵循这个原则进行实践时，其完成的程度却存在着许多的差异。例如，苹果的品牌策略就具有前瞻性，它将多品牌(如苹果与宝马、耐克的合作)、新品牌(iPhone、iPad等)、融合到品牌战略决策中，使苹果这一品牌迅速成为数字时代的品牌国王。

案例4-5

> **酷莎口香糖具有前瞻性的品牌定位**
>
> 在美国辉瑞公司推出一种如细胞组织薄膜，入口即化，能产生持久芳香，令人顿感清香的香口片之后，这小小的口香糖，在中国台湾地区已抢下24亿元台币的市场，并每年还呈现上涨趋势。这种态势会让中国的食品行业发掘其价值。
>
> 不久，福建久久王食品工业有限公司首先嗅到香口片在中国的这个巨大的市场空间，于是在2003年3月找到天策行品牌顾问，目标要求：①成为中国香口片行业的第一品牌；②在高度竞争的市场建立久久王品牌的区分点；③第一年的销售额必须超过1.6亿元。天策行明其来意之后，也为打造行业第一品牌营销表现出足够的热情，于是一拍即合，调集组建食品营销策划团队立即投入工作。
>
> 首先要探索的就是品牌策略，天策行食品营销策划团队认为第一品牌就是领导者品牌，领导者品牌要求产品必须要有领导者的气质，并能统治绝大多数被使用者；作为第一品牌则需要服务和不断加强绝大多数消费者的利益需求。
>
> 因此，天策行食品营销策划团队认为借用现有资源，在"爽口片"品牌营销诉求上贴近口香糖、洁口糖以"清新口气""清洁口气"为诉求，但如果单以这两点为品牌营销的诉求，又毫无新意，掉入品牌红海，必须在此基础上超越。怎么个超法呢？
>
> 在对市场进行充分的调研之后，天策行食品营销策划团队将"提神醒脑"定为爽口片超越性的品牌营销诉求。经过市场测试，大家一致反映：好冲啊，凉凉的像"劲浪"，很新鲜，比口香糖方便，感觉档次比口香糖高档，所以"爽口片"注定超越口香糖。
>
> 此外，天策行食品营销策划团队推出"酷莎"这一品牌名称，"酷"是时尚的浓缩，"莎"与森林中清风吹过的"沙沙"谐音，能够引发人足够的想象，似轻纱，似曼

舞,具有神秘性。

天策行品牌营销策划团队通过巧妙传播,树立起"酷莎"爽口片在全国的品牌形象,使其深入人心、家喻户晓,成为人们日常生活中必不可少的小食品。

在酷莎品牌的传播过程中,更使久久王企业扩大了知名度,成为在全国范围内小食品领域的贵族领地。

【案例分析】

作为一个成功的品牌策划,对于市场的前瞻性观察显得格外重要,"酷莎"的策划团队在嗅到国外的清爽风之后,对"清爽"这一概念进行延续,但又出奇制胜。并且在"酷莎"这一名字的基础上,针对不同消费者采用不同的包装和销售策略(见图4-6),成为一个成功的品牌案例。

图4-6　酷莎口香糖

(资料来源:根据天策行品牌策划公司官网资料整理)

(2) 阳光原则。这个原则主要是指策划必须要看得见阳光,也就是说策划人做事必须要十分坦荡,不能昧良心做事,主要是指不能欺诈消费者,也不能损害消费者的利益,更不能有悖于社会道德和伦理。但是,现实中往往一些策划就有可能违背这一原则侵犯消费者的利益。例如,一些损害消费者利益的企业,他们利用广告将错误信息传递给消费者。尽管这些企业或品牌取得了经济效益上的成功,但那往往是暂时的,随着时间的推移会逐渐失去消费者的信任。

(3) X光原则。所谓X光一般都用于科技和医疗方面,这里主要是指策划人要有"掘地三尺"的精神和能力,洞穿问题的本质,或者说找到问题的根源,然后再结合现有的资源进行策划。例如,一些商场的品牌定位偏离了航道,但是却不自知,不知从根源上解决问题,反而十分热衷搞一些不痛不痒的演出活动和促销活动,这自然无法取得好的效果。

4.3.2 品牌策划的运作流程

品牌策划就像一场音乐会,根据品牌策划的传播和运作流程做较为具体的剖析,将品牌策划的运作流程可以总结为"四部曲"。

(1) "前奏",也就是洞察消费者的实际需求。只有了解消费行为背后的真实想法和需求,才能做到"察其言,观其行"。消费者洞察的真谛在于拨开一切表面现象,对隐藏在消费者背后的行为和心理进行挖掘,从中发现消费者的真实需求与偏好,从而找到驱动消费者尝试或重复购买的那条"金线"。

(2)"伏笔",主要为了提升企业的核心竞争力。对于消费者的洞察应服务于企业的"双向性",这里的"双向性"指的是既能接收、融合消费者反馈的品牌信息,又能结合企业内部特性发出富有吸引力和影响力的品牌信息,这就需要将外部环节的消费者洞察和企业内部的建设结合起来。

(3)"高潮",也就是缔造品牌最直接有力的流程。在这个过程中,企业与消费者进行良好互动。这个过程影响范围的扩大、强度的增强,主要通过诸如蜂鸣传播、公关传播、口碑传播、虚拟社区等的现代化传播手段与平台多角度、多层面配合实现。

(4)"结尾",也就是无声崇拜。品牌策划通过构建品牌关系而获得利益,同时也为企业和消费者双方带来价值。此时企业把这种品牌关系作为达成终极价值追求的途径。这种关系不再是单向的,而是双向的;不再是内向的,而是外向的,把企业视野从企业内部扩展到企业外部,即消费者市场。

4.4 品牌形象的塑造

品牌策划的核心在于传播,如何把企业品牌形象传播出去,打造优良的品牌形象,是品牌策划最关键的地方。因此,了解品牌形象塑造的原则、误区等内容,也成为品牌策划的重要内容。

4.4.1 品牌形象塑造的原则

品牌形象塑造主要有民族化原则、求异原则、长期性和兼容性原则3个方面的原则。

1. 民族化原则

在国际化的今天,品牌的成功之源仍是品牌的民族文化特质。品牌在空间上的国际化、本土化,并不意味着品牌自身的文化丧失。相反地,品牌的文化内涵从来都是民族性的,而不是国际化的。一个成功的、历史悠久的国际品牌,总是体现着这个国家、这个民族最根本的民族性和文化内涵。例如,德国的民族文化内涵是严谨、注重细节、强调质量、不强调速度,这在西门子品牌中得到了充分的体现。尖端的技术和过硬的质量,表现出来的仍是德国人的严谨和踏实,就算在公司的发展战略上,西门子公司同样也保持着德国人的严谨与稳健。

2. 求异原则

在塑造品牌形象的过程中,除了要遵循民族化原则外,能否展现出自己品牌的独特性也是十分关键的。如果品牌形象与其他已有品牌过于相似,就难以在消费者心中留下深刻印象,甚至落入被认为是恶意模仿的尴尬境地。例如,宝洁公司的著名洗发水品牌"海飞丝",在品牌塑造时一直抓住去屑功能不放,如果某新推出的洗发水品牌在广告宣传中也强调其去屑功能，就难以胜于"海飞丝"和吸引消费者的目光。因此，个性化是品牌形象塑造中非常重要的一个环节。

3. 长期性和兼容性原则

品牌形象还是企业形象的重要组成部分，塑造品牌形象也应与塑造企业形象相互一致、相互促进，以谋求企业的长远发展。例如，M&M巧克力的广告语"只溶在口，不溶在手"，十分形象地体现出产品的特色，而且上升到了精神领域，具有了真正的内涵，让竞争者难以效仿赶超，而且自从打入中国市场就一直使用，让消费者难以忘怀。

4.4.2 品牌形象塑造的误区

既然企业要塑造品牌形象，自然也会存在品牌形象塑造的误区。近年来，品牌形象塑造非常活跃，相应地也出现了一些品牌形象塑造的误区，而这些品牌形象塑造的误区需要加以澄清和防范。

1. 第一个误区：为形象而形象

企业可以在短时间内为品牌树起一个形象，去赢取消费者。但是以这种方法树起的品牌形象往往都很单薄，没有根基，没有生命力。用这种投机取巧、企图一步登天的侥幸心理去管理品牌，势必会使品牌随波逐流，让消费者和社会时尚牵着鼻子走。社会时尚瞬息万变，品牌一味投其所好，最终会丧失个性，丧失自我主张，终将没有什么形象可言。

2. 第二个误区：过度美化品牌

用虚假广告和华丽词汇过度美化品牌，拔高品牌，虚构品牌形象，这是品牌形象塑造中常见的毛病。品牌宣传要根据企业和产品实际实事求是进行宣传。只有如此，才能赢得消费者的信任和忠诚。

3. 第三个误区：随意改变品牌形象

有的企业，产品销售额一下降，或者市场状况一改变，就急于重塑品牌形象，推翻过去，重新开始。还有的企业，尚未界定品牌识别、做好品牌定位时，就胡乱宣传，盲目沟通。其基本做法是试一试，干了再说，不行就改。结果既投了资金，又花了气力，到头来形象却一塌糊涂。

4.4.3 品牌形象塑造的途径

那么，企业该如何塑造品牌形象呢？首先我们要明白，品牌形象不是孤立存在的，它是由许多营销中的其他形象罗织起来的，如产品的形象、价格的形象等，它们都关系到品牌形象的建设。

在创建品牌形象时至少需要先建立七条有关的形象，它们分别是"品质形象""价格形象""通路形象""广告形象""促销形象""顾客形象"和"企业形象"。下面我们就来介绍一下如何建立这些形象。

1. 建立品质形象

品质形象是品牌形象的基础。建立品质形象并不是简单地提高产品的质量就可以了，关键是要建立起"良好品质"的印象，并且要从一开始就做到这一点，这十分重要。良好的第一印象是成功的一半。此外，产品需要改良的地方很多，我们要从何处下手呢？请记住，一定要先从能够"看上去就好"的地方下手。品质形象不能仅仅停留在"用了就说好"的层面上，要做到"看了就说好"才行。所以说，品质形象要有"看得见、摸得着、感得到"的改善才能满足打造品牌的要求。

2. 建立价格形象

我们常用产品零售价格的高低来形容其价格形象，认为高价格就是好形象，低价格就是坏形象，这的确有失公允。应该说，价格的高低是相对而言的。在同类产品的比较中，我们才有高低之别。在产品缺乏"看上去就好"时，定高价会有损品牌形象，消费者会问"凭什么？"。但如果产品的品质形象建立起来了，定低价也会有损品牌形象，消费者会问"为什么？"。所以我们认为，品质形象和品牌形象又是价格形象的基础。那些以成本定价者太保守，以利润定价者太感性，因此，"品质/价格"和"品牌/价格"的定价模式才更合乎打造品牌形象的一些需要。

3. 建立通路形象

完整的销售通路是中间行销加上终端行销。中间行销指的是批发销售，终端行销指的是零售。通路的形象必须建立在零售商的基础上，也可以理解为零售商的形象就是我们的通路形象。

知识拓展

> 20世纪60年代，在索尼电视进入美国市场的时候，起初在寄卖店里销售，于是美国消费者称之为"瘪三"产品。后来索尼公司认识到这是一种错误，下大气力把产品从寄卖店里收回，终于摆到了鼎鼎大名的马希里尔百货公司的货架上，于是消费者纷纷购买。索尼的品牌从那一时刻才真正开始有了起色。

4. 建立广告形象

做市场就要做广告，但做广告可不一定就能做好市场；卖产品就要做广告，但做广告可不一定就能卖出产品。造成这一尴尬结果很多情况是因为广告形象不好引起的。我们要建立广告形象，企业有两条可控制因素和一条不可控制因素。可控制的因素是选择大媒体做广告，进行大投入做广告；不可控制的因素就是广告质量，包括创意和制作水平。简而言之，建立广告形象需要"二大一高"，即"大媒体、大投入、高水平"。媒体大、形象就大；投入大，形象就强；水平高，形象就好。

5. 建立促销形象

促销是一种十分有效的市场推广手段，但它也是一柄双刃剑，弄不好也会伤及自身。由于品牌在打造过程中，需要经常使用一些促销技巧，品牌经理就必须仔细考虑哪些促销方法有可能会损害品牌形象。"打折销售"是比较明确的一种损害品牌形象的促销方法。当然，"大甩卖"就等于把品牌扔进了泥潭。只要我们用心看一下，就不难发现，凡是那些与"降价"有关的促销方式对品牌形象的打造都是不利的。但有些事情也是物极必反，"狠狠地降一回价"有时也可以引起一波市场革命。市场得以重新整理，地位可以重新排队，品牌的知名度和消费关注度也会有意想不到的提升。

6. 建立顾客形象

20世纪70年代有一个十分重要的营销理论诞生，那就是美国人艾·里斯和杰克·特劳特的"定位论"。自那时起，产品就不再是为大众服务的了，而是为一部分人所享有的。这一部分人就产生了特定的"顾客形象"。你可以想一想：坐"奔驰"汽车的都是些什么人？穿"耐克"鞋的属于哪一类？谁才会常常喝"茅台"酒？没错，品牌的管理者就应理所当然地使品牌为这些人服务。但要做好这一点，最有效的方法就是动用价格杠杆。我们若想招徕大多数人的生意，就放低价格门槛；如要维护少数人的利益，就设置价格障碍，价格自然会把人群区隔开来，顾客的形象也来自于他自己的支出水平。

7. 建立企业形象

品牌是隶属于一个市场主体的，而品牌形象与企业形象是息息相关的。建立企业形象，可从"有形的建设和无形的建设"入手。前者指的是导入企业形象识别系统(CIS)，后者指的是营造企业的精神文化。但这些都是企业内部的打造，建立企业形象，关键还是在于更多地进行媒体的宣传报道。当然，这些媒体消息必须是有利于企业的。如果缺乏媒体的支撑和传播，企业的形象就不可能转化为市场的形象。企业的形象终究还是要得到市场和社会的承认的。

4.5 品牌策划案例

4.5.1 万宝路的品牌策划

1908年冬，经过一系列艰苦的筹备，菲利普·莫里斯公司(Philip Morris Companies.Inc，PM)终于得以开业。为了给公司的卷烟产品起一个好名字，莫里斯可谓煞费苦心，最终，他想到公司伦敦工厂所在的一条街道的名字Marlborough，这个长长的英文单词很有些特点，尤其是前面的8个字母，让人感觉有一种王者之风。就是它！Marlboro！

在全球消费者心目当中，万宝路(Marlboro)无疑是知名度最高和最具魅力的国际品牌之一。从销售而言，全球平均每分钟消费的万宝路香烟就达100万支之多！不论你是否吸烟，万宝路的世界形象和魅力都会给你留下深刻的印象，令你难以忘怀。大概谁也不会想到风靡全球的万宝路香烟曾经是在1854年以一家小店起家，1908年正式以品牌Marlboro形式在美国注册登记，1919年才成立菲利普·莫里斯公司，而在20世纪40年代就宣布倒闭的一家公司。在万宝路创业的早期，万宝路的定位是女士烟，消费者绝大多数是女性，其广告口号是"像5月天气一样温和"。可是，事与愿违，尽管当时美国吸烟人数年年都在上升，但万宝路香烟的销路却始终平平。女士们抱怨香烟的白色烟嘴会染上她们鲜红的口红，很不雅观。于是，莫里斯公司把烟嘴换成红色。可是这一切都没有能够挽回万宝路女士香烟的命运。莫里斯公司终究在20世纪40年代初停止生产万宝路香烟。

第二次世界大战后，美国吸烟人数继续增多，万宝路把最新问世的过滤嘴香烟重新搬回女士香烟市场并推出3个系列：简装系列、白色与红色过滤嘴系列，以及广告语为"与你的嘴唇和指尖相配"系列。虽然当时美国香烟消费量达3 820亿支/年，平均每个消费者要抽2 262支之多，然而万宝路的销路仍然不佳，吸烟者中很少有人抽万宝路香烟，甚至知道这个牌子的人也极为有限。

一筹莫展中，1954年莫里斯公司找到了当时非常著名的营销策划人李奥·贝纳(Leo Burnett，1891—1971)，交给了他这个课题。资源处境：既定的万宝路香烟产品、包装等。任务：让更多的女士熟悉、喜爱从而购买万宝路香烟。李奥·贝纳并没有被任务和资源限定住，而是对莫里斯公司给予的课题进行了辩证的思考。万宝路香烟广告不再以妇女为主要诉求对象，广告中一再强调万宝路香烟的男子汉气概，以浑身散发粗犷、豪迈、英雄气概的美国西部牛仔为品牌形象，吸引所有喜爱、欣赏和追求这种气概的消费者。

形象的转变使万宝路插上了翅膀。产品品质不变，包装采用当时首创的平开式盒盖技术，并将名称的标准字(Marlboro)尖角化，使之更富有男性的刚强，并以红色作为外盒主要色彩，如图4-7和图4-8所示。

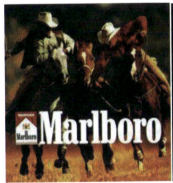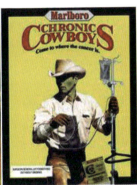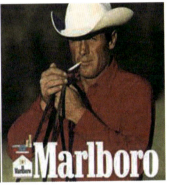

图4-7 万宝路的牛仔广告

图4-8 万宝路LOGO

1987年美国某杂志的专栏作家斯特鲁特·布洛尼克调查了1 546个万宝路爱好者，调查结果表明，在很大程度上顾客选择万宝路只是因为万宝路牛仔所创造的附加价值。不管布洛尼克的调查结果是否可信，万宝路品牌本身的价值至少值300亿美元。今天万宝路在世界上的销量近3 000亿支，这意味着世界上每抽掉4支烟，其中就有1支万宝路。为了使广告效果逼真，在万宝路香烟广告、海报中出现的人物，都是地道的美国西部牛仔，而非专业模特。从"万宝路"两种风格的广告戏剧性的效果转变中，我们可以看到广告的魔力。正是广告塑造了产品形象，增添了产品的价值。正因为采用了"集中"的策略，重新定位了目标市场，才使"万宝路"成长为当今世界第一品牌。

【案例分析】

万宝路最初将目标市场定位于"迷惘的时代"中的女性顾客，但却没有实现预期的销售效果，这与女性顾客自身的消费行为是直接相关的，出于爱美之心，她们在抽烟时较男性烟民要节制得多，而且产品形象过于温柔，得不到男性顾客的喜欢，因此可以说公司对市场的细分不够合理，细分市场没有足够的规模。重新定位之后，公司将目标顾客瞄准对香烟消费能力更强的男性，使得市场规模扩大，而且将产品定位在西部牛仔这一刚毅、硬朗，具有男子汉气质的形象上，更是受到了广大男烟民的追捧，因而在市场上获得了极大的成功。

重新定位是为了以退为进的策略，目的是为了实施更有效的定位。万宝路最初以女性为目标市场，其广告定位虽然突出了自己的品牌个性，但对女性消费者的偏爱成为未来发展的障碍。香烟这种特殊的商品对于女性来说，并不是女性最好的选择，因此，并不是万宝路销售的最好的路径。之后，万宝路将男子汉香烟作为广告策划的主要内容，其传播主题定调为"释放男人风味"。重新定位为万宝路带来了巨大财富。

(资料来源：根据道客巴巴资料整理)

4.5.2 苹果公司的品牌策略

2010年10月19日凌晨2点开始，苹果公司召开财报电话会议，公布了该年截至9月25日的财务业绩报告。报告显示苹果这个季度的营收达到了203.40亿美元，大大超出了华尔街分析师之前给出的188亿美元的预期，而税后的净利润是43.1亿美元，刷新了苹果公司的纪录。

而在1996年，苹果公司则面临着破产的命运，但同年其创始人史蒂夫·乔布斯重返该公司后，进行了大刀阔斧的改革，先是与以前的宿敌微软结成战略联盟，进行交叉授权。然后借当年修习美术课的功底和对消费者心理的洞察，带领苹果推出了炫目的iMac计算机(见图4-9)——半透明的外观，发光的鼠标，以及丰富的色彩，标新立异的构思，出色的工业设计使得iMac和随后的iMac二代、iBook等产品获得了一系列最佳称号，成为时尚的代名词。

这一系列举措使得苹果打了个翻身仗。乔布斯刚上任时，苹果公司的亏损高达10亿美元，1年后却奇迹般地盈利3.09亿美元。1999年1月，当乔布斯宣布第四财政季度盈利1.52亿美元，超出华尔街的预测38%时，苹果公司的股价立即攀升，最后以每股4.65美元收盘，舆论哗然。苹果计算机在PC市场的占有率已由原来的5%增加到10%。

在互联网逐渐普及的今天，互联网网站的发展影响着硬件的发展，计算机以更快的CPU和网速带宽来满足网站的迅猛发展。因此，计算机的制造者们在激烈的市场竞争中赚取着很低的利润，羡慕嫉妒着一波又一波的网络新贵蹿红。而现在，新的规则正在悄然诞生。我们看到苹果iPad的出现正在刷新我们过去的传统，如图4-10所示。传统的用手指、键盘和屏幕的组合，培养了一代人的生活方式，可能因为iPad的上市，文化从指间的流淌要被更加传统的手掌翻阅取代，这样，人类的阅读、操作等生活方式走向了回归。在互联网时代，浏览器、地址栏这些对于年轻一代无比熟悉的东西，在20世纪50年代或更早出生的人们尚未完全认知的时候，未来可能会很快被iPad上小小的图标取代。更清晰的画面、更人性化的运用、更有策略性和灵活性的竞争方式的苹果系列产品的诞生，不仅使得互联网的浏览入口有了变化，而且向世人宣示这样一个简单的道理：只要认识上面的图标，原来不通过浏览器也可以阅读网站的内容。

图4-9　第一代iMac

图4-10　iPad的出现颠覆了人们对计算机的使用习惯

同时，苹果的产品也正逐渐地影响着它的竞争对手们的品牌策略。苹果的产品比较人性化与个性化，它的工业设计注重人机工程与传统美学的相结合，能使客户体验到充分的新鲜感与视觉上的享受。这点也给予它的竞争对手很大的启发，使现在的电子产品相比以前更注重人性化与个性化。

苹果是一个电子消费类产品品牌，但很多消费者对它的狂热与追捧却不亚于任何一个奢侈品的品牌。是什么原因促成了消费者这样的热情，换句话说为什么苹果会有这么大的品牌效应，这要得益于它成功的品牌策略。

1. 注重创新、注重细节

每个品牌都会试图在消费者心中占有第一，甚至是独一无二的位置，苹果也不例外。苹果公司注重品牌价值创新，它能在一定的成本范围内，在不断改进产品、服务的基础之上，用新的品牌价值去满足顾客对原有产品或服务的更高价值目标的追求。

苹果与众不同的是，它从做计算机开始，就始终坚持人与机器关系的和谐。作为一个科技类品牌，它避开了硬邦邦的形象，人性化的系统界面，即便是电源插头都设计得干净利落。而苹果的细节设计很好地吸引了消费者，最具代表性的就是苹果的LOGO，如图4-11所示，不仅简洁、便于识别，并且它是为了纪念伟大的人工智能领域的先驱——图灵，而图灵的故事为苹果的LOGO注入了新的魅力，也为苹果的品牌提供了新的认知。通过创造一个标识抓住消费者的眼球，从而产生了强烈的共鸣，苹果做到了。无论是苹果的哪一款产品，简单的标识、简单的配件、简单的色相、简单的包装，都让你感到它与你的贴近和它给予你的实用；其背面那个被咬掉一口的银色的苹果，总是能够引起热爱苹果产品的消费者的消费冲动。现在的苹果不仅保持了强势的品牌，也在市场上获得了卓尔不群的业绩表现。

图4-11　苹果简洁的LOGO

苹果计算机当时做的是面向设计师等的细分市场，不太消费化，所以才有了苹果的几起几落，不过它的品牌基因却得到了传承。苹果的品牌形象并没有因为事业的起落而遭到丢弃，反而是因为品牌形象，它才始终都有一部分非常忠诚的消费者。

2. 定位独特

一些品牌之所以吸引消费者很大程度上是因其定位独特。苹果的独特定位是其鲜明、简约的个性及其极富创意的设计，这点就注定了它会受到年轻人群的欢迎，而同时这种个性是别人难以模仿的。

苹果一直在创新方面花费了很大的工夫，一个简单的MP3到了苹果手中，它就变成了iPad，简单而突出的外形，给很大一部分追求个性的年轻人带来了可以利用的机会。到了年轻人中间，几乎每个人都愿意拥有一台iPad——只要他们有钱去购买。当苹果获得成功时，几乎每个企业都开始研究它，期望模仿它的成功。虽然认识苹果的盈利模式不难，了解其用户体验也容易，但如何设计产品，以及营销产品，让使用者认为其体验是最好的，目前没有一个公司做得比苹果好。这也从一方面证明了苹果的不可复制性。

3. 品牌传播手段

一个强有力的信号可以有效地传达出品牌形象，它是人们看待及体验品牌的决定性因素。苹果公司不仅在产品创新上面独树一帜，其品牌传播手段也独具一格。例如，它的所有产品通过外包装传达品牌的传播信号，同时通过丰富的内涵让你有一种含蓄而不可思议的体验。盒子时尚而小巧，看起来很温馨并具有吸引力；表面的材料光滑而易于触摸；图形元素与清晰的灰色装饰形成鲜明的对比。在我们所能接触到的媒体中，苹果的广告也像它自身的产品包装一样，整齐、干净；它的专卖店犹如现代博物馆一样，消费者在这里的选购体验，就是一个发送有利的品牌传播信号的过程，也能够完美地传达品牌观点。苹果的广告也无处不在，在纽约显眼的地方，无论是第五大道，还是在去往下城码头的途中，或者唐人街里面，苹果的形象不经意间就会映入我们的眼帘。它在巨大的电子显示屏中，也可能被排在《狮子王》上演广告的行列里。它的广告创意令人回味。以"Get-a-Mac"广告为例，苹果将其上传到YouTube上之后，用户便反复播放，而苹果却无须为此支付任何费用；此外，苹果广告投放普遍选择高价、优质广告媒体，除了时尚杂志和世界职业棒球大赛赛事等，它的广告不可能在低价媒体出现。

【案例分析】

苹果的成功主要得益于以下几点。

1. 以消费者的使用需求为基础

乔布斯的首部曲提出：以个人消费者使用需要为基础，以普及化的个人计算机为重心，以用户个人化引导服务和产品的发展。当时的苹果计算机代表着特立独行，酷和时尚。这样的设计理念使苹果计算机由强大的商业计算机专业走向以家庭化、普及化的个人计算机为中心。此时，苹果计算机已经在消费者心中有了鲜明的印记，形成一批高度忠诚的"果粉"。

在目标客群定位上，苹果公司从个人计算机产业出发，横跨音乐、通信和游戏三大市场，新的技术创新与整合成功地开发新的MP3音乐和手机的行动娱乐目标客户群，并且成功地俘获消费者的心。

2. 不断进步和创新的企业文化

乔布斯回归苹果公司后,开始推行新的"Think Different"宣传。广告上只出现苹果的商标和"Think Different"品牌文化标语,而没有其他任何产品促销或说明,这一宣传使全球25%的经理人认为苹果是全球最具创新精神的企业。"Think Different"的企业文化,这种价值观对内形成追求完美,永不停止的创新文化,对外为苹果赢得高端和时尚的口碑,独特的企业文化也是苹果的核心价值与竞争力所在。

"Think Different"独特的广告宣传方式,不仅让消费者鲜明地记住苹果,同时也鞭策苹果不断地进行创新,使科技与创新融为一体,成为苹果的核心价值与竞争优势。

3. 准确的市场定位

在市场定位上,苹果创新地重新定义MP3音乐和手机通信产业,开创通信、影音、游戏相结合之个人行动娱乐智能市场,成功地创建全新的商业模式。

正如同2001年iPad重新定义MP3数字音乐,于2007年iPhone重新定义出何谓"手机通信产业",苹果iPhone上市后,让消费者见识到与传统手机业者不同的产品设计思维。

2007年年初,在乔布斯发布iPhone之后,两个月内全球有6 000万的网页里陆续出现"iPhone"这个新名词的讨论。苹果所带来的是目不暇接的创新产品和创意行销,导致产品成功的一个共同因素就是产品创新,创新始终贯穿于外形、工艺、操作性、技术应用、商业模式等各个环节,产品创新是苹果的根本,是苹果的核心竞争力。苹果所推出的每一款产品,如平板计算机iPad等,都会和iTunes Store、App Store进行整合,不但可以刺激硬件出货,也会扩大软件的安装基础,形成从上游的制作公司一直到消费者端的软、硬件一个完整的产业商业模式。

(资料来源:根据道客巴巴资料整理)

品牌策划主要包括对市场调研、品牌战略规划、品牌发展方向、品牌定位及品牌广告语和广告表现、品牌视觉形象打造等。通俗来讲,就是寻找企业所在行业的卖点,把企业产品和企业形象包装成为市场的焦点。

品牌策划可以帮你解决企业品牌定位不明确、企业战略方向模糊、产品没有特色、广告表现难以深入人心等难题。

1. 简述品牌及品牌策划的概念。
2. 品牌定位的策略方法有哪些?

3．品牌策划的原则有哪些？

4．如何进行品牌形象的塑造？

1．内容：对国内外知名品牌的品牌策划进行分析，撰写一篇品牌策划分析论文。

2．要求：框架正确，思路清晰，逻辑性强，策划有创意，不少于2 000字。

3．目标：通过网络、杂志、图书等途径对国内外知名品牌进行策划，深入理解品牌策划的策略。

第 5 章

企业 CI 策划与战略

学习要点及目标

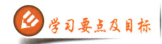

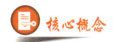

- 了解企业形象与CI、CI的价值和功能、CI的组成与策划要点、CI的特点，以及CI策划的作用。
- 掌握策划的目的或导入CI的目的、CI的计划方针、拟定具体实施办法、导入计划及导入CI的时机。

核心概念

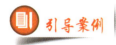

CI策划　CI手册　CI系统　CI战略

引导案例

沃尔玛企业CI案例分析

一、企业标志分析

沃尔玛的标志演变过程，如图5-1所示。

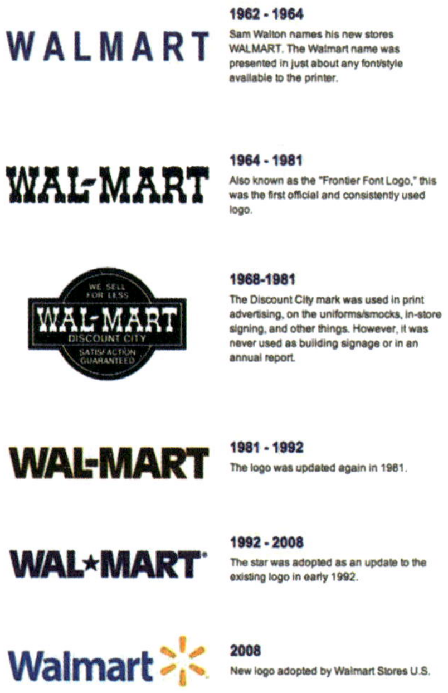

图5-1　沃尔玛的标志演变过程

沃尔玛自创立以来，企业标志随着社会经济环境的变化，也在一直变化创新中。现在的新标识采用更加柔和的英文字体，去掉了“Wal”和“mart”中间原有的蓝色五角星，同时在“walmart”后面增加了一个淡橙色阳光。这个火花不仅代表灵感与智慧，更代表了沃尔玛是顾客省钱的智慧之选。新LOGO的推出正好切合了沃尔玛首席执行官Lee Scott的全球转型目标，沃尔玛一直致力于打造将超市变得更绿色更环保的企业新经营理念的建树，而新LOGO中的淡橙色阳光的标识就有自然、环保的含义，这就符合了该企业的新的经营理念的要求。企业的标志设计采用了结合企业吉祥、祈愿的心理组合方法。

二、企业理念识别系统分析

1. 企业核心价值观

(1) 顾客就是上帝。沃尔玛公司采取各种措施维护消费者的利益，如在销售食品时，从保质期结束的前一天开始降价30%销售，保质期到达当天上午10点全部撤下柜台销毁。在沃尔玛看来顾客就是上帝。为了给予消费者超值服务，沃尔玛想尽了一切办法，沃尔玛要求其员工要遵守"三米微笑"原则，尽量直呼顾客名字，微笑只能露出八颗牙等，正是因为这样沃尔玛在顾客心目中留下了深刻的印象。

(2) 尊重每一位员工。尊重个人，这是沃尔玛最有特色的企业文化。在沃尔玛，"我们的员工与众不同"不仅是一句口号，更是沃尔玛成功的原因所在。"我们的员工与众不同"这句话就印在沃尔玛每位员工的工牌上，时时都在提升员工的自豪感，激励员工做好自己的工作。

(3) 每天追求卓越。对于沃尔玛商店经理来说，他们每周至少要到周围其他商店10次以上，看看自己的商品价格是不是最低，看看竞争对手有哪些长处值得学习，丝毫不敢懈怠。沃尔玛还有很多创新，销售方式、促销手段、经营理念、管理方法等，在细节方面更是如此，它第一次用了一次购足的购物理念，第一次在零售中用信息化管理。沃尔玛正是靠着它的超时代的企业文化，来建造新世纪的零售王国。其企业精神信条总体概括为快捷、便利、舒适、满足。

2. 企业标语口号

第一条：顾客永远是对的；第二条：如有疑问，请参照第一条；事事以顾客为先；你有出错误的权利，也要有解决问题的能力；一切为了大家的健康和快乐。

沃尔玛的口号：给我一个W！给我一个A！给我一个L！给我一个M！给我一个A！给我一个R！给我一个T！拼起来是什么？沃尔玛(Wal-mart)！谁是第一？顾客！(请对顾客露出你的八颗牙)

三、企业行为识别系统分析

1. 企业内部的员工管理和机构规范

1) 员工管理(坚持以人为本、创造轻松氛围)

(1) 公仆领导。沃尔玛内部很少有等级森严的工作气氛，经理人员被认为是"公仆领导"。沃尔玛公司的"公仆领导"始终把与员工沟通放在首要位置。他们为每一个员工服务、指导、帮助和鼓励他们，为他们的成功创造机会。因此，沃尔玛公司的诸位"公仆"，并不是坐在办公桌后发号施令，而是走出来和员工直接交流、沟通，并及时处理有关问题，实行"走动式管理"。他们的办公室虽然有门，但门总是打开着，有的商店办公室甚至没有门，以便让每个员工随时可以走进去，提出自己的看法。

(2) 激励员工。沃尔玛在处理员工关系方面运用最多的方法是激励而不是批评或者处罚，如果员工某件事做对了，他们就会对其良好表现进行褒奖："你做得很好！"；如果员工做错了，他们会对员工说："换种方法你会做得更好！"

(3) 上下沟通、信息共享。沃尔玛公司的领导人常会对沃尔玛商店进行不定期的视察，并与员工们保持沟通。沃尔玛的信条是"接触顾客的是第一线的员工，而不是坐在办公室里的官僚"。这种体制保证了信息的及时反馈以达到共享，同时也促使员工提出了许多改善管理的卓有成效的建议。

2) 内部机构规范

沃尔玛成立了一个专门的部门负责与当地政府的谈判和协商，建立了相关的治理制度和岗位责任制度。

2. 企业对外的公关活动(真诚回报社会)

1) 生态商店

沃尔玛时刻关注社会，在倡导环保的今天，沃尔玛率先开设了环保型的生态商店，尽最大努力来保护环境。

2) 慷慨捐赠公益事业

沃尔玛公司在1981年建立了"沃尔玛基金会"，组织对全国性事业的捐助，如资助儿童医院、赞助全国性的组织或纽约和华盛顿等有全国影响力的大都市里的各种活动。沃尔玛支持的团体有公民反对政府浪费组织、自由企业学生组织、阿肯色商业协会、长老教会、艺术馆、大学等。

3) 关心教育事业

沃尔玛公司还设有沃尔顿基金会和山姆与海伦基金。沃尔顿基金主要用于教育，资助大学生奖学金，被称为"沃尔顿奖学金"，最著名的是"社区奖学金"计划。

四、其他相关网页信息

(1) 共获得76页约900 000多条结果。
(2) 第一页第一条链接是沃尔玛中国公司信息网站。
(3) 非链接处没有相关广告，有其自己的官方网站。
(4) 在第二页第一条出现负面信息。
(5) 中性信息与正面信息在第一页比例为6∶3。
(6) 前五页链接中与该品牌相关的高频率关键词。

【案例分析】

在现代竞争异常激烈的市场背景下，服务行业要想做大做强，必须要从细节出发，尽可能从顾客角度出发为顾客利益着想。沃尔玛的强大是与其"让顾客满意"的经营理念分不开的。

企业文化对于一个企业的成长发展尤为重要，企业必须长期通过各方面的努力形成企业统一的价值观和经营理念。

企业形象设计不能只注重视觉识别系统的建设，理念识别系统和行为识别系统的建设于企业发展强大尤为重要。

要注重网络媒体在企业形象建树中的巨大传播作用。

(资料来源：根据豆丁网资料整理)

5.1 CI策划概论

英文"CI"是"Corporate Indentification"的缩写,意为"企业形象识别",其最早由美国形象设计公司创办人马格里斯提出,企业识别系统主要由企业理念识别(Mind Identity,MI)、企业行为识别(Behavior Identity,BI)、企业视觉识别(Visual Identity,VI)三个部分构成,以提升企业形象、创造最佳经营环境为目的。良好的企业形象设计将成为企业开拓市场,保证企业公共关系运转的坚实基础。对处于高市场化竞争时代的企业而言,从某种意义上说,形象力就是竞争力的体现。企业标志承载着企业的无形资产,是企业综合信息传递的媒介。标志作为企业CIS战略的最主要部分,在企业形象传递过程中,是应用最广泛、出现频率最高,同时也是最关键的元素。企业强大的整体实力、完善的管理机制、优质的产品和服务,都被涵盖于标志中,通过不断地刺激和反复刻画,深深地留在受众心中。

知识拓展

CI设计是20世纪60年代由美国首先提出,20世纪70年代在日本得以广泛推广和应用,它是现代企业走向整体化、形象化和系统管理的一种全新的概念。其定义是,将企业经营理念与精神文化,运用整体传达系统(特别是视觉传达系统),传达给企业内部与大众,并使其对企业产生一致的认同感或价值观,从而形成良好的企业形象和促销产品的设计系统。

5.1.1 CI的组成与策划要点

企业形象是企业的第一资源,企业成功发展的第一策略便是企业形象的设计。

企业形象策划就是将企业经营理念和精神文化传送给企业周边有关系的组织或者团体,包括企业内部人员和社会大众,并使其对企业产生一致的认同感和价值观。

企业形象策划是塑造企业形象,获得竞争优势的强有力手段,也是消费者识别企业,企业向社会展示风采的一座桥梁。企业要在激烈的市场竞争中长盛不衰,就必须加强企业形象企划管理,塑造企业个性,弘扬企业精神,使消费者对企业产生深刻的印象和认同感,从而树立良好的企业形象,谋求更大的发展。

CI是指企业有意识、有计划地将自己企业或品牌特征进行规划设计,通过媒体向公众展示,使公众对某一个企业或品牌有一个标准化、差异化、美观化的印象和认识,以便更好地识别,达到提升企业的经济效益和社会效益的目的。

5.1.2 CI的特点

CI具有识别性、领导性、同一性、造型性、延展性、系统性、时代性的特点。

1. 识别性

识别性是企业标志的基本功能，借助独具个性的标志，来区别本企业及其产品的识别力，是现代企业市场竞争的"利器"。因此，通过整体规划和设计的视觉符号，必须具有独特的个性和强烈的冲击力，在CI设计中，标志是最具有企业视觉认知、识别的信息传达功能的设计要素。

2. 领导性

企业标志是企业视觉传达要素的核心，也是企业开展信息传达的主导力量。标志的领导地位是企业经营理念和经营活动的集中表现，贯穿和应用于企业的所有相关的活动中，不仅具有权威性，而且还体现在视觉要素的一体化和多样性上，其他视觉要素都以标志构成整体为中心而展开。

3. 同一性

标志代表着企业的经营理念、企业的文化特色、企业的规模、企业经营的内容和特点，是企业精神的具体象征。因此，可以说社会大众对于标志的认同等于对企业的认同。只有企业的经营内容或企业的实态与外部象征——企业标志相一致时，才有可能获得社会大众的一致认同。

4. 造型性

企业标志设计表现的题材和形式丰富多彩，如中外文字体、具体图案、抽象符号、几何图形等，因此标志造型变化就显得格外活泼生动。标志图形的优劣，不仅决定了标志传达企业情况的效力，而且会影响到消费者对商品品质的信心与企业形象的认同。

5. 延展性

企业标志是应用最为广泛，出现频率最高的视觉传达要素，必须在各种传播媒体上广泛应用。标志图形要针对印刷方式、制作工艺技术、材料质地和应用项目的不同，采用多种对应性和延展性的变体设计，以产生切合、适宜的效果与表现。

6. 系统性

企业标志一旦确定，随之就应展开标志的精致化作业，其中包括标志与其他基本设计要素的组合规定。目的是对未来标志的应用进行规划，达到系统化、规范化、标准化的科学管理，从而提高设计作业的效率，保持一定的设计水平。此外，当视觉结构走向多样化的时候，可以用强有力的标志来统一各关系企业，采用统一标志不同色彩、同一外形不同图案或同一标志图案不同结构方式，来强化关系企业的系统化精神。

7. 时代性

现代企业面对发展迅速的社会，日新月异的生活和意识形态，不断加剧的市场竞争形势，其标志形态必须具有鲜明的时代特征，特别是许多老企业，有必要对现有标志形象进行检讨和改进，在保留旧有形象的基础上，采取清新简洁、明晰易记的设计形式，这样能使企业的标志具有鲜明的时代特征。通常，标志形象的更新以十年为一期，它代表着企业求新求变、勇于创造、追求卓越的精神，避免企业日益僵化、陈腐过时的形象。

5.1.3 CI的价值与功能

那么CI的价值和客观功能到底是什么呢？

1. 制定一部企业内部的"宪法"

CI总结和提升企业的历史、信仰、所有权、技术、文化、人员素质等，制定了企业从经营思想、行为规范到视觉识别的一套完整的经营管理标准，丰富完善了企业的经营战略和发展规划，从系统的角度保证了企业发展的一致性。这是对现代化企业管理理论的成功应用。

> **小贴士**
>
> CI是一种系统的名牌商标动作战略，作为企业形象外化的"根"，企业经营理念和行为规程两大系统，是经过了大量调查、精心研究而制定的，是指导整个企业运行的行为准则，是一种企业的发展规则。这种准则与规则，通过一系列的行为操作，向社会公众进行广泛传达，以便在公众中建立良好的品牌商标形象。由此可见，CI是一种战略。

2. 确立企业和产品在市场中的定位和特征

CI不仅仅是企业自我意识的表现，它从一开始就将企业与市场紧紧联系在一起。它根据企业及产品的内在特征确定其市场定位，并通过理念、行为、视觉三个层次充分表现出来。

> **小贴士**
>
> CI是集企业的目标、理念、行动、表现等于一体所共有的统一要领，是企业在内外交流活动中，把企业整体向上推进的经营策略中重要的一环。把CI内容进行具体的细分，CI是企业基盘整体的主脑部分，是企业存在的唯一根本。CI的确立是把企业划为与别人不同的实体，如"这就是我"一样。

3. 创造企业文化

日本、韩国等亚洲国家和地区在世界经济中的成功，使东西方企业界对企业文化在经营管理中的作用无不重视。CI从理念层次使企业员工的思想、意识、价值观统一于企业的目标之下。通过培训等方式，使企业员工的行为、企业的公共关系等，遵从于有关规定，通过各种媒介的视觉设计，构造美好的外表。这一切都使企业文化得以更加丰富和系统化。企业文化的最大作用，就是通过非法则、非制度的手段，使员工的工作目标和企业目标一致，使企业增强凝聚力、吸引力，使企业成员团结在组织内，形成对外的强大力量。

4. 保证信息传播的一致性

CI制定了一套完整的行为识别、视觉识别规范，使企业在其内外的信息传递和广告宣传上具有很好的一致性。因此，企业可以花较少的费用、时间、精力，取得较好的宣传效果。这在各种广告满天飞、信息"污染"严重的当今社会，是极为有效的。

5. 提高企业产品的竞争力

CI的最终目的是通过提高企业形象来增强企业的知名度，提高产品的竞争力，通过实施CI，使企业在获得生产要素配置时始终处于优先地位。由于企业能容易地在市场中获得所需的人才、资金、信息，那么，就会使企业增强内功，处于良性循环状态，立于不败之地。同时，由于产品的形象得以改善，也使产品在市场竞争中能争取优势，有利于在消费者心目中建立起品牌偏好。

案例5-1

福特企业CI案例分析

CI作为企业形象一体化的设计系统，是一种建立和传达企业形象的完整和理想的方法。企业可通过CI设计对其办公系统、生产系统、管理系统，以及经营、包装、广告等系统形成规范化设计和规范化管理，由此来调动企业每个职员的积极性和参与企业的发展战略。从本案例中就可以看出，福特作为一个跨国企业，其CI系统也是非常完善的。

一、企业标志分析

福特企业的名称采用了结合动物信息的命名法，该标志采用福特英文Ford字样，是因为创建人亨利·福特喜欢小动物，所以标志设计者把福特的英文画成一只小白兔样子的图案。而且福特本人很爱好自然，这只调皮的小兔子，在大自然中欢快地奔跑。蓝底是蓝天的意思，或者是大海，因为大海是一切生命的源泉，也是自然中的精华。白字呢，因为它是衬托在蓝底之上的，白云的可能性也很大，而且因为被设计成了一只兔子，所以也有很大的可能是兔子的颜色，总体是一只在蓝天白云下欢快地在湖边奔跑的小白兔。而且这种颜色搭配看起来既能突出标志，也显得很亲切，又代表福特公司节能环保的现代理念，如图5-2所示。

图5-2 福特标志演变过程

二、企业理念识别系统分析

1. 企业文化

福特的企业文化是宽容、服务、价实,争取长远利益。

(1) 要把为顾客服务的思想置于追求利润之上。利润不是目的,只不过是为顾客服务的结果而已。

(2) 所谓生产,绝不廉价买进又高价卖出。它应是以合适价格购进原料,花费尽可能少的费用把原料加工成有价值的产品,再卖给消费者。投机、欺诈的行为,只能阻碍生产的发展。

(3) 不留恋过去和现在。失败不过是给人们重新开始和更聪明行事的机会。

(4) 不要故意竞争。谁经营得好,谁就能在竞争中取胜。企业硬夺别人的生意是犯罪发展。

2. 企业经营原则

坚持全球社会责任原则和企业公民原则。福特的"企业公民"策略基于四项基本承诺。

(1) 发展出一套清晰的商业原则,以便每位员工的行为都可契合福特"企业公民"的价值,其中非常重要的一点是观念与行为相一致,即言出必行。

(2) 与我们的利益相关人不断沟通,以深入认识和理解"企业公民"的理念和可持续发展;通过分享理念,共同规划福特如何成为"企业公民"的领导,以及如何为社会的不断发展做出更大贡献。

(3) 设立更高的"企业公民"和可持续发展目标,通过利用各种政策、资源和衡量体系来确保目标的达成。

(4) 通过各种途径与利益相关人分享进步。通过相互交流和沟通,使企业和相关群体切实感受到努力的成果,从而坚定信心。

3. 企业核心价值观

企业核心价值观是绿色生产,竭尽全力使这个世界更加美好。

4. 企业经营理念

福特的企业经营理念:消费者是我们工作的中心所在,我们在工作中必须时刻想着我们的消费者,提供比竞争对手更好的产品与服务。

三、企业行为识别系统分析

1. 福特企业内部对员工的教育、福利

(1) 对员工健康与安全的投入。福特(中国)公司特别设立了员工健康服务项目,其使命是,保障员工安全和健康,使之免于受伤和生病。公司为此专门设立了许多专门职位,如产业卫生工程师、有毒物品工程师、生物工程师和医生、护士等。

(2) 对员工教育、培训的投资。福特汽车公司为员工提供了更为全面的教育培训机会和资源,如网站上的电子课程、面授课程、领导和管理技巧培训,以及其他业务相关技能培训。公司还大力资助员工进行后续学历的学习,平均每年都会选出多名员工为其出资进修MBA课程。

2. 福特企业对外公关活动

(1) 福特开设了福特汽车环保奖，它是世界上规模最大的环保奖评比活动之一，授奖活动遍及50多个国家和地区，其前身是1983年在英国首次发起的"亨利·福特环保奖"，其宗旨是鼓励各阶层人士积极参与有助于保护本地环境和自然资源的活动。"福特汽车环保奖"于2000年首次进入中国，并且已经成为中国目前规模最大的由企业赞助的环保奖评比活动。

(2) 2009年，长安福特以"新发展·新未来"的参展主题亮相2009广州国际车展。

四、其他相关网页信息

(1) 共有76页相关网页，约900 000条相关信息。

(2) 第1页第4条链接信息是福特汽车价格观念，这样才能更好地在公众心目中树立企业良好形象。

(3) 在非链接处有相关广告信息，有自己的官方网站。

(4) 在第3页第4条出现负面信息。

(5) 中性信息与正面信息在第1页所占的比例是9∶0。

(6) 前5页与该品牌相链接的高频率的关键词是汽车报价。

【案例分析】

随着汽车行业发展的成熟和当前面临危机的背景下，绿色生产才是汽车企业的生存之道。

企业对外公关活动的开展要选择好的媒介活动主题，要紧贴企业发展理念，要关心自己的每一个员工，通过为员工提供良好的工作环境等来激发员工工作激情，为企业带来更好的效益。

(资料来源：根据爱卡汽车资料整理)

5.2 中国CI基础与实务

本节中国CI基础与实务主要介绍中国CI产生与发展的基础和中国CI操作应注意的问题。

5.2.1 中国CI产生与发展的基础

20世纪80年代末，CI开始被人关注，并且关注的范围极广。虽然这种关注并不准确和完整，但也值得关注。总结其受关注的原因有两点：①竞争激烈；②传播广泛。

首先，从竞争的角度看，中国市场的发展有4个阶段。

(1) 20世纪70年代末，中国改革开放以后进入市场竞争的第一个阶段，此阶段的竞争多数是价格的竞争。因为老百姓生活并不富裕，买东西希望买最便宜的东西。

(2) 20世纪80年代初，老百姓的生活开始逐渐富裕起来，并且逐渐明白一个道理：好货不便宜。于是，中国市场的竞争进入第二个阶段：质量竞争。这时候质量好，贵一点值得，同时，国外的产品普遍受人欢迎。

(3) 20世纪80年代末，中国的竞争逐渐激烈，很多产品的质量都很好，此时的竞争转向了品牌的竞争，当时有很多企业为了发展品牌做了很多的努力，这些企业到现在差不多都成为行业佼佼者。

(4) 20世纪90年代初期至今，中国企业竞争进入第四个阶段：淘汰竞争。从价格到质量、品牌再到淘汰，所谓淘汰竞争是以占有市场更多的份额来挤垮同行作为竞争目的的竞争。以20世纪90年代的国内电视机品牌大战为例，挑起这个竞争的企业之一是长虹。长虹从1996年上半年开始价格普遍下调，挑起一场电视机价格大战，长虹最高调价幅度高达18%，康佳紧跟而上，最高调价幅度高达20%。长虹高唱"太阳最红，长虹最亲"；康佳的口号是"谁能够升起，谁就是太阳"。这两家企业的调价，导致像TCL、熊猫这些厂家纷纷不得不加入竞争。这个竞争导致两个结果，一个结果是大量的、小型的电视机厂倒闭，另一个结果是这些厂家成为它们的配套企业，或者是转产别的行业，中国的品牌开始向大企业集中。显然，淘汰竞争的激烈程度和悲壮程度都是以往没有过的。

知识拓展

> 竞争的另一个方面是国外跨国公司的竞争。可口可乐、百事可乐进入中国，在全国有30多个灌装厂，到现在为止，还没有从美国拿过一分钱来扩大再生产。"水淹七军"，北京的北冰洋、上海的正广和、四川的天府可乐、沈阳的霸王寺、广州的亚洲汽水，统统被挤掉，目前，只有健力宝还在苦苦挣扎。健力宝的实力和它们的差距到底有多大呢？健力宝目前固定资产大概有十几亿人民币。可口可乐总裁讲过一句话："你们曾经说东方魔水，如果我可口可乐懒得看到你的话，我可以把你们几年生产的产品通通买下来，全部倒入太平洋，我不会眨一眨眼睛。"因此，中国企业家有一句行话，叫别给老外盯上，因为你干不过人家。P&G和日本的花王，两家公司进入中国，六大洗发水把中国所有的洗发精，全部挤向农村；奥妙、碧浪、太子、宝莹四大洗衣粉进入中国市场，中国年产5万吨以上的洗衣粉厂只坚持了一下，像活力28。活力28实在承担不起巨额的广告费，而搞新产品开发，但开发得也不是很成功，它开发的第二个产品是矿泉水，喝起来总感觉里面有泡泡，品牌延伸做得很失败。活力28明确表示，很可能会与别人合资或成为别人的加工厂。

由此可见，我国的企业家确实需要全面的谋划。怎么谋划？面对这样的市场竞争，CI是企业发展谋略的一个重要手段，并且要把握好对策，即"三三三制"。

(1) 第一个"三"是三个本，一个是成本，一个是人本，一个是资本。

第一是要参与竞争，一定要将成本降下来，在管理上下功夫。第二是人本要用好。正如有人说得好："当人发现第一罐金子以后，除了钱不是钱，什么都是钱。"当你经过原始积累之后，融资问题已不是问题，尤其是在中国，现在人才机制还没有完善，企业很难留住人才。第三是资本。企业光靠自身积累发展很慢，企业需要一个跳跃性的发展，这需要较雄厚的资本做后盾。

(2) 第二个"三"是权力、智力、潜力。就是企业能不能用好权力、智力，能不能挖掘潜力。

① 用好权力。所谓权力，就是要得到政府的支持，很多企业听到政企分开很高兴，这只对了一半，因为实质上权力是一种财富，中国企业如果不善于和政府搞好关系，不善于得到政府的支持，企业的发展肯定受到影响。亚洲四小龙之中，品牌培植最成功的就是韩国，韩国现代汽车的年产量180万台，比我国所有的产量还要高，它们培植的重要因素就是政府的支持。

② 能不能用好智力。国外有种说法就是资本在1 000万美金以上的企业，必须有外循环系统，就是要有外脑，要想办法得到专家，得到专业人士的指导。跟着感觉走非常危险，不如跟着科学走。与其付学费不如请专家。过河可以摸着石头过，但是现在下海了，摸着石头过海，肯定会被淹死，这个时候需要有导航系统。

③ 用好潜力。把企业的各种优势盘点清楚，将之用足用好。

(3) 第三个"三"就是名人、名牌、名企业。

企业一定要培育一大批名人。比如，SOHO中国集团的潘石屹、新东方英语的俞敏洪等这些商界著名的人物都是企业宝贵的财富。

企业培植名牌同时使企业成为著名的企业，只有这样才能在激烈的市场竞争中立于不败之地。

要把各种优势条件用起来，CI就是我们该用的优势之一。我们开什么研讨会，都喜欢突出它的作用。CI的确很有用，但是它不是万能的，只是企业发展中的辅助因素，是企业可供利用的重要资源之一。不相信CI是错误的，迷信CI同样也很危险。

过去，我们电视很少，报纸也很少，现在，世界开始步入一体化的趋势。美国人一天要看到1 500个广告，其中他只能注意到150个，记住15个。在高度的信息传播中能不能让别人尽快知道你，记住你，然后消费你的产品，对企业来说都是一个难题。

在这样的传播方式之下，如果不懂得按照CI的原则进行传播，你大量的广告就浪费掉了。现在打一个市场，拿几百万去打，如果不会打，几百万下去，可能一点反应都没有。中国现在大量的宣传就像炸鱼一样。现在这个时代，我们企业家确实需要考虑如何把信息传递到最前位，尽可能地减少浪费。CI就是在这样的氛围下产生的。

5.2.2 中国CI操作应注意的问题

CI在操作过程中，应该注意以下几个问题。

(1) 要考虑企业与CI专家体系的关系。实际上，CI的操作70%以上应该归功于企业，CI策划的投入和策划是有限的，但CI推广的价格非常高，这需要企业有足够的实力。中国建设银行CI的导入约200万，但是其推广准备花6亿元。

CI是两者合作的结晶体。因此，企业对CI的认识应该放在一个合适的位置上，如果企业期望把管理、经营全部交给CI去处理的话，这样必然是失败的。因为你对CI的期望不准确，CI是有用的，但不是万能的。尤其是当企业的产品质量不行，款式不行，整体和发展思路不对，这个时候用CI去救它，就非常困难。

作为专家来说，也是这样。是不是能够让更多的专家抱成团，改变仍然是似是而非、模棱两可的决策体系，告诉企业家，你去怎么做，而不是告诉他，这样做有这个优势，那样做有那个优势。

小贴士

> CI是企业与专家之间的强强联合，这一点特别需要强调。只有一个强大的专家体系，才有可能为企业服务好。中国的企业家不是傻瓜，尤其是现在成功的中国企业家，都是素质非常高的，都是见过很多风浪，对本行业是非常熟悉的。要为他们做参谋，如果不是一个智囊团体的话，那就会显得非常可笑。

(2) CI必须考虑到它的独特性，它是一种内在个性和外在包装的统一。CI表面看起来，可能是一个包装，但实际上它强调的是个性。

长期以来，我们并不强调个性，从做事到做人都强调共赢，希望强调服从群体，这个精神当然很重要，但是如果没有个性的话，人们就缺乏识别，因为我们塑造形象无非就是强调四个度：知名度、美誉度、定位度、忠诚度。这四个度的树立都是以企业个性为特点的。但是我们众多企业在企业个性上是做得不够的，个性系统很弱化，企业品牌个性保护也很弱化，如娃哈哈。娃哈哈开始开发这个品牌是成功的。名字好，前面两个产品开发极为成功，第一个叫"喝了娃哈哈，吃饭就是香"。做父母亲的知道给孩子喂食是很苦恼的事情，"喝了娃哈哈，吃饭就是香"，父母亲很欢迎；第二个产品，"香蕉苹果哈密瓜，芒果草莓水蜜桃，四季鲜果味，天天娃哈哈"。一个小女孩说："妈妈我要喝。"小孩子说："妈妈我想喝。"父母亲马上失去理性，两个产品成功了。但成功以后应该考虑这个品牌的个性，可以搞成中国儿童的第一品牌，甚至可以考虑和迪士尼抗衡，可以开发儿童服装、儿童玩具、儿童出版物。第三个产品是"八宝粥"，然后是"冰糖燕窝"，叫"冰糖燕窝好气派，送给你的丈母娘"。娃哈哈给丈母娘，就显得定位不是很准确。然后是"娃哈哈关帝白酒"，然后是"娃哈哈房地产开发公司"，这种品牌给人感觉似乎缺乏安全感。

因此，一个品牌保护，它有很多办法。比如麦当劳，我们都知道麦当劳是世界第一快餐，每隔15个小时就有一个新的麦当劳店产生。但是有谁知道麦当劳公司也是世界上最大的三大飞机制造公司之一。麦道公司就是麦当劳控股的，但是麦道飞机生产出厂的时候，绝不会把黄色"M"印上去，而是有意地将其形象与麦当劳快餐形象隔离开来。因此，个性化的色彩是CI的命根子。

(3) 一定不要把CI当作VI，广告界对CI前段时间颇有异议，几次广告研讨会的时候，很多的广告学家很愤怒地说，所谓CI，就是设计界的暴利。如果CI只做VI，它对企业的帮助并不很大。

现在，在我们很多企业考虑导入CI的时候已经在思考这方面的问题，这是一个好事，尤其是我们做CI的时候一定要考虑CI的根基，企业的整体发展规划、企业的内部管理、营销网络。否则光是一个视觉，光是一个公关广告的话，就带有很大的盲目性。

(4) 建立良好的权力机制很重要。目前中国的企业要出效益，最好的办法就是在管理上做文章，管理上确实存在着很多的问题，如内部管理关系理顺的问题，企业岗位设置问题等，企业发展的设计上，应当给全员最大的发展空间。目前企业人才短缺是一个普遍现象。企业不断膨胀，需要不断注入人才。而我们在CI操作过程中，往往忽视了这一点。

企业只有拥有良好的内部管理关系，才有可能有良好的运作和发展，CI方案才不会纸上谈兵。因此，CI操作必须从根源上来解决问题，这样的CI才更有生命力。

5.3 CI的导入

CI导入的具体操作包括导入CI的目的及计划方针、CI的三大支柱，以及拟定具体实施办法三大步骤。

5.3.1 导入CI的目的及计划方针

1. 导入CI的目的

企业导入CI的理由应客观地判断企业在社会、企业界、同行中的地位与状况，应以远大的眼光来审视以下问题：CI计划的导入、实施，可以解决哪些问题？解决之后，企业的发展方向如何？如果不导入CI企业会面临什么样的困难？只有对这些问题进行系统的分析，才能把CI计划导入企业的经营战略中。

2. CI的计划方针

企业为何推行CI的导入？时机有没有成熟？配合前面所提出的问题，策划者必须表述清楚，做出明确的判断。例如，在全公司推行CI，或者按照企业现状，配合产品的开发和市场的活动情况来推行CI，对于这些策划的重点，都应加以明确化。

5.3.2 CI的三大支柱

确立并明确企业的主体性、塑造良好而值得信赖的形象、统一企业识别表现，并使之标准化。三者相辅相成，塑造企业独特的作风和形象，称为CI运行的三大支柱。

1. 确立并明确企业的主体性

"主体性"主要是指企业的统一性，或者自我的一致性，即把自我和其他企业区别清楚，并保持一贯的自我主张。如果企业名称未能表现出企业的特性，那就缺乏"统一性"，亦即自我不一致。因此，统一性是CI运作的重要表现。通常把企业的主体性划分为两大系统，即思想系统和识别系统。

(1) 思想系统，即企业依据何种观念来进行作业。思想系统包括企业使命、经营理念、行动基准、活动领域。企业使命是企业依据何种社会使命而进行活动的基本原理；经营理念是企业依据何种思想来经营的基本政策或价值观念；行为基准是企业内部员工以何种心理与状态采取何种行动的准则；活动领域则是指企业在何种技术范围活动或在何种商品领域活动。为了确立企业的主体性，必须明确地处理这些理念项目，如果有必要，则必须重新构筑。

(2) 识别系统相当于企业的第一人称用语，表现为企业的名称、标志。如果企业的名称拗口难念，不易被人接受；如果企业名称不适合在国外通用，对企业本身的发展相当不利；如果企业的标志所表达的含义无法得到社会公众的认同，或者标志设计传达的含义与企业的服务理念、商品相去甚远的话，也会产生不良后果。CI的真正作用就在于确立并明确企业的主体性，以保持企业识别的稳定性与持久性。

2. 塑造良好的形象

CI运行的第2大支柱就是塑造良好而值得信赖的企业形象。什么是形象？形象就是公众对企业所具有的情感或意志的总和。它是公众行动的基础，以及潜在的企业资产。无论什么企业，如果能够塑造良好的形象，就可以博得社会公众的好感，就能够顺利地开展工作，就能够比他人更容易获得较高的评价。当企业遇到问题或麻烦时，还可以获得更多的同情、理解和支持，而且能够在激烈的竞争中以形象取胜。因而，塑造理想的企业形象是CI战略重要的组成部分。

5.3.3 拟定具体实施办法

在实施方案中必须包括导入的日期、有关的机构或组织、完成期限和预定完成的内容、具体的行动方式等，以切实指导企业导入CI工程。CI的导入一般应通过以下步骤。

1. 前期调查研究

前期调查研究，主要目的是掌握组织的真实形象。为此，它首先提出这样的问题："我们所处的是什么样的环境？"在制订一项企业形象计划以前，弄清企业在公众中的形象是必需的。"企业在公众中具有什么形象"是制订一切形象战略计划的基本依据。简而言之，调查研究是"企业形象问题"的客观化。对目前的形象问题进行调查研究之后的第一个成果，应是一份报告，它概括了已了解到的形象问题的所有情况。调查研究的内容包括以下内容。

(1) 企业形象，包括企业的知名度、信誉，主要指外部公众对企业的认知和态度。
(2) 与企业经营相关的一系列数字、图表。
(3) 企业发展的机遇和障碍。

报告应详细回答下面几个问题：产生企业与公众之间利害关系的原因是什么？这是一个什么地方的问题？这是一个什么时间的问题？谁被卷入或谁受到影响？他们是怎样被卷入的或怎样受影响的？报告还应对企业的环境进行深入分析，包括内部环境分析和外部环境分析两个方面。

2. 制定计划方案

经过调查分析，问题确定以后，形象策略的第二步就是要制定计划方案，即树立什么样的企业形象。这一部分是在评估分析的基础上，确认活动目标及实施方案。方案要回答的问题主要包括以下几个方面。

1) 明确企业形象策略的活动目标

明确企业形象策略的活动目标，要求企业形象目标与企业整体目标一致。企业在制订计划时应做通盘考虑，周密安排，使该项计划不但有助于实现企业经营的整体目标，而且有助于树立企业在公众心目中的形象。同时，此目标还必须符合社会公众的利益，避免企业利益与社会公众利益的冲突。形象战略活动目标应尽可能具体。为了达到在公众与企业之间的沟通，实现"改善企业形象"这一总体目标，要有具体的、实际的步骤。应从需要立即实施的目标开始，逐步过渡到近期及长期目标。每一目标都应有具体、规定性指标和定量指标，以及完成目标的期限。

2) 确定形象战略活动的对象

企业的公众范围很广，形象战略活动必须准确地决定能够与哪一类公众有效地沟通，即必须确定形象战略活动的目标公众或对象公众。

3) 选择正确的形象策略

所谓形象策略，指的是实施预定的形象活动时所需的技巧，形象策略主要内容应有以下几个方面。

(1) 搜集目标公众的需求、目的和接受能力，主要包括目标公众是何种人组成的，居住在什么地方，谁是他们中的主要角色，他们习惯于阅读哪些刊物，喜欢些什么电视广播节目等。

(2) 运用系统方法对上述情报进行分析，反复评价。

(3) 为目标公众选择适宜的传播工具。有些人喜欢创新，有些人喜欢传统，各种类型人的口味都不一样，这就要求企业成员工作具有高度的灵活性和创造性。

(4) 为形象战略活动选择适当时机。

3. 具体实施

具体实施是把形象计划变成现实的过程。在这一过程中要遵循几个原则。

(1) 目标导向的原则，是指在形象活动计划实施中，保证实施活动不偏离计划目标的原则。目标导向原则又被称为目标控制原则。控制过程就是实施人员利用目标对整个实施活动进行引导、制约、促进，以把握实施活动的进程和方向。

(2) 加强检查与监测，及时调整。坚持计划所规定的目标及实现目标的基本步骤，并不等于死抱住计划不放，无视客观环境的变化。在计划实施过程中，要对实施情况进行严格性的检查，并对客观环境的变化进行科学的不间断监测。如果发现计划确实存在问题，而且问题也较具体，就应当及时予以修正和调节，使整个计划的实施过程受到良好的控制，更好地实现形象战略目标。

(3) 正确选择时机。任何方案的实施都受到一定时间的制约，正确选择时机开展是成功的必要条件。忽视时机这一因素，常常会导致计划实施的失败。

5.4 CI的设计与开发要点

本节主要介绍CI设计与开发的要点，具体包括制作设计开发委托书、设计开发要领、拟定标志设计概念和草图、标志设计展现、设计测试方案等内容。

5.4.1 企业设计要素的种类

在CI开发计划上，首先从企业的第一识别要素上着手，也就是以基本要素的开发为先。

其各自的定义及考虑的要点如下。

1. 企业标志

企业标志是CI设计中首先要考虑的问题，通常是指公司的标章、企业标志、商品上的商标图样、代表企业全体的企业标志、抽象性的企业标志、具体性的标志、字体标志等方面。

2. 企业名称标准字

企业名称标准字通常是指公司的正式名称，以中文及英文两种文字定名。企业名称标准字依企业的使用场合来决定略称和通称的命名方式，以全名表示，或者省略"股份有限公司""有限公司"的情况亦可。

3. 品牌标准字

品牌标准字是指足以代表本公司产品的字体，同企业标准字一样，原则上是以中文及英文两种来设定。

4. 企业的标准色

企业的标准色是用来象征公司的指定色彩，通常采用1～3种色彩，借以传达公司的企业文化及特色。

5. 企业标语

企业标语是指对外宣传公司的特长、业务、思想等要点的短句。企业标语与公司名称标准字、企业品牌标准字等附带组合活用的情况也很多。

6. 专用字体

专用字体是公司所主要使用的文字(中文、英文)、数字等专用字体。在选定创作的专用字体时，应规定作为主要品牌、商品群、公司名称及对内对外宣传、广告的文字。例如，选择主要广告和SP等对外印刷情报所使用的字体，作为宣传用的字体。

5.4.2 基本的设计体系

CI的企业标准通常如以下所设定的标志系统，或者是设计系统。因此，必须确定基本的设计要素，谋求视觉设计形象的统一及标准化。

(1) 标志的形式。首先，标志的形式应以企业标志和基本设计要素两者合并组合，产生变化来使用。通常规定范围以外标志的展开运用，是不被承认的。其次，通常所谓的标准原型是固定的、不变的；轮廓、线条等须扩大缩小的情况设定要完善。

(2) 标志和公司名称。按照大部分的商业规定(标志和公司名称法定表现方式大都采用略称的方式)，大多数企业标志和公司名称均采用组合的用法。

(3) 标志和标语。规定标志及标语的组合用法。

(4) 标志、公司名称和标语。该部分多采用组合用法。例如，企业标志和公司名称、标语的组合用法，或者规定多种企业标准字共用的形式的组合状况。

(5) 标志用法的审定叙述。其中包括企业标志和其他要素的应用规定，以及不进行规定以外的使用状况。

(6) 标准色使用系统。使用系统中应该规定主要的企业标志和标准字的企业标准色运用情况，规定其他企业标准色的运用方法，以及不采用指定之外的色彩要素的应用。

(7) 规定专用字体的应用方法。

(8) 标志、公司名称、地址的识别系统。规定企业标志、公司名称(法定的识别)及公司地址的组合用法。

(9) 公司名称和公司所在地的识别系统。首先，应规定公司名称(法定的识别方法及公司所在地的组合用法)；其次，亦可将企业标志的组合规定穿插于其间；最后，以另一方法来识别公司所在地是必要的。

(10) 其他的识别规定。①根据企业的特性、标志及名称等的特性来设定必要的规定；②印刷、版面的设计、尺寸、形式的规定；③规定其他的要素使用方法。

5.4.3 企业的应用设计系统

以企业的标准而言，区分设计系统及品牌应用设计，并将企业的标志物作为运用最优先考虑对象，如下面几类。

1. 公司章类

(1) 公司全体人员使用的徽章、名片。
(2) 公司的旗帜。

2. 文具类

(1) 公司使用的文件、信封及便条等。
(2) 其他文具类。
(3) 账票样式类，公司统一使用的事务用账票样式。
(4) 车辆、运输工具，公司共同使用的车辆、交通工具、运输工具。
(5) 服装公司人员的制服。

> **知识拓展**
>
> **CI参考用项目明细**
>
> (1) 基本设计要素：公司名称标准字、企业造型、企业标志、专用字体、商品名称标准字、共同的制服。
>
> (2) 公司证件类：徽章、公司旗帜、臂章、名片、名牌、公司专用笔记本、识别证。
>
> (3) 文具类：主管专用便条纸、一般表格用信封、传达消息专用纸、航空用表格类邮件、公司专用便条纸、备忘录便条纸、业务用原稿用纸、文件类送给单、各种商谈专用便条纸、邮用信封、人名信封、固定信封、公司专用袋、申请表用信封、介绍信用纸、航空信封、其他用途的文具、小型信封。

(4) 对外账票类：订单、确认书、明细表、估价单、账单、委托单类、各类申请表、送货单、票据、支票簿、各种事务用账票、收据、契约书类。

(5) 商号类：公司名称招牌、各种标示板、建筑物外观、招牌、百叶窗指示板、室外照明、霓虹灯、各种照明设备、路标招牌、入口指示、室内参观指示、指示用的各种商标、指示牌、纪念性建筑物、橱窗展示、建筑物外观标准等。

(6) 交通工具外观识别：业务用车、载运用车、叉车、吉普车、特殊车辆宣传广告用车等。

(7) POP类：广告宣传单、展示会中各摊位的参观指示、商品目录、业务明细表、销售促销企划书、提案表、PR(公关)、杂志、广告海报等促销宣传物等。

(8) 大众传播广告方式：一般报纸广告、一般杂志广告等。

(9) 商品及包装类：商品包装、包装用的封缄、粘贴商标、胶带、包装箱、木箱、小箱等专用的包装材料的包装标准、各种通知书、各种商品容器(本体、瓶盖)、各种包装纸、各种商品标签、外观(如真空成型套、各种徽章等)。

(10) 制服、服装：男性制服(夏季、冬季)、臂章、女性制服安全盔、工作帽、男性工作服领结、手帕、女性工作服、领带别针、有公司标志的外套、伞等。

5.4.4 关于品牌设计要素及企业识别

一般而言，公司商品的信息传递(广告、促销、招牌、包装等)是指品牌对外的传达情报。而品牌传达的情报设计系统又划分为基本及应用要素两种。与品牌有关的设计要素，也与企业的设计要素相同，都把应用广的概念列为优先。以下是以企业为准的规定。

(1) 品牌标志。
(2) 品牌名称标准字。
(3) 品牌标准字。
(4) 品牌标语。
(5) 品牌造型。
(6) 其他附加的品牌要素。

此外，标志、标准字或设计体系与品牌类别的关系，可依下列参考。

(1) 企业标志和品牌标志的标志及标准字体的组合。
(2) 企业标志和品牌标准字的组合。
(3) 品牌的项目彼此间的标志、标准字体的组合。

5.4.5 公司全体的识别系统

识别是指法定的、企业的品牌部分。统一的品牌(代表品牌)、主要品牌及个别品牌的识别要素定义及次序经由这个作业程序做成总概念的报告书记录下来，然后再经过命名的程序阶段，融贯整理作为设计开发的前置作业。

前置作业包括以下几个方面。

(1) 法定的识别。法定的识别其中包括公司的正式名称、中文及英文名称，要以全名识别并且附带标志识别。

(2) 企业传达识别。其中公司名称的传达识别，一般将"有限公司"的称谓删除，或者是企业的LOGO。

(3) 代表品牌的识别。该种识别要足以代表公司全体的代表性品牌。

(4) 主要品牌或商品群识别。例如，主要品牌及足以代表营业部门、商品群的识别。

(5) 该企业的个别品牌识别及通常固定使用的标准字。

(6) 该企业的产品名称，所附带说明的品种、等级、规格识别等。

知识拓展

> 品牌的识别要素包括法定的识别、企业传达识别、代表品牌识别、主要品牌识别、个别品牌识别、产品名称。

5.4.6 CI设计开发的程序

CI设计开发程序如下。

(1) 制作"设计开发委托书"。在委托设计者或设计公司时，为了要明确传达CI设计开发目标、主旨、要点时，必须制作一份委托书。

(2) 对设计开发要领进行说明并依调查结果定立新方针。在程序中需要谨记两点，首先，将以前所做的调查结果，以及研究过程中所整理出的必要情报，都要提供给设计者参考。其次，从调查资料中，无法感受到该家公司的风气、办公室气氛，也无法体验了解商品的制造过程及流通过程等，因此，设计者有必要到现场实地拜访和参观体验。

(3) 对标志要素概念及草图进行探讨。首先，要根据"设计开发委托书"的基本条件进行探讨并拟定标志设计概念。其次，再从构想出来的多数设计方案中，挑选几个有代表性的标志草图。

(4) 标志设计案的展现。首先，选定有代表性的标志设计方案，然后再制作出能够反映设计方案的应用效果资料。其次，选用基本的标志、标准字的设计标准，以及主要的企业体内应用项目范围案例来制作广告计划书。

(5) 选择设计案，并进行设计案测试。当广告主无法直接决定采用哪一个作品才能完美表达时，或者想要确认设计案的效果，都可以进行测试。并且，挑选外界主要的关系者及相关的设计者，举行设计案测试。同时，也对公司内部职员进行意见调查。做测试时，所谓的外界主要关系者，是指消费者或交易对象等公司的主要信息传递对象。挑选调查采样对象，测试关系者对其设计方面的回答，因为一般状况偏于保守，故需特别留意。相关设计者是指平面设计的设计人员，根据审查而选定在造型性、美的价值的反映上相当良好的作品。此外还应注意，参考测试后的结果，从入选的作品中决定出优良的作品而予以采用。

(6) 标志设计要素精致化。经过上述程序选定的设计案，尚且处在构思草图的阶段，因此，必须更进一步将此草图精致化。标志要素设计的精致化，通常包含比例的精致化、造型上的润饰，重新展开识别系统中，标志、标准字的设计检查；设计系统的探讨；标志在应用上最大、最小状况的核对；应用素材间朴素关系的检查，以利于开发视觉效果更佳的设计。

(7) 展现基本要素和系统的提案。其中包括其他设计要素的开发可与标志要素精致化同时进行，或者是等精致化后再来设计开发，以及将标志要素与其他基本设计要素间的关系及要素的用法制定完成，并提出企划案。

(8) 基本设计系统的构筑/基本设计手册的编辑。其中包括根据上面检查结果所做的基本修正、基本设计系统以"基本设计手册"的方式编辑，这种基本设计手册是将来设计开发作业的基础过程，因此，有必要在最初阶段就完成，最好是能够同时利用多数设计部门来配合。

(9) 企业标准应用系统项目的提案。①应对有代表性的企业标准应用系统项目的提案进行开发设计。②企业的标准应用项目因公司不同而各异，分为名片、文具类、公司的招牌及事务用票种类等。此外，预先开发这些应用设计时，确认这些项目的必要记载要领很重要。有关必要记载要领则由企业单位的批示书来表示，相互确认其内容后再开始作业。③根据企业识别系统，有必要在此阶段建立应用设计系统提案的开发，以及做出决定。

(10) 一般应用项目的设计开发。除了上述阶段所开发设计的项目之外，也应按照开发应用计划，来进行一般的应用设计项目设计开发。在应用设计开发上，必须依据指示书上记载的项目进行事项注意确认。

(11) 进行测试、打样。在设计的进行阶段中，特别是看起来没有问题，但实际上新设计若用于印刷品或立体物品上，将会产生素材、场所、位置、背景等关系的再现性、确认性及识别性等问题，如此一来便不得不将新计划、设计重新修改，尤其是立体物或成型识别，问题一旦发生其风险就会变大，为避免项目发生风险问题，衡量制作数量的多寡等。一件高成本的商业项目，更需要进行打样，以确认其识别效果。

(12) 开始新设计的应用。根据新的设计，做出基本的实际制作物。

(13) 应用设计手册的编辑。将应用设计系统，或者应用设计的雏形编辑成册的样式，有助于将来的设计管理工作。

5.4.7 设计开发委托书的制作

依照指名委托方式，指定担任的设计师进行设计开发时，必须要预先表明委托内容及应该发表的重点，这部分是企业界和设计师间须确认的契约条件。因此，归纳整理出如下的"CI设计开发委托书"要领。

(1) CI的设计开发目标。该部分应该详细记录以下要领。①记述该公司为何要以CI做开发的对象，并阐明其背景、理由；②记述该如何解决CI设计开发过程中所发生的问题；③记述该设计开发计划在公司的CI计划中所占的位置，并按照需要来叙述与其他计划和战略间的关系。

(2) 事前调查结果的概要。该部分委托书的制作有铺垫的作用，其中包括以下几方面的内容。①记述有关调查的目标及实施经过；②调查结果中主要部分"该公司以前的形象及其他的问题点"的说明；③详细说明该公司的有关调查结果中设计部分的评价；④记述该公司以前的设计系统及识别系统的问题点；⑤详述该公司擅长项目方面的特性。

(3) CI总概念的确定。该部分应该经过CI委员会、高级主管委员会对调查结果的讲座，确定CI的总概念。

(4) 确定公司的基本识别系统、基本整体概念，明确说明该公司的新识别系统。

(5) 明确设计开发中应有的基本设计要素，并详细记述其必要条件，以及叙述各设计要素间的相互关系。

(6) 确定基本要素的设计标准，包括以下几点。①提示关于基本的设计要素的设计标准方面应具备的条件。一般而言，是把设计标准分成"形象标准"和"机能标准"两种来记述。②在"形象标准"中，关于主要要素应具备的形象因素，以暗示性的形态设计方式表示。此表现要适切、简洁。③在"机能标准"中，对于主要要素所应具备的功能条件，要能具体地表示出来。例如，能使人产生深刻印象的强力媒体、规格及应用效果等。

(7) 提出设计开发范围方面的参考。①提出标志要素计划，并依照需要来指定"抽象标志草案""字体标志草案"的条件，就能指定提出的数量和形态。②确定标志要素的基本形态及其他基本设计要素。关于标志要素及其他设计要素方面的基本型，首先须以黑白稿的设计来表示，也可以提出其他适用的色彩来表现。③提出设计系统，即通常基本的标志、标准字是以黑白稿或彩色表现；草图的简单诉求，以接近完成阶段的方式呈现，或者是以最初在委托时所要求的指定方式来表现。④主要应用设计，预先提出设计草图，然后利用原先所指定的规格来归纳整理；管理新设计样本进行及指导印刷、制作业者是设计者的管理责任范围。

5.5 CI策划案例

5.5.1 中国移动通信集团公司CI策划

中国移动通信集团公司(简称中国移动通信)于2000年4月20日成立，中国移动通信主要经营移动话音、数据、IP电话和多媒体业务，并具有计算机互联网国际联网单位经营权和国际出入口局业务经营权。除提供基本话音业务以外，还提供传真、数据IP电话等多种增值业务，经过十多年的建设和发展，中国移动通信已建成一个覆盖范围广、通信质量高、业务品种丰富、服务水平一流的移动通信网络。网络规模和客户规模列居全球第一。

1. 理念识别(MI)

理念识别是企业的内在定位，是企业在长期的运行过程中形成的并为员工所认同和接受的独特的价值观念和经营观念。

(1) 公司经营宗旨："诚信服务、永续经营"。中国移动"走出去"的方针是"大胆探索，谨慎决策"，即既要积极实施"走出去"战略，同时又要谨慎决策，避免投资风险及国有资产流失。中国移动"走出去"的战略定位是"输出优势"和"拓增价值"。

(2) 坚持持续创造价值的价值观，使中国移动通信能够把长期利益和短期利益相结合，把企业的价值创造和社会的利益增加相结合，关注于持续性的服务能力和价值创造能力，从而与社会共同成长,成为社会各界永远可以信赖和依靠的伙伴,使企业的价值得到不断提升。

(3)"创无限通信世界,做信息社会栋梁"包含了中国移动通信员工对过去和现在的认识,以及对未来的期望和判断,揭示了企业成长的基本原则和思路。

2. 行为识别(BI)

行为识别是企业整体形象识别系统,它规范企业内部的组织、管理、教育,以及对社会的一切活动,因而是企业理念的具体化和系统化。BI是CI的动态识别系统,是CI战略的执行面。

(1) 中国移动展开大规模3G员工培训。
(2) 中国移动为其员工创造一个好的工作环境。
(3) 中国移动公司为了吸引潜在客户,留住旧客户,经常搞促销活动。
(4) 中国移动每年都有公益活动。例如,开展"回收手机旧电池的活动",开展"农村青年中心中国移动支援计划"。

3. 视觉识别(VI)

视觉识别是企业运用视觉传达整体形象设计的方法。采用直观设计上的差别化将企业的经营理念和战略目标充分表达出来,它是CI构成中的静态识别系统。

(1) 企业标志。标志由上下两个首尾连接着的M组成,突出Mobile的公司宗旨。
(2) 中国移动拥有"全球通""动感地带""神州行"等著名客户品牌。
(3) 中国移动口号"我能"。

【案例分析】

中国移动企业文化理念体系由核心价值观、使命、愿景三部分构成。核心价值观阐述了"我们是谁,我们的信仰是什么",反映了企业及其每一个成员共同的价值追求、价值评价标准和所崇尚的精神;使命表达了"我们的事业是什么",其内涵表达了企业存在的根本目的和原因;愿景说明了"我们的目标是什么",是企业在一定阶段内期望达到的战略目标和发展蓝图;核心价值观是企业文化理念体系的核心,是形成使命、愿景的根本动力和精神源泉,是选择使命、愿景的决定性因素;而使命、愿景是核心价值观在企业发展领域的价值追求的具体体现,是核心价值观在企业活动中的承载和表现。

(资料来源:根据中国广告网资料整理)

5.5.2 花旗银行CI策划

1. 企业标志分析

花旗银行的原标志巧妙地使用了"T",其形状像一把伞,显得平易近人。以往标志中的指南针被认为给人以信心,而视觉感极强的红色的伞醒目易记,意义深远,如图5-3所示。这与花旗银行的关心消费者、平和处事的经营理念相符合,平易近人的标志设计与花旗银行的企业经营理念密切相关。

如今的标志可以说是智慧之作,它通过在"citi"四个字母的中间画一个红色弧线很好地把"红色小雨伞"与citi完美结合。蓝色也代表了对百年花旗的延续。通过花旗的LOGO演变史，我们可以看出这个LOGO对于花旗历史传承和未来发展的完美展现。

图5-3 花旗银行LOGO的演变过程

2. 企业理念识别系统

(1) 企业价值观：提高服务质量，以客户为中心。

(2) 企业文化：以人为本，客户至上，寻求创新。人力资源政策是"事业留人、待遇留人、感情留人"，创造一种亲情化企业氛围，让员工与企业同步成长，让员工在花旗有"成就感""家园感"。花旗银行把提高服务质量和以客户为中心作为银行的长期策略，不断创新体制。

(3) 企业发展战略：奉行不断开拓创新。花旗银行不断与时俱进，进行人力机制创新、经营管理模式创新等。

3. 企业行为识别系统分析

1) 对外公关活动

在从事公共关系上，美国花旗银行的做法可以说是别具一格。花旗银行主管国际事务的主任柯普乐雄兹认为，花旗应该寻找更好的赞助渠道，让顾客、政府官员和社会大众更了解花旗的企业文化，于是从20世纪70年代开始，花旗就长期以经费赞助纽约爱乐管弦乐团，巡回到世界各地演出。而纽约爱乐所到之处，不但为花旗建立广泛的友谊关系，其企业形象更获肯定，同时也为其定位为"本土化银行"的营运策略及消费金融业务发展奠定基础。

2) 对内员工培训体系

(1) 新员工导入：每一名新员工进入公司前，花旗都事先为新员工准备好办公计算机、文具、电话，设置好密码、电子信箱等，并在第一天为新员工介绍所有其他部门，带员工熟悉公司的环境，通过各种导入活动让每一名员工感受到花旗大家庭的温情与和谐。同时，要求新员工必须参加一个为期2～3天的花旗质量管理培训，其目的是让每一名花旗员工明白客户满意度的重要性。

(2) 常规培训：包括在岗与课程培训。

(3) 海外培训：花旗集团在菲律宾的马尼拉设有亚太区金融管理学院，花旗中国也会选择优秀的员工，派遣他们去参加综合的培训，参加2周到1个月不等的海外培训。

4. 其他相关网页信息

(1) 共76页相关信息，约900 000条结果。
(2) 第1页第1条链接是花旗银行中国网站。
(3) 在非链接处没有相关广告信息，有自己的官方网站。
(4) 在第5页第2条出现负面信息。
(5) 中性信息与负面信息在第一页的比例是8∶1。
(6) 前5页中与该品牌相链接的高频率关键词是金融业务、工资待遇。

【案例分析】

中国金融业长期以来缺乏的就是知名的服务品牌，金融服务过于同质化，知识产权一片贫乏。借鉴花旗银行发展经验，实施全新的以品牌为载体的客户导向战略非常迫切。

针对花旗银行对人才重视的启示，我国在加入WTO后，最为关键和最为迫切的是要更新人力资源理念，改革人力机制，一方面要营造优厚政策环境吸纳优秀人才，引进国际"外援"人才，另一方面要努力提炼金融企业的核心价值观，让"为企业献身的精神"成为行为主体的价值观。积极推行"以激励机制为核心"的职业经理人制度、员工薪酬市场化制度与持股制度，以及积极的期权制度。

(资料来源：根据百度文库资料整理)

5.5.3 《南方周末》CI策划

《南方周末》由南方报业传媒集团主办，创刊于1984年2月11日，以"反映社会，服务改革，贴近生活，激浊扬清"为特色；以"关注民生，彰显爱心，维护正义，坚守良知"为己任；将思想性、知识性和趣味性融为一体，寓思想教育于谈天说地之中。

"公正无畏、言人之不敢言"，这是《南方周末》留在人们心中的形象。在今天的中国传媒界，《南方周末》已然成为一种符号，一种象征。

1998年，《南方周末》率先成立品牌工作室，把CI理念导入报纸经营当中来，堪称中国报业品牌建设的先行者。

1. CI理念之VI

报名标志是采用手写体，通过集字的办法，从鲁迅手稿中选出，如图5-4所示。

报纸的版面设计简洁、干净、工整有序；版面多是头重脚轻，采用大图小文的排版风格；对于大图广告的选择十分谨慎，选择的广告多为1/2版或者整版刊印，显得大气整洁。2002年《南方周末》正式启用国际通行的"黄金报型"，使报纸更美观、更科学、更易读，在任何环境下都可以舒展阅读，如图5-5所示。

图5-4 《南方周末》LOGO

图5-5 《南方周末》某期封面

2. CI理念之MI

基本理念：正义、良知、爱心、理性。

办报宗旨：在这里，读懂中国。

报纸特色：注重用深度报道阐释办报理念，用犀利的言辞和独特的角度来剖析社会现象。

宣传形式：一是形形色色的宣传册，二是随报发表的各类献词、致辞，如新年祝词、年终特刊等。第二类形式最能体现《南方周末》的特色，它们大都从感性的角度来阐释办报理念，梳理报纸内在形象，拉近与读者的距离。

3. CI理念之BI

内容为王：坚持认稿不认人、认报不认钱，把社会利益放在第一位，把读者利益放在第二位。

营销战略："三个轮子"(编辑部、发行部、广告部)互动的整合营销传播战略。编辑部创造潜在的社会效益；发行部将编辑部创造的潜在社会效益转化为现实社会效益；广告部将编辑部和发行部创造的社会效益转化为经济效益。

品牌管理：成立品牌工作室，专门负责报纸的品牌塑造和推广。

品牌体验：设置"主编信箱"和"有错即改"。

公益活动：捐献希望小学、燃烛行动、"为中国找水"等。

社会公关：《南方周末》文化论坛、《南方周末》中国梦、中国企业社会责任评选等。

【案例分析】

《南方周末》的文章到处都体现了人类最新的、最根本的价值观念，语言颇有特色，无矫揉造作之风。作者多半是国内颇具思想性、前沿性的高级作者们，以及受外国教育影响的精英。《南方周末》的CI策划不仅做到了一个媒体的职业素养，还做到企业对社会的贡献，从媒体的本身做到媒体应该履行的责任，也做到了企业应该履行的责任。

(资料来源：根据中国广告网资料整理)

企业经营理念的确立是企业CI战略计划的基础。不同的企业在经营理念上有不同的侧重点，有些企业侧重于企业内部文化的建设，而有些则偏重于企业外部形象的塑造，如顾客至上、服务社会等。IBM几十年一直是以服务的高度责任感为理念取信于广大客户；麦克唐纳公司也以"质量超群、服务优良、清洁、货真价实"的服务宗旨而著称于世。经营理念的确立是建立在对企业内部、外部综合分析的基础之上的。通过调查与分析，可以明确企业在市场中、社会中所处的地位与存在的价值，可以明确企业发展的方向与今后的使命。

1. 请以CI角度评价你所在的学校。

2．浅析策划能力中的审美能力。

1．内容：为某大型食品公司从CI的基本因素上进行企业的形象识别。
2．要求：有显著的形象特点、格式统一。
3．目标：掌握CI策划，提高CI策划能力。

第6章

广告创意概论

- 了解广告创意的概念,知道广告创意的地位和作用。
- 掌握广告创意的特征和广告创意的思维。

创意　广告创意　抽象思维　形象思维　顺向思维　逆向思维　发散思维　聚合思维

引导案例

麦当劳的广告创意

创意广告是公共关系广告的一种形式,它以企业的名义发起、组织各种社会活动,并利用这种公关活动,创造出有利于社会进步、有利于企业发展、有利于产品销售的新观念,以此为主题进行广告宣传。

如图6-1所示是瑞典斯德哥尔摩一家广告公司为麦当劳(McDonald's)做的一个互动广告创意,在麦当劳店面外设置一个互动卖点图像,看起来是一个拼图游戏,拼出完整人像者仅用1欧元就能买到麦当劳的大咖啡一杯,这是一个促销创意。

图6-1　麦当劳广告——拼图

如图6-2所示是瑞士一间TBWA的广告公司为McDonald's设计的广告,厉害之处在于斑马线上的红色薯条袋,上面一个大大的黄M,一根根黄色的斑马线就像插在袋子里的薯条一样,经过的人无法不被这个形象的、色彩反差大的广告吸引,总之,你想不看都不行。

图6-2　麦当劳广告——斑马线

如图6-3所示是一则在温哥华马路边的麦当劳创意广告，广告重点想表明的是去麦当劳可以得到免费咖啡，这个消息已经非常惊人，而且还做起了这样一则非常有创意的广告牌，看起来这是一盏路灯，下面的底座是一个宏大的咖啡杯，上面有一个装满咖啡的水壶正在向下面的咖啡杯倒咖啡，将这两者连在一起的当然就是咖啡了。过路的行人无不抬头观赏这一则路边的广告牌。

图6-3　麦当劳广告——咖啡

由于每个餐馆都有自己的关闭休息时间，我们觉得这是一个传达麦当劳24小时服务的好机会。如图6-4所示，麦当劳将24小时服务的店面形象印在各种餐厅的卷帘门上。当门被拉低后，路人都会看到一个麦当劳24小时服务的形象。

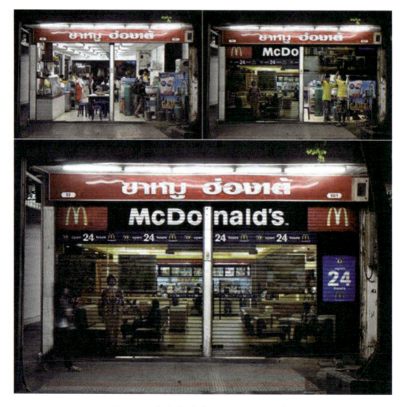

图6-4　麦当劳广告——24小时服务

【案例分析】

麦当劳公司在营销时使用了它全球统一的品牌名称和品牌形象。麦当劳通过其产品、分布在全球的训练有素的员工、人物偶像及游乐场、麦当劳店的实体设施、口碑、广告展示着麦当劳的品牌形象，也就在顾客的脑海中形成对麦当劳的产品和服务的印象，那就是高品质的产品、方便快捷的服务、清洁温馨的进餐环境与氛围，同时也就打造出了高品质的品牌影响力，实现了品牌的增值。

(资料来源：根据中国设计网资料整理)

6.1　广告创意概念

创意是广告的灵魂，是"将广告赋予精神和生命"的活动。广告创意是广告设计者对广告活动进行的创造性的思维活动，通过广告的主题、内容、表现形式、制作手段来表达想法的过程。

6.1.1 创意

"创意"这个词最早是出现在汉·王充《论衡·超奇》中,意思是"创出新意",也指所创出的新意或意境。于是"创意"这个词在一些语汇中得到了广泛的应用,成为一个非常常用的词汇。例如,"文化创意""创意家居""创意经济"等词汇是我们经常能看到的,"创意"也是现在十分流行的词汇用语。

创意有着双层含义,动态含义指的是对某项工作进行有创造性的、有创造力的思维活动;静态含义可以认为是具有新意的、独特的、与众不同的思想、概念、主意、计划、打算等。如图6-5所示是泰国某保姆母乳储存袋的广告,广告词是"每个人都可以当妈妈",这一系列的广告运用夸张的修辞手法,形象的动作中暗藏智慧,给人留下了深刻的印象,易引起消费者的共鸣,并伴有出奇制胜的传播效果。"创意"这个词汇在广告行业里似乎正被广泛运用,在广告不断发展和竞争的今天,"创意"也几乎成为评判一则广告成功与否的标准。

图6-5　泰国某保姆母乳储存袋广告(摘自:中国设计网)

6.1.2 广告创意

所谓广告创意,可以理解为针对广告的创造性思维活动,一般包括相互联系的6个环节,即广告调查、广告策划、广告创意、广告制作、媒体投放、效果评估。

1. 广告创意的内涵

创意,从字面上理解,是"创造意象之意",从这一层面进行挖掘,广告创意是介于广告策划与广告表现制作之间的艺术构思活动,即根据广告主题,经过精心思考和策划,运用艺术手段,把所掌握的材料进行创造性的组合,以塑造一个意象的过程。

2. 广告创意的前提

广告定位是广告创意的前提,广告定位先于广告创意,广告创意是广告定位的表现。广告定位所要解决的是"做什么",而广告创意要解决的是"怎么做",只有确定了"做什么",才能发挥好"怎么做"。由此可见,广告定位是广告创意的开始,是广告创意活动的前提。

广告定位的明确与否直接影响整个策划的最终成败,它是最能体现策划者的策划水平和策划能力的关键环节。广告定位的目的,就是要在广告宣传中为企业和产品创造、培养一定的特色,树立独特的市场形象,从而满足目标消费者的某种需要和偏爱,为促进企业产品销售服务。

3. 广告定位的考虑因素

广告定位的考虑因素主要包括以下几个方面。

(1) 产品的创新,如果能被用作产品的定位和差异化,那么,这种创新的市场价值就特别大,它不仅为消费者提供了新的利益,同时它还是一件克敌制胜的营销武器。

(2) 商品同质化严重,当然显而易见的、重要的差异点都被说完时,那些次要的特点如果运用好了,也同样能为营销出力。

(3) 广告定位必须与产品定位一致,才能收到良好的效果。广告定位所解决的问题是"做什么",而广告创意所要解决的问题是"怎么做",广告定位一旦确定下来,其内容和风格才能确定。突出体现所要表达的主题是广告创意宗旨。如图6-6和图6-7所示为飞利浦榨汁机的广告设计,新鲜的葡萄和菠萝变成了没有任何水分的沙质水果,榨汁机的效果成了这则广告主要表现的内容。

图6-6　飞利浦榨汁机广告设计(1)(来自视觉网站)　　图6-7　飞利浦榨汁机广告设计(2)(来自视觉网站)

案例6-1

苏菲卫生巾的广告

时代进步改变了生活方式，越来越多的女性在快乐工作的同时享受生活。尤妮佳针对现代女性的变化，从身心两方面的呵护入手进行科学分析，抱着把女性从物理、精神上的束缚中解放出来的愿望，提供优质的卫生产品，如图6-8～图6-10所示为苏菲卫生巾广告。本案例作为优秀的平面广告设计作品，通过图形、颜色的对比，将其吸水性强的特点表现了出来。

图6-8　苏菲卫生巾广告(1)(摘自视觉网　设计者：王朝)

图6-9　苏菲卫生巾广告(2)(摘自：视觉网　设计者：王朝)

图6-10　苏菲卫生巾广告(3)(摘自：视觉网　设计者：王朝)

【案例分析】

这是一组创意十足的卫生巾平面海报广告。设计师运用常见的几种元素的原始状态和被强力吸水之后的状态对比，来显示出该款卫生巾的超强吸水能力。广告创意十足并且主题表达得非常清晰，根本不需要任何文字说明，运用常识的对比和形状识别就能让人自发地产生联想并传达广告主题。看过这组广告之后的朋友大都会微笑并且赞叹。这就是一个成功的设计所需要具备的。

(资料来源：根据中国设计网资料整理)

6.2 广告创意的地位与作用

广告创意具有十分重要的地位和作用，不仅表现在市场营销中，同时也表现在广告策划中。

6.2.1 广告在市场营销中的地位

对于持有"生产观念"的企业，广告是一种增加产品销售成本的活动，而成本的提高又必然会影响产品的价格，这是违背他们初衷的，而如果投入了广告费用不提高产品价格，企业又面临利润降低乃至赔本的危险。因此，这些企业对于支付较多的费用来扩大销售渠道比支付费用进行广告活动要重视得多。

对于持有"产品观念"的企业，"酒香不怕巷子深"是一种非常具有代表性的心态。他们认为好的产品自然会有消费者乐于购买，根本不需要通过广告来进行吸引和说服，因此他们对于改进产品的重视远远高于对广告的重视，而结果却常常是即使产品真的能满足顾客的需求，但是由于顾客并不了解产品，企业也难以获得理想的市场占有率。

对于持有"推销观念"的企业，人员、店面的推销和广告都同样重要，但是他们在广告中往往注重强力突出产品的优势，竭力促进消费者购买，很少考虑广告传达的信息是否收到很好的效果。

市场经济形成之后，在不同阶段，广告起到不同的作用。

(1) 广告是促销和宣传推广。20世纪50年代末期，市场营销不是以"市场营销观念"而是以"广告和促销观念"进入多数意识到市场营销重要性的企业的。他们致力于比对手进行更多的广告和促销活动，在广告中给予消费者更具吸引力的承诺。可以说，由于在产品观念、营销渠道、定价等方面还缺乏经验，企业的营销在很大程度上依赖广告。

(2) 广告是微笑和友好的气氛。依赖广告的营销者很快发现竞争对手也采取了同样的策略，使他们的促销和广告效果显然不如以往那么明显，因此他们积极寻求更能吸引和保持顾客的方法，发现了给顾客以微笑和营造彼此之间的友好气氛的重要性。

(3) 广告是革新。在进行广告、改进服务的同时，一些企业意识到不同消费者有不同的需求，他们应该生产不同的产品、提供不同的服务来满足这些需求，因此他们开始根据顾客的需要改进产品、增加产品的品种，为顾客提供更多的选择。成功的革新者很快获得了成效，

广告创意概论　第6章

但是也出现了很多跟随者。

(4) 广告是市场定位。当多数的企业都开始注重广告、促销、推广、与顾客的沟通、根据需要革新产品时，企业就面临了另外一种困难：他们和竞争对手非常相似，看起来没有任何特别之处。因此，他们开始注重发现和宣传本企业与其他企业的不同，于是出现了市场定位的思想。

(5) 广告是营销分析、规划、执行和控制。随着市场营销观念的进步，企业开始接触到了市场营销观念的精粹——市场营销是分析、规划、执行和控制。分析是为了更好地了解市场和消费者的需求，规划是为了找到更好地满足这种需求的策略组合，执行是实际实施市场营销的一个系统过程，控制则是为了保证市场营销获得预期的理想效果。

案例6-2

依云矿泉水的广告

巴黎BETC Euro RSCG最近又有了新动作，创作出依云矿泉水的平面广告系列，让你进入新一轮依云宝宝的浪潮，并告诉你：其实，每个人都是个baby。"live young(永葆童真)"诉求或许有些矫情，不过也很讨巧。如图6-11所示，依云矿泉水的"live young"系列的宗旨是活出年轻，永葆童真，这一主张建议是竞争对手做不到且无法提供的，依云矿泉水说出其独特之处，并且在品牌和说辞是独一无二的，强调了人无我有的唯一性。

图6-11　依云矿泉水广告(摘自：中国设计网)

【案例分析】

该广告的独特之处在于，首先，主人翁的选择为成年人的形象，是因为他们是广告的目标主体受众，也是依云矿泉水的消费对象的主体。其次，选用年轻的时尚者为切入点，当他们饮用矿泉水的时候在注意健康的同时也注重时尚元素，依云矿泉水似乎能满足他们的需求，但更重要的是因为他们这样的对象也非常希望自己永远活在年轻的时代，用T恤上的小孩形象,则反映出依云矿泉水在给他们健康、时尚的同时也能给他们青春,进而引出青春之泉的主张概念。最后,从整体的画面来看也是一种随心所欲、简单而直接的生活态度,这正是这类消费者及广告对象所需要的。从整体来看,画面中的时尚、年轻、青春、随意等元素也切合了依云矿泉水此次广告的主题——"live young"。

(资料来源:根据中国设计网资料整理)

6.2.2 广告创意与广告策划的关系

在20世纪80年代中期国内建立现代广告运作观念的时候,广告学界便提出了"以调查为先导,以策划为基础,以创意为灵魂"的说法。时至今日,广告学界则大都认为广告创意是广告策划的灵魂。

从语义学角度看,灵魂一般被认为是人类生活的要素,能主宰人类的知觉与活动。灵魂被用进广告学只是比喻罢了。我们说广告创意是广告策划的灵魂,其就已经包含了两层意思,即它主宰广告策划的知觉,它主宰广告策划的活动。

广告策划的知觉保证了广告策划生命的存在性,也就是说凡是具有知觉的广告策划即为有生命的,同时也只有具有知觉的广告策划才是有生命的。具有生命的实体通常会展开活动,因为大多数的生命个体不是静止的,广告策划亦然。爱立信在1996年向中国推出其企业形象广告"沟通篇"。该广告的创意是由朴实的画面和故事展现沟通的意义,感人至深,把握了情感诉求的创意基调,该广告策划开始了一系列的活动,相继出现了"父子篇""健康篇""教师篇""爱情篇""代沟篇"等。从这个例子我们看到,广告创意是广告策划在活起来的同时动了起来。

综上所述,广告创意主宰广告策划的知觉和活动,是广告策划的灵魂。

案例6-3

某保鲜袋的平面广告

随着时代的改变,人们对于商品的审美观念、创新意识观念也在不断地提高。而为了适应消费者,设计师们也总是在不停地思考:如何才能带来亮眼的设计?如图6-12所示是国外某保鲜袋品牌的广告,新鲜的水果与静止的钟表组合,不由得表达出"时间静止了,蔬果可以保鲜"的意思,将保鲜袋的概念通过精美的图形组合传达出来。

【案例分析】

此条平面广告旨在说明保鲜袋的保鲜功能,故将

图6-12 保鲜袋广告设计

静止的时间、新鲜的西瓜、西瓜子、保鲜袋四种元素融合到一张图片中,巧妙地说明了使用此款保鲜袋能够达到使食物保鲜的效果。

(资料来源:根据三视觉平面在线网资料整理)

6.2.3 广告创意的作用

广告创意的作用包括以下几个方面。

1. 广告创意提升产品与消费者的沟通质量

作为以大众传播媒介为载体的广告,其主要功能是要抓住和吸引消费者的注意,因为消费者的注意决定了传播效果。图6-13所示是易信发布的平面广告。画面中巧妙设置了一位正以放松姿势使用易信的女主角,辅以大量标注有"放肆的话""暧昧的话"等字样的语音消息模拟道具,易信所倡导的沟通方式呼之欲出。

图6-13　易信平面广告(摘自:视觉中国)

所有的广告创意都是通过引人注目的广告来唤起受众情感和激发兴趣,以赢得和保持消费者对产品或品牌的注意,争取产品或品牌被消费者选择的最大可能。

2. 广告创意降低资讯传播成本

越来越多的企业正意识到有创意的广告效果更好,更令人难忘,且在市场中能有效地传达意图。如图6-14和图6-15所示,这是一组来自果蔬饮料品牌Brämhults的最新广告创意,天然、新鲜、醇正的感觉尽在其中,相信没有人看过之后会淡定地从货架面前走开。一个有创意的广告,人们只需看3遍而不是看30遍就能记住。

图6-14 饮料的平面广告(1)(摘自:视觉中国)

图6-15 饮料的平面广告(2)(摘自:视觉中国)

知识拓展

> 对于广告主来说,广告创意也是广告投资的一部分,它作为广告传播的知识成本,尽管目前还没有完善的效果计量标准,但其对广告传播的增量是不可低估的。因而,"广告的投资=广告创意投资+广告媒介购买投资",广告创意投资与广告媒介购买投资成反比关系,即广告创意值越高,广告媒介购买投资则会相应降低。

3. 广告创意有助于品牌增值

市场的丰富性使品牌的重要性日趋显著。无论是对生产者而言还是对消费者而言,产品都只是一种具体事物,而品牌则代表着消费者对产品的态度和情感。成功的品牌需要消费者的共鸣，而广告创意是品牌对消费者的价值召唤。就一般意义而言，品牌对于消费者具有实用性、情感取向和社会角色等象征性价值，广告创意以此为切入点，展现品牌较为宽泛的可想象空间，促成消费者对品牌的情感归属，这是广告创意中所创造的品牌价值的独特性，是使品牌固化于特定消费群的特殊基因，它延伸品牌的影响力，实现品牌的增值。如图6-16和图6-17所示是一款降低噪音的耳塞设计，这种设计能够使消费者产生情感共鸣，有助于品牌增值。

图6-16　Ohropax降噪音耳塞系列创意(1)(摘自：三视觉平面在线网)

图6-17　Ohropax降噪音耳塞系列创意(2)(摘自：三视觉平面在线网)

6.3 广告创意的特征

广告创意既不同于广告策划,又不同于广告制作,它是通过艺术手段的特殊处理,将广告主题淋漓尽致地表现出来,从而使企业形象、产品形象在广大消费者心目中更加鲜明、亲切、可信。因此,广告创意应具备以下几个特征。

6.3.1 新颖独特

广告创意要以新颖独特为生命,模仿他人的意境,抄搬别人的语言,都没有多少价值。广告只有标新立异,才能吸引大众的注意力,为消费者留下深刻的印象。因此,广告必须推陈出新,针对人们存在的各种心理包括逆反心理、好奇心理等,刻意求新,力求不落俗套。如图6-18所示的纯净水的创意广告中,将新鲜的牧草置入水杯中,虽然整个广告中没有水的成分,但牧草的方向与新鲜的水源注入容器的方向类似,且新鲜欲滴的牧草就能将那种纯净感传达给受众。

图6-18 EXITO纯净水系列创意广告(摘自:三视觉平面在线网)

案例6-4

红牛创意广告

自红牛饮料在中央电视台《春节联欢晚会》上首次亮相,一句"红牛来到中国"广告语,从此中国饮料市场上多了一个类别叫作"能量饮料",金色红牛迅速在中国刮起畅销旋风。红牛功能饮料源于泰国,至今已有40多年的行销历史,产品销往全球140个国家和地区，凭借其强劲的实力和信誉，红牛创造了奇迹。作为一个风靡全球的品牌，红牛在广告宣传上的推广，也极具特色。

1. 独特性

与以往普通碳酸饮料不同，红牛是一种维生素功能型饮料，主要成分为牛磺酸、赖氨酸、B族维生素和咖啡因(含量相当于一杯袋泡茶)。红牛功能饮料科学地把上述各种功效成分融入产品之中。从推广之初，红牛就将产品定位在需要补充能量的人群上。"汽车要加油，我要喝红牛"，产品在广告宣传中就将功能性饮料的特性——促进人体新陈代谢，吸收与分解糖分，迅速补充大量的能量物质等优势，以醒目、直接的方式传达给诉求对象，让大家通过耳熟能详、朗朗上口的广告语，接受"红牛"作为功能性饮料能够提神醒脑、补充体力、抗疲劳的卓越功效。

2. 广泛性

红牛适合于需要增强活力及提升表现的人士饮用，特别适合长时间繁忙工作的商务人士、咨询服务业人士、需要长时间驾驶的专业司机、通宵达旦参加派对的休闲人士、正在进行运动或剧烈运动前的运动爱好者和需要保持学习状态的大中学生。目标对象较为广泛，供不同职业、不同年龄段的人饮用。

3. 树立品牌形象，注重本土化

红牛初到中国时，面临的是一个完全空白的市场。在大多数营销大师看来，那是一个彻底的"蓝海"。因为当时的中国市场，饮料品牌并不多，知名的外来饮料有可口可乐和百事可乐，运动类型饮料有健力宝，几大饮料公司广告宣传力度都非常强，各自占据大范围的市场。红牛饮料要想从这些品牌的包围中迅速崛起，不是一件容易的事情。

因此，红牛饮料"中国红"的风格非常明显，以本土化的策略扎根中国市场。公司在广告中宣传红牛的品牌上，尽力与中国文化相结合。这些叙述固化在各种宣传文字中，在色彩表现上以"中国红"为主，与品牌中红牛的"红"字相呼应，从而成为品牌文化的底色。中国人万事都图个喜庆、吉利，因而红红火火，越喝越牛。这正体现了红牛饮料树立品牌形象的意图，是了解中国市场消费者的购买心理后，将红牛自身特点与中国本土文化相结合的完美体现。

4. 多媒体、大冲击、深记忆

红牛在春节联欢晚会上首次出现，并以一句"红牛来到中国"告知所有中国消费者，随后红牛便持续占据中央电视台的广告位置，从"汽车要加油，我要喝红牛"到"渴了喝红牛，累了、困了更要喝红牛"，大量黄金时间广告的宣传轰炸，并配以平面广告的宣传，红牛在短短的一两年里，汽车司机、经常熬夜的工作人员、青少年运动爱好者，都成为红牛的忠实消费群体。红牛一举成名，给中国消费者留下很深的记忆。后来出现了大量模仿甚至假冒红牛的饮料，如蓝狮、金牛、红金牛、金红牛等。

5. 一句广告词，响彻十余年

一个来自泰国的国际性品牌——红牛，以功能性饮料的身份带着在当时看来颇为壮观的广告声势向人们迎面扑来。一直以来，"困了累了喝红牛"这句带有明确诉求的广告语使得人们对红牛不得不行注目礼,如图6-19所示。

特别是在强度非常高的电视广告中,一个又累又困的人喝下一罐红牛后,顿时精神百倍,活力倍增。同时,红牛不断地在向消费者强调红牛世界第一功能性饮料品牌的身份。"功能性饮料""世界第一品牌""来自泰国",这些惹眼的字样,加上夸张的电视广告表现,一时间人们对红牛不仅"肃然起敬",又感到十分神秘。

图6-19 红牛平面广告(摘自:昵图网)

【案例分析】

广告创意中,红牛的宣传策略主要集中在引导消费者选择的层面上,注重产品功能属性的介绍。由于当时市场上的功能饮料只有红牛这一个品牌,所以红牛在宣传品牌的同时要用最简单的广告语来告知消费者功能饮料的特点——在困了累了的时候,提神醒脑,补充体力。就这样一句简单、明确的广告语让消费者清晰地记住了红牛的功能,也认可了红牛这个品牌。

(资料来源:根据道客巴巴资料整理)

6.3.2 "意"与"象"交融

"意"是广告人的用意、意图、想法、观念等,可是这些东西要是赤裸裸地直接表达出来,那不是好的广告,更不是好的创意。好的创意广告应"意"与"象"交融互渗、浑然一体。"象",即形象,用象来体现意。

案例6-5

营铃公司的广告

美国营铃公司的一幅早期广告画历久难忘,这家食品公司专门制造各种罐装的汤汁。他们以儿童作为主要营销对象,因此这家公司的广告招贴画的创意也充分利用了儿童的意象。广告画上,有3个淘气的三四岁的女孩。第一个女孩手持点燃的蜡烛说:"我困啦!我要睡觉啦!"第二个女孩用手拽第一个女孩的上衣,轻声说:"慢着,等一会儿!你闻闻,什么香味?"原来身旁第三个女孩正在开罐头,可口馋人的鲜香已经扑鼻而来……广告语:"它以一种灿烂的火花般的感觉吸引着孩子们。"

【案例分析】

这个广告的"意"是"孩子们都喜欢,都被吸引,都离不开了"。"象"是"3个孩子临睡时还想喝一勺鲜汤"。意融于象,真是天衣无缝。据说,这张广告画不仅吸引了无数的孩子,而且也使做妈妈的乐于购买,起到了很好的促销作用。

(资料来源:根据道客巴巴资料整理)

案例6-6

西泠冷气机的广告

有一幅西泠冷气机的广告,画面上是围上围巾的企鹅形象,使本来就给人可爱、笨拙之感的企鹅更添了几分姿色,显得更可爱更有趣。广告语:"西泠真够劲,谁都忍不住打喷嚏!"

【案例分析】

这个广告的"意"很明显:"连生活在冰天雪地最耐寒的企鹅都感觉到冷了,都围上围巾,忍不住打喷嚏,何况其他情境呢?"再通过"围上围巾的企鹅"的"象",两者水乳交融,合二为一。尽管广告中只字未提冷气机的质量,但是广告创意通过意象结合把冷气机优良的制冷效果主题表现得淋漓尽致。

(资料来源:根据道客巴巴资料整理)

6.3.3 具有吸引力

广告创意具有吸引力,即要吸引消费者的注意。注意是人的心理活动对外界一定事物的指向与集中。广告只有先引人注意才有可能诱发消费者购买的欲望。因此,具有吸引力、引起消费者注意是广告创意成功的基础，因而构成广告创意的基本特征。诚如美国广告大师威廉·伯恩巴克所说："除非你在卖一种能防止从那个人的口袋中掉出东西的商品，否则它就不是一个好的广告。此外，就是用你的创造力，你的吸引力，以及你的聪明才智来突出你商品的优点，并使其易于记忆。"如图6-20所示，图片是SEL豪华轿车系列的广告设计，用女士的高跟鞋与轿车相结合，不仅将这款车型的受众定位在高品位的女性群体中，还使这款广告非常具有吸引力。

图6-20　SEL豪华轿车系列广告设计(摘自：三视觉网)

为了使广告创意能引起广大受众的注意，而且是一种自然而然发生的，不需要做任何意志上的努力，国外的广告工作者的经验是要抓住大众的眼睛和耳朵。

案例6-7

可口可乐的广告

美国可口可乐在英国播放的一则电视广告片就是以善于抓住大众的眼睛和耳朵而著称的，在英国引起了轰动效应，获得极好的广告效益。该广告片表现了一次核战争后，幸免于难的美国核动力潜艇"自由女神号"的全体官兵，成了最后的一部分人类。潜艇穿过密布战争痕迹的海洋，驶向故乡美国。战斗警报突然拉响，水兵们又迅速奔向各自的岗位，"自由女神号"重新变成一座战斗堡垒。旧金山已遥遥在望，刚收到的神秘电台信号变得越来越清晰，但它时有时无，让人难以捉摸。潜艇浮上水面，排列在甲板上的水兵向这个被毁灭的城市默默致哀。组建的突击队在指挥官杰克逊少将的指挥下登陆，悄悄地向一座废弃的超级市场接近，少将感到恐惧和痛苦，脑海里充满了战前与女友来此购物的情景，如今战争已夺去了她的风韵和银铃般的欢笑……当神秘的信号又出现时，伏在断壁残垣后的突击队果断地冲进了破楼。一梭枪弹射击后，他们惊愕地发现，既没有敌人，也没有任何战争设施，有的只是一架放在窗边上的发报机和一个被窗帘挂住了的饮料罐。每当海风吹入，窗帘浮动，饮料罐就被带着撞向发报机，从而在键钮上无意识地敲打出时断时续、毫无规则，因而也无法破译的信号。

一场虚惊过去了，面对眼前的场景，官兵们啼笑皆非，相对无言。此时，镜头越来越推近饮料罐。当它占满整个屏幕画面时，人们看到，原来那个惹是生非的是"可口可乐"饮料罐。最后推出广告语："当整个人类毁灭时，可口可乐仍然存在。"

【案例分析】

广告创意以超现实的想象，强有力地表达了可口可乐在市场上和大众心中不可代替的地位，创造了震撼人心的力量和巨大的感染力，使广告和产品印象深深打入观众和消费者的心中。

(资料来源：根据道客巴巴资料整理)

6.4 广告的创意思维

广告创意本质上是一种创新思维，即一种开创性的思维，不仅能揭示事物的本质，而且能在此基础上提出新的、具有社会价值的思维成果。首先，广告创意的目的与其他的创新思维有所不同，它是为了达成广告目标，即抓住目标对象，促使他们做出购买行动。其次，检验广告创意成功与否，并不在于其是否独特新颖，而在于其是否被市场接受，如果不被消费者认可，即使思路再新颖，想象再奇特，这样的创意也是不成功的。

创新思维是广告创意的灵魂，进行广告创意，必须熟悉创新的思维方式，如果不能熟练地运用创新思维，就无法有效地进行广告创意。如图6-21所示，新颖地表现了牛奶的奶源，体现了牛奶的货真价实。

图6-21 牛奶广告(摘自：三视觉网)

6.4.1 抽象思维和形象思维

1. 抽象思维

抽象思维是人们在认识活动中运用概念、判断、推理等思维形式，对客观现实进行间接的、概括的反映的过程，属于理性认识阶段。抽象思维凭借科学的抽象概念对事物的本质和客观世界发展的深远过程进行反映，使人们通过认识活动获得远远超出靠感觉器官直接感知的知识。科学的抽象是在概念中反映自然界或社会物质过程的内在本质的思想，它是在对事物的本质属性进行分析、综合、比较的基础上，抽取出事物的本质属性，撇开其非本质属性，使认识从感性的具体进入抽象的规定，形成概念。空洞的、臆造的、不可捉摸的抽象是不科学的抽象。科学的、合乎逻辑的抽象思维是在社会实践的基础上形成的。

2. 形象思维

形象思维主要是指人们在认识世界的过程中，对事物表象进行取舍时形成的，用直观形象的表象，解决问题的思维方法。形象思维是在对形象信息传递的客观形象体系进行感受、储存的基础上，结合主观的认识和情感进行识别(包括审美判断和科学判断等)，并用一定的形式、手段和工具(包括文学语言、绘画线条色彩、音响节奏旋律及操作工具等)创造和描述形象(包括艺术形象和科学形象)的一种基本的思维形式。

在具体的创意思维中需要把逻辑思维和形象思维紧密结合起来，先深入研究对象的具体细节，获取有关对象完整的理性认识，再运用意识与无意识的活动能力，充分发挥直觉、想象的作用，对已有的理性认识做进一步的分解组合，求得新的发现。最后再运用逻辑思维的能力对发现的新形象、新内容加以验证和扩展。在创意思维中各种思维能力是相互联系、共同作用的。

6.4.2 顺向思维与逆向思维

1. 顺向思维

顺向思维是指人们按照传统的程序从上到下、从小到大、从左到右、从前到后、从低到高等常规的序列方向进行思考的方法。这种方法用得最多，是最基础的思维方式，在处理常规性事物时具有一定的积极意义。在广告创意中也经常会体现出这种思维。

2. 逆向思维

逆向思维也叫求异思维，它是对司空见惯的似乎已成定论的事物或观点反过来思考的一种思维方式。敢于"反其道而思之"，让思维向对立面的方向发展，从问题的相反面深入地进行探索，树立新思想，创立新形象。当大家都朝着一个固定的思维方向思考问题时，而你却独自朝相反的方向思索，这样的思维方式就叫逆向思维。人们习惯于沿着事物发展的正方向去思考问题并寻求解决办法。其实，对于某些问题，尤其是一些特殊问题，从结论往回推，倒过来思考，从求解回到已知条件，反过来想或许会使问题简单化。

逆向思维具有以下3个特点。

1) 普遍性

逆向思维在各种领域、各种活动中都有适用性，由于对立统一规律是普遍适用的，而对立统一的形式又是多种多样的，有一种对立统一的形式，相应地就有一种逆向思维的角度，所以，逆向思维也有无限多种形式。例如，性质上对立两极的转换：软与硬、高与低等；结构、位置上的互换、颠倒：上与下、左与右等；过程上的逆转：气态变液态或液态变气态、电转为磁或磁转为电等。不论哪种方式，只要从一个方面想到与之对立的另一方面，都是逆向思维。

2) 批判性

逆向是与正向相对而言的，正向是指常规的、常识的、公认的或习惯的想法与做法。逆向则恰恰相反，是对传统、惯例、常识的反叛，是对常规的挑战。它能够克服思维定式，破除由经验和习惯造成的僵化的认识模式。

3) 新颖性

循规蹈矩的思维和按传统方式解决问题虽然简单，但容易使思路僵化、刻板，摆脱不掉习惯的束缚，得到的往往是一些司空见惯的答案。其实，任何事物都具有多方面属性。由于受过去经验的影响，人们容易看到熟悉的一面，而对另一面视而不见。逆向思维能克服这一障碍，给人以耳目一新的感觉。

6.4.3 发散思维与聚合思维

1. 发散思维

发散思维，又称辐射思维、放射思维、扩散思维或求异思维，是指大脑在思维时呈现的一种扩散状态的思维模式，它表现为思维视野广阔，思维呈现出多维发散状，如"一题多解""一事多写""一物多用"等方式，可培养发散思维能力。不少心理学家认为，发散思维是创造性思维最主要的特点，是测定创造力的主要标志之一。其特点主要是流畅性、变通性、独特性、多感官性。

1) 流畅性

流畅性就是观念的自由发挥，指在尽可能短的时间内生成并表达出尽可能多的思维观念，以及较快地适应、消化新的思想观念。流畅性反映的是发散思维的速度和数量特征。

2) 变通性

变通性是克服人们头脑中某种自己设置的僵化的思维框架，按照某一新的方向来思索问题的过程。

变通性需要借助横向类比、跨域转化、触类旁通，使发散思维沿着不同的方面和方向扩散，表现出极其丰富的多样性和多面性。

3) 独特性

独特性指人们在发散思维中做出不同寻常的异于他人的新奇反应的能力。独特性是发散思维的最高目标。

4) 多感官性

发散思维不仅运用视觉思维和听觉思维，而且也充分利用其他感官接收信息并进行加工。发散思维还与情感有密切关系。如果思维者能够想办法激发兴趣，产生激情，把信息情绪化，赋予信息感情色彩，会提高发散思维的速度与效果。

2. 聚合思维

聚合思维是指从已知信息中产生逻辑结论，从现成资料中寻求正确答案的一种有方向、有条理的思维方式。聚合思维法又称为求同思维法、集中思维法、辐合思维法和同一思维法等。聚合思维法是把广阔的思路聚集成一个焦点的方法。它是一种有方向、有范围、有条理的收敛性思维方式，与发散思维相对应。聚合思维也是从不同来源、不同材料、不同层次探求出一个正确答案的思维方法。因此，聚合思维对于从众多具有可能性的结果中迅速做出判断，得出结论是最重要的。

在应用聚合思维方法时，要注意以下三个步骤。

第一步是收集掌握各种有关信息。采取各种方法和途径，收集和掌握与思维目标有关的信息，而资料信息越多越好，这是选用聚合思维的前提，有了这个前提，才有可能得出正确结论。

第二步是对掌握的各种信息进行分析清理和筛选。这是聚合思维的关键步骤。通过对所收集到的各种资料进行分析，区分出它们与思维目标的相关程度，以便把重要的信息保留下来，把无关的或关系不大的信息淘汰。经过清理和选择后，还要对各种相关信息进行抽象、概括、比较、归纳，从而找出它们的共同的特性和本质。

第三步是客观地、实事求是地得出科学结论，获得思维目标。聚合思维有同一性、程序性和比较性三个特点。所谓同一性是指它是一种求同性，即找到解决问题的办法或答案；程序性是指在解决问题的过程中，按照严格的程序，先做什么，后做什么，使问题的解决有章可循；比较性是指对寻求到的几种解题途径、方案、措施或答案，通过比较，找出较佳的途径、方案、措施或答案。

6.5 优秀广告作品欣赏

6.5.1 宝马汽车广告

吴宇森导演的宝马汽车广告在众多的宝马广告中，给人留下很深刻的印象。他以拍摄电影的手法将宝马Z4跑车的宽轮距，极低重心，敏捷特性，在各种情形下的超强抓着力，高性能的刹车系统和主动安全性完美地呈现给了观众(见图6-22)。

1. 影视内容

男主人公带着500万赎金来到绑匪指定地点，希望救回女友，绑匪却因FBI的闯入而畏罪自杀。男主人公找到了女友的线索，但绑匪却只给了他5分钟的时间。危急关头，男主人公驾驶自己的宝马汽车去完成不可能完成的任务。然而FBI穷追不舍，但都在男主人公性能优越的跑车摆脱下吃尽了苦头。就在最后一刻，男主人公终于赶到救出了女友。影片结束，男主人公带着女友去看自杀未遂的绑匪,结果这一无情的嘲讽让绑匪停止了心跳。

2. 景别、镜头语言的运用

(1) 外景男主人公紧张焦虑地等待绑匪的电话,内景切至绑匪手边的人质照片——男主人公的女友,镜头切至绑匪将子弹散落在桌子上,并对子弹下落到桌子进行慢镜头特写,渲染出紧张的气氛,以达到吸引观众的目的。镜头继续慢镜头特写绑匪只装了两发子弹。然后右手拨动左轮手枪,轮膛飞速地旋转叠化到男主人公飞速转动的车轮的特写,整个过程自然巧妙。镜头右摇整个车身漂亮的线条一览无余。

(2) 在男主人公驾车去解救女友的过程中,由远景表现车子在大桥上飞速地行驶着,接着镜头推近车身,对车身进行跟踪拍摄,继续推进,车子加速的发动机声越来越清晰,镜头推近速度仪表盘,速度指针由80迈猛然加到100迈,这时,镜头提前在车前方,对车子飞起来进行慢镜头特写,同时切至侧面特写,车子一落地产生很大的视觉冲击力,给人以无比的震撼。

3. 画面创意

采用电影情节拍摄手法,非常地吸引观众,有一种大片的味道,有完整的故事情节,扣人心弦,细节处处展示宝马的优越性能。

4. 广告策略

(1) 抓住消费群体的消费需要,巧妙展现宝马Z4速度敏捷,这是人们对跑车最看重的一点。广告中男主人公成功摆脱警察纠缠的整个过程充分表现出宝马Z4的敏捷、动力十足及完美时尚的车子外形。

(2) 通过和警车的对比,宝马的超强转向能力被放大,但倒霉的警察就很狼狈,只能望尘莫及了。这越发使得人们想拥有和享受宝马带来的优越感。

(3) 产品的明确定位:性能、豪华、舒适。案例中主要的诉求都是在展现宝马Z4跑车优越性能和无法阻挡的魅力,而广告语"炫动自由脚步"也旨在说明宝马Z4跑车的舒适操控。

图6-22 宝马广告截图

【案例分析】

广告应该真正了解消费者的需求。吴宇森导演的宝马汽车广告,成功抓住特定消费者对于跑车的消费需求,并通过一系列巧妙的设计,使得宝马Z4在各种情况下,都能实现完美的操作。

吴宇森通过解救绑架人质的故事情节,像电影一样表现宝马Z4的美。总的来说宝马的广告很经典、很艺术。让人以看一个故事的心态去看这则广告,而且故事情节紧张震撼,牢牢地吸引住观众，同时也巧妙地加进对宝马Z4的展示，易被人们接受。

(资料来源：广告买卖网　有改动)

6.5.2 德芙巧克力广告

德芙巧克力是世界上最大宠物食品和休闲食品制造商美国跨国食品公司马氏公司在中国推出的系列产品之一。1989年进入中国，1995年成为中国巧克力领导品牌，"牛奶香浓，丝般感受"成为其经典广告语。巧克力早已成为人们传递情感、享受美好瞬间的首选佳品。

德芙品牌在市场上具有很高的品牌知名度，市场占有率为35%，知名度为80%。这样的成绩来自于德芙丝滑细腻的口感，精美的包装，也来自于德芙的广告宣传工作，而以2007年的电视广告为开端，德芙在当今日益激烈的市场环境中成功搏出位。

2007年CCTV每天黄金时段都会播出德芙巧克力的最新电视广告，视频截图如图6-23所示。专业人士评价它把德芙牛奶巧克力的魅力及纯美品质刻画得丝丝入扣，其独特的创意及拍摄技巧，也将德芙牛奶巧克力带向了全新的境界。这支广告片的成功不只在于创意构思，更在于技术成果。这则广告的制作还是延续了德芙以往的优雅气质，主角还是采用美女，唯美的画面，优雅的音乐，明快的色彩，给人总的第一印象就是难以言喻的舒心。

广告片从一片飞鸟飞过的天空开始，背景音乐响起，镜头转到露台上正在看书的女人。虽然广告采用的不是众人皆知的大牌明星，可是它采用了美女相反更能体现广告的唯美，让人心生美的感受。露台咖啡厅的男侍者的目光一直落在她身上，女主角拿出巧克力的动作流畅，将一块送入口中，画面变成牛奶与巧克力交融的情景，采用Photo-Sonics的镜头捕捉，呈现出缓缓旋转运动的美。丝般顺滑的感觉从口中延续到身边，咖啡色的丝绸轻绕过女人裸出一侧的香肩上，接着又随风轻拂在抚过书页的手背上，最后轻轻环绕在走过的男侍身上，女人一脸甜蜜的微笑，沉浸在阅读和德芙所带来的愉悦里。

2008年的德芙广告更是深入人心，如图6-24所示，其内容大致为，在复古的英伦风街道上，一位身着小礼服的年轻女人，一如德芙以往的风格，用美女代替人气的明星，给人一种温馨唯美的感觉，走到橱窗口，比照镜子里的自己，想象着自己佩戴着橱窗里面的帽子，表情很欢快，又走到珠宝的橱窗，看着玻璃上自己的影子，摆出各种Pose，想象着自己佩戴着这些珠宝的样子，里面的店员看到了，温情地会心一笑。

图6-23　2007年德芙截图

如图6-25所示，2009年的德芙广告明信片选用高中女生唯美地表达出德芙所包含的对浪漫爱情的憧憬。广告内容大致为，轻松的音乐响起，并贯穿始终，女主角憧憬爱情、崇尚时尚、追求浪漫、讲究青春的年轻群体，尤其是年轻情侣和年轻女性,正伏案微笑,看到门缝里出现一张明信片,她按照明信片上所说的来到那个地方。突然一条丝巾状的巧克力蒙住了她的眼睛,让她看到了一个美丽的世界,然后她乘着男主角的车来到一个美丽的郊外,轻松愉悦的音乐贯穿始终,多个唯美画面构成一个浪漫的爱情故事。整个广告中,弥漫的是甜蜜、浪漫的情愫,营造的是愉悦、时尚的气氛,看到一个方盒子,方盒子里飘出一条棕色丝巾,运用联想通过棕色丝巾把德芙的丝滑具体形象化,一步一步地引出文案"此刻尽丝滑",强化了目标顾客的印象,再一次蒙住了她的眼睛,当她睁开眼睛时,她的手里多了一盒德芙巧克力。旁白响起"发现新德芙,更多丝滑感受,更多愉悦惊喜"。文案出现"此刻尽丝滑"。

图6-24　2008年德芙广告截图　　　　图6-25　2009年德芙广告截图

【案例分析】

2008年的德芙广告片画面简洁,色彩淡雅,灰白的浅色映衬着巧克力的浓郁,情节简单,却让人印象深刻。此广告背景音乐也为广告加分不少,音乐营造的浪漫气氛使女主角享受着巧克力带来的愉悦感受时,观众也伴着醉人的音乐感受生活的浪漫,让你觉得只要吃一块德芙,生活就会更加美妙。最后丝绸揭开,画面正中一行字"愉悦一刻,更享丝滑"。同时低沉、感性的独白响起"愉悦一刻,更享德芙丝滑",简洁明快,紧扣广告表现的愉悦感。整个广告片仅30秒，却令人回味无穷。

2009年的德芙广告片情节创意十足，给人一种新奇欢快的感觉，让人过目难忘意犹未尽。此时，女主角从包里拿出德芙巧克力，轻咬一口，丝般顺滑的感觉从口中延续到身上，咖啡色的丝绸轻绕过女人的手臂，最后离开。女孩儿沉浸在欢乐里，表现出德芙巧克力给人带来的是非物质的享受，已经上升到精神层面，使人身心愉悦，给人的生活带来幸福。背景音乐欢快轻柔，最后丝绸再次揭开，画面正中一行字"此刻尽丝滑"依然抓住了德芙巧克力丝滑的主题，简洁明快，又不乏愉悦感，同时旁白响起，令人回味无穷。

首先，来分析一下德芙巧克力的广告词"此刻尽丝滑"，这是在德芙巧克力所有制作广告中都可以明显体会到的，也是这则德芙巧克力丝滑女人篇最想让消费者体会到的它的精华之所在。这个广告词之所以称得上经典，在于能给消费者带来"丝般感受"的心理体验。此广告文案还采用了类比联想的手法。所谓类比联想，是将形似、义近的事物加以类比形成的联想，是人们对一件事物的感知和联想。

在性质上、形态上相似的事物的回忆。"德芙"广告词"此刻尽丝滑"把巧克力细腻滑润的感觉用丝绸来形容，用丝绸的质地与巧克力的醇正口味进行类比，想象丰富，增强了广告表达效果。

其次，整个广告片画面简洁、色彩淡雅，黑白的色调映衬着巧克力的浓郁，情节简单，却让人印象深刻。此广告背景音乐也为广告加分不少，音乐营造的浪漫气氛使主角享受着巧克力带来的愉悦感受时，观众也伴着醉人的音乐感受生活的浪漫。虽然广告采用的不是众人皆知的大牌明星，可是它采用了美女相反更能体现广告的唯美，让人心生美的感受。

在全世界，巧克力似乎早已成为人们传递情感、享受美好瞬间的首选佳品。爱情是一件美好的东西，巧克力和鲜花现已成为爱的表达的象征的典型。看到巧克力人们都会联想到爱情，特别是情人节那天德芙巧克力已成了中国男士送女友的首选之物，想象一下所有在那天吃到男朋友送的德芙的女孩，心里的那种甜蜜和温馨。

最后，丝般的感受，一半指的是人的口感，另一半指的是人吃巧克力时的综合感官体验，包括愉悦的心情、忘我的精神层面感受。"德芙如丝般的感受"是一种心灵的召唤，唤醒大众积极品味德芙的美味和精神的双重享受的兴趣。凭借这则优秀的广告，德芙巧克力吸引到更多消费者的目光，德芙的知名度和美誉度得到大幅度提升，它的市场前景更加广阔。

此外，德芙巧克力电视广告推出的明信片篇、心声篇、生活篇都——搏出重彩。

（资料来源：根据百度文库资料整理）

本章小结

广告创意是指通过独特的技术手法或巧妙的广告创作脚本突出体现产品特性和品牌内涵，并以此促进产品销售。广告创意能使产品的用途更加凸显，好的广告创意可以吸引消费者去购买产品。

 思考练习

1．广告创意的特征有哪些？
2．简述广告创意的概念。
3．简述广告创意的地位与作用。
4．简述广告创意的思维。

 实训课堂

仔细研读"快干油漆"的平面广告(见图6-26所示)，试以此为例，沿用"快干油漆"的主题，重新创意与表现一幅你自己的作品。

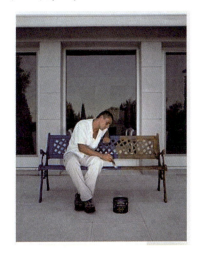

图6-26　快干油漆

要求：仔细研读下面"快干油漆"广告作品(说明：正在刷油漆的男子所坐的这半边长椅是他刚刚刷完的)。

(1) 可以只用文字说明，也可以附加1～2幅现场画出的速写草图，做形象化的补充说明。

(2) 说明你所采用的创意方法、表现方式和你的"创意点"(你的独到之处)，并描述你表现的画面。

第7章

广告创意的基本原则

学习要点及目标

- 掌握广告创意的实效性原则、目的性原则、针对性原则、简洁性原则、差异性原则和通俗性原则。

核心概念

实效性原则　目的性原则　针对性原则　简洁性原则　差异性原则　通俗性原则

引导案例

"优乐美奶茶"品牌提升案

创意是把原来的许多旧要素做新的组合。进行新的组合的能力在于了解、把握旧要素相互关系。创新思维或称为创造性思维,是指人们在思维过程中能够不断提出新问题和想出解决问题方式的独特思维。可以说,凡是能想出新点子、创造出新事物、发现新路子的思维都属于创新思维。此处以"优乐美奶茶"为例,能够从整体上分析该品牌奶茶的创新思维。

1. 概况

优乐美奶茶以情感作为策略推广核心,塑造温馨的品牌形象。这不仅使得优乐美在品牌形象内涵上满足了消费者的内在心理需求,而且在品牌定位和调性上与其他的奶茶品牌有鲜明的区别。

固体奶茶作为饮料的一个分支,在2004年以前的国内饮料市场上几乎处于空白状态。但在2004年,香飘飘率先引进台湾珍珠奶茶的概念,填补了中国市场在此领域的空白。

1) 品牌定位——打造现代通路奶茶产品第一品牌

喜之郎作为快速消费品行业的优势品牌,在现代通路方面发展已比较成熟。与强势竞争对手香飘飘以乡镇和特殊通路切入不同,喜之郎优乐美奶茶选择了走现代通路去占领市场。因为走现代通路才是培养品牌持续发展的必由之路,而且也是喜之郎的优势所在。

2) 面临的问题——新品奶茶如何抢占市场

香飘飘作为国内率先进入杯装奶茶领域的品牌,经过强势的广告宣传攻势后,在广大消费者心目中已经建立了相当的品牌形象。而作为跟进品牌的喜之郎奶茶在这一形势下销售量缓慢增长。如何在短时间内,实现品牌知名度提升,抢占市场份额成为亟待解决的首要问题。

2. 广告目标

目标之一:向消费者传达优乐美的品牌内涵和价值观,提升品牌的知名度,打造现代通路奶茶产品第一品牌。

目标之二:促进优乐美奶茶的销售业绩增长,扩大其市场占有率。

3. 目标受众

此次广告活动的目标受众是15~25岁的年轻消费群体。他们对爱情拥有无限的期待,其目光焦点永远是爱情。他们敢于尝试新事物，习惯喜新厌旧，对品牌忠诚度不高。同时，他们主要接触的媒体是互联网，喜欢通过互联网平台娱乐、交朋友和购物等。

4. 创意表现

电视广告主要通过营造温馨浪漫的情境体现优乐美奶茶用奶茶温暖人心的情感内涵。在创意方面，此次颠覆了周杰伦在众多广告中个性才华和青春叛逆的形象，结合当时热播的电影《不能说的秘密》细心挖掘出周杰伦羞涩、温柔、深情的一面，与优乐美的温馨调性相结合(见图7-1)。

在秋季的落叶或冬季的飘雪的场景中，男女主角坐在公共汽车站牌前或在校园的雕塑前，手捧一杯热乎乎的奶茶，莞尔细语，略带羞涩而甜蜜地表达心中的爱意。而优乐美奶茶的杯子在整个电视广告中贯穿始终，成为牵引整个故事发展的导线和情感表达载体。通过这些平淡而温馨的画面勾起消费者心中掩埋已久的情愫，使优乐美奶茶成为温暖感动、温馨爱情的代名词。

同时，广告运用似曾相识的对白唤起年轻人内心的共鸣——"我是你的什么？你是我的优乐美。原来我是奶茶啊？这样我就可以天天把你捧在手心啦！"广告用最简单的对白，呼出最出人意料的答案"你是我的优乐美"。巧妙地将情感与产品连线，形成深刻的情感记忆点，更成为时尚男女相互表达爱意的新方式。

【案例分析】

在奶茶成为一种潮流之时，奶茶的创意广告成为一种具有实效性且能够满足消费者需求的产品。针对奶茶这种相对比较时髦的产品，把握广告的实效性也是需要注意的第一准则。

图7-1 优乐美奶茶视频广告截图

首先，该广告做到了消费者情感诉求与产品推广诉求相结合，实时地了解消费者的需求，不仅做到广告的实效性，也做到产品的实效性。纵观目前快速消费品类的广告，大都直指产品功能特点，同质化现象严重，很难打动消费者，提升品牌认知。通过对目标消费者的洞察，发现他们深层的心理需求是对情感的价值认同。结合消费者的情感诉求和产品特性，得出两者之间的共同点在于爱情本身和奶茶暖暖的温度、甜中带涩的滋味和手捧奶茶等待的感觉等意象。因此，优乐美奶茶以情感作为策略推广核心，塑造温馨的品牌形象。这不仅使得优乐美在品牌形象内涵上满足了消费者的内在心理需求，而且在品牌定位和调性上与其他的奶茶品牌有鲜明的区别。

其次，该广告有明确的受众群体，主要针对的是15~25岁的年轻消费者，目的是在短时间内提升品牌知名度，迅速占领年轻消费者市场。目前，虽然电视仍然是家庭获取信息的主要媒体，但多种的媒介传播方式已经渐渐为消费者所接受，而根据这次广告活动针对的目标消费者特点，媒介策略以辅助性的"病毒"营销方式进行预热，采取电视广告强化记忆和网络媒体深度沟通相结合的方式，进行由广到深的品牌沟通。

最后，选择高知名度的代言人——周杰伦。本次广告选择了周杰伦作为代言人。通过消费者研究发现，周杰伦在目标消费者中认知度和偏好度很高，能有效帮助优乐美提高知名度。同时，周杰伦时尚帅气的外表、出众的音乐才华，能迅速将优乐美奶茶的优雅、快乐、美丽的独特内涵发挥到淋漓尽致。

(资料来源：根据豆丁网资料整理)

7.1 实效性原则

广告是一种商业行为，是以追求经济效益为目的的活动。因此，任何广告运作都应该产生一定的效果，必须达到预期效果或超出预期效果。任何一个广告都要特别注意投入和产出，无效或效果不好的广告是对广告主广告费的浪费，是有悖于广告的初衷的。实效性就是要求广告创意要产生较好的实际营销效果，这是广告创意的第一原则和根本原则，其他广告创意原则本质上都是为这一原则服务的。如图7-2和图7-3所示，MINI中国为配合奥运而设计的广告，在当时的环境中，体现了实效性这一原则。

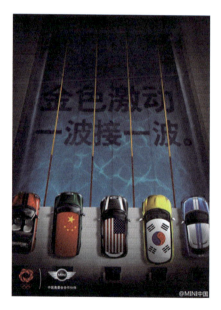
图7-2　MINI中国平面广告(1)(摘自：三视觉网)

图7-3　MINI中国平面广告(2)(摘自：三视觉网)

7.1.1　实效性与创益

实效性对于广告而言是第一原则，很大程度上创意就是创益，没有创益的创意就不是好创意。如图7-4所示，户外广告因视觉冲击较大，会有很高的实效性。

广告创意正是这一商业行为的一个组成部分、一个环节、一个步骤，尽管它在形式和创作上呈现出艺术化的表象，但这不能改变它以追求经济利益为目的的本质特征。

图7-4 具有实效性的生发户外广告（摘自：视觉中国）

7.1.2 实效性与消费者心理

广告创意的作用对象是人，也就是在商业活动中的消费者，广告创意的效果有无或大小取决于他们对某一具体广告的感受。广告产生效果的核心环节是广告中的产品对消费者产生触动力和诱惑力，使消费者喜欢、认可，从而促成消费。如图7-5所示，炎炎夏日的中午，每家每户都紧闭窗户开着空调来避暑，唯独有一户人家的窗户是开着的，窗台上还放着一杯啤酒——Heineken啤酒。啤酒就算不解暑也能让人轻松地度过炎炎夏日，因为喝醉了就很容易睡着，那么即便是热也无从感知。

图7-5 Heineken啤酒比空调强

因此，科学的广告创意必须去认真研究消费者心理，符合心理学的基本原则。广告创意人员接触消费者、了解消费者、把握消费者心理，必须要捕捉到公众心理需要，并在此基础上去进行有效的创意。要以细腻的眼光和情感及其特有的职业敏感去贴近产品，表现产品的特点，捕捉它与消费者之间的契合点，切合公众的心理需求，创作出真正具有感染力的广告作品。如图7-6所示，这则国外的啤酒广告中新鲜的水果围绕在啤酒瓶周围，很直接地让消费者感受到啤酒的成分与新鲜水果有关，这种与众不同会促使消费者对这则广告产生认同感，从而促成消费。

图7-6 啤酒广告设计(摘自：站酷网)

7.2 目标性原则

广告创意从总的目标来说就是促进销售，提高销售。在这个整体目标下，还有具体的分项目标。有了目标才有前进的方向，广告创意只有在开始之时明确目标，才有可能获得较好的广告效果。广告创意目标，是指在一个特定的时期内，对某些特定的受众所要完成的特定的传播任务和所要达到的沟通程度。

7.2.1 明确创意目标

广告创意不是广告创作人员的自娱自乐，在主观上也不是为大众提供某种流行文化。每一则广告创意都肩负着各自的使命，肩负着完成广告策划阶段所制定的任务，它们都是为了达到特定目标而"诞生"的。因此，广告创意必须与营销目标、广告目标、广告诉求内容、诉求对象相吻合，必须围绕广告目标、广告策略进行创意，必须是从服务的对象出发，最终又回到服务对象的创造性行为。如图7-7所示，这则鞋子的广告就想明确地告诉消费者，该款产品的舒适；如图7-8所示，该平面广告明确的创意目标就是体现该品牌外送比萨的保温效果——能把旁边的运冰车都融化了。

图7-7　鞋子广告(摘自：设计前沿)

图7-8　外送比萨广告(摘自：设计前沿)

案例 7-1

"娃哈哈营养快线" 4年营销战役

娃哈哈营养快线产品自2005年上市以来，以其鲜明的产品创新和品牌定位，快速进入液态乳产品市场，并在液态乳领域被称为"特色产品"。经过近几年的潜心经营，营养快线已经成功地确立了自己的产品和品牌区隔。"比果汁更好喝、比牛奶更营养"的产品诉求，"营养早餐"的品牌定位，始终延续着娃哈哈"健康、快乐"的品牌理念并在市场上建立了自己独特的品牌形象。

1. 产品消费目标——高端、细分的乳饮料

营养快线的创新灵感来源于欧美国家现调的早餐食品，参考中国营养学会制定的中国居民膳食营养推荐摄入量标准(DRIs)，添加了15种营养素，因此将它定位为早餐饮料。营养快线跟娃哈哈之前的产品确实是不同的，其目标消费者更具有明确性和细分性，营养快线"果汁＋牛奶"的特性，使这一产品超越了普通饮料的范畴，进入了家庭的消费。因此，营养快线的目标消费者超越了一般的大众消费，更聚焦高端、聚焦白领。娃哈哈的愿景是将营养快线发展成为一个系列产品，为中国消费者不断奉献健康、快乐的产品。

2. 市场策略目标——催生早餐饮料市场

娃哈哈认为，好产品要让消费者知道，需要打一套"组合拳"。广告引路，把卖点告知消费者；针对目标消费者所在地全力铺货，进行强有力的地面推广活动，让消费者有认知并方便购买。

让好产品迅速出现在人们的视线中，持之以恒地工作，加上产品卓越的品质，使得消费者一旦喝到这一产品，就喜欢上它，这就是娃哈哈在市场策略中的速度和坚持。同时，熟谙市场规律，并借此而生的智慧又让营养快线突破了层层障碍。营养快线的入市，其实并不容易，特别是南方的经销商认为营养快线过稠，喝起来不像普通饮料那样爽，而且对于早餐定位，一开始也是颇有疑虑。对此，娃哈哈采用重点突破，以点带面的办法，然后向全国推进。

【案例分析】

就像娃哈哈集团最初的愿景一样，营养快线在4年中，不断将产品进行多元创新，从专供宴会的大瓶装，到营养快线升级版再到2009年的幸福牵线新装，娃哈哈永远以一种与消费者互动的姿态，了解消费者需求，有明确的目标消费群，进入受众心里。更勇于大胆利用活动营销、网络营销，从沟通中迸发灵感，不断丰满产品。当三聚氰胺事件袭来，当中国民族企业受到诚信拷问，当全球遭受金融风暴，娃哈哈营养快线的营销战役却如火如荼，颠覆市场的决心不减，领跑市场的姿态稳固。

(资料来源：根据豆丁网资料整理)

7.2.2 常见的广告目标

广告的具体目标是多样化的,创意人员要认真了解调查市场、消费者、企业的各种因素,明确广告主的广告意图,选择设定正确科学的广告目标。常见的广告目标有如下一些。

(1) 向市场告知有关新品牌、新产品、新服务的情况。这是广告最常见的目标之一,以此提高消费者对新产品的认识和了解。如图7-9所示,耐克品牌于2013年11月13日正式推出全新"JUST DO IT"市场活动"跑了就懂",借由一支由60秒的主体广告"跑(The Run)"和五支跑者访谈短片所组成的互动式广告,讲述74岁跑者孙更生、台北街头路跑俱乐部、香港盲人跑者傅提芬、上海复旦三姐妹和跨栏世界冠军刘翔等人的跑步初衷,以及跑步对他们生活和生命的改变。在它的平面广告中,亦能发现该品牌的新服务,就是以跑步为主的运动产品。

图7-9 耐克:"跑了就懂"系列广告(摘自:视觉中国)

(2) 维持消费者对老产品的关注度。产品推出时间较长，再加上其他竞争对手的新产品，消费者可能会慢慢降低对特定商品的关注，广告目的在于维持一个较高的知名度。

(3) 提出有关价格的变化情况。很多产品如IT数码、轿车等价格变化频繁，这当中主要是降价需要通告消费者。如图7-10所示，通过平面广告，宜家将自己产品的价格信息表现出来。

图7-10　宜家广告(摘自：k1982网站)

(4) 纠正消费者对某一问题的错误观念。因为消费者错误观念的存在可能影响产品的销售，需要通过广告来消除。

(5) 树立企业形象，建立品牌偏好。这是广告常见的目标之一，通过艺术化的手段表现企业的理念、宗旨及价值观等。

(6) 说服顾客立即购买。主要通过销售促进等手段让消费者感受到现在购买的好处，这种方式主要用于房地产、轿车、零售卖场、保健品等行业领域。

知识拓展

国外制定广告目标的方法之一：科利的DAGMAR法

20世纪60年代初，科利创造了DAGMAR理论，即"制定目标以测定广告效果"。他认为"广告目标是记载对行销工作中有关传播方面的简明陈述""广告目标是用简洁、可测定的词笔之于书"，其"基准点的决定是依据其所完成的事项能够测量而制定"。科利提议采用"商业传播"的四阶段理论去研究、分析消费者在知觉、态度或行动上的改变，从而达成广告最后说服消费者去行动的目标。四阶段理论分别为：其一，知名(Awareness)，潜在顾客首先一定要对某品牌或公司的存在"知名"；其二，了解(Comprehension)，潜在顾客一定要了解这个品牌或企业的存在，以及这个产品能为他做什么；其三，信服(Conviction)，潜在顾客一定要达到一心理倾向并信服想去购买这种产品；其四，行动(Action)，潜在顾客在了解、信服的基础上经过最后的激励产生购买行为。

7.3 针对性原则

广告创意的针对性包括针对社会环境、针对市场、针对消费者、针对竞争对手等。较强的针对性可以直指目标，一针见血。只有加强针对性，广告创意才能利用有效的信息去触动有效的消费者，触动他们的内心，让他们感觉到广告，感觉到广告中产品的存在。缺乏针对性的广告创意就像没有方向的拳头，击打不到目标，乱花力气是没有价值的。如图7-11所示是碧浪洗衣液的平面广告，逐渐消失的咖啡渍能让消费者联想到碧浪洗衣液去渍效果，广告的视觉语言在图像中传达给受众，并且将产品的性能通过图片具有针对性地传递给消费者。

图7-11 碧浪广告设计(摘自：中国广告网)

7.3.1 针对消费者

广告不是给所有人看的，每个广告都有自己的受众群。很多情况下，一个广告没有必要讨好所有观众。针对特定消费者就是要求在广告创意中根据受众的喜好来说话，认真调查、了解、分析特定消费者的心理状态、审美趣味和行为特点，在广告表现中迎合他们，从而获得他们的认可。

案例7-2

香奈儿广告

在这则广告中，痴情贫穷的男人爱上光辉熠熠的女明星，镁光灯与荣誉的包围无法阻挡她对爱情的奋不顾身，仓皇逃脱后两人独处时的片刻宁静宛若无人的城市上空，爱情的字典没有了贵贱。广告中影射了一场《罗马假日》的桥段。尾声处的过渡留给了"明天"——刻骨铭心的爱情一如NO.5深沉隽永，如图7-12和图7-13所示。

图7-12 香奈儿香水广告截图(摘自：中国广告网)

图7-13 香奈儿平面广告(摘自：中国广告网)

视觉上，神秘的黑夜，高贵美丽的妮可，整支广告犹如震撼的电影情节；舒缓的背景音乐给人一种心灵的宁静，很具有感染力。在盛大的场景和舒缓的音乐的刺激下使人们产生对产品的感觉；用情节策略，塑造了动人的故事情节，运用感性诉求，以男女之间的爱为诉求重心，通过爱情这种表现方式，迎合消费者对爱情追求的需求，帮助他们寻找购买动机，诱发消费欲望，这体现了知觉选择性的特点。

男女主人公的对白体现了他们之间深深的爱，也赋予了NO.5香水深刻的品牌内涵——浓浓的爱，最后"她的吻，她的微笑，还有她的NO.5香水，以及女主人公背后的N°5项链"这就很自然地过渡到了产品上，让消费者很容易接受诉求信息，理解产品内涵，这体现了知觉理解性的特点。女主角刚刚出场的时候，就出现了香奈儿的标志，这应用了首映效应，目的是为了让首先呈现出来的广告信息占据消费者的记忆，来影响消费者对品牌的认知，这体现了形象记忆。

通过人们对产品的感觉、知觉、记忆和想象，消费者的心理活动会被提升。拥有了N°5的女人可以遇到一个爱她的男人，男人能够拥有一个性感女人，使人们进行各种思维从而加深对品牌的认识。

【案例分析】

这则广告牢牢抓住消费者的心理。视觉上给人高贵典雅、气质雍容的感受，与香奈儿高端的品牌相符合，平面广告的展示迎合了Chanel消费受众的心理——追求高贵，追求完美。"香奈儿香水，香伴一生"的标语，打准消费群体多为女性，追求爱情专一的心理。

Chanel的NO.5香水，让5成为香水界的一个魔术数字，代表一则美丽的传奇。NO.5是20世纪20年代末以来全世界销量最好的香水，NO.5是个如此令人容易记忆，即使跨越疆界都无须翻译的名字！承袭90多年来不变的内敛优雅与细腻重新演绎的香氛版本。NO.5发挥它强烈的神奇魔力，以低调典雅与世故的香气环绕着女人。随时喷上这款香水，代表的是女人味，让女人表达自我性感，并持续拥有此神奇的魔力。联系名人安迪沃荷和玛莉莲梦露，加上依兰花和格拉斯茉莉，让NO.5成为全世界最伟大也最为知名的香水。

这款永恒的经典作品，不但现代感十足，同时与众不同，是女性香水的指针——永远的摩登典雅。这就是NO.5香水现代、典雅、简约的特质。永恒的秘密是简约、低调，保有最精髓的部分是香奈儿女士的经典名言。

(资料来源：根据百度文库资料整理)

针对这些消费者的基础是消费者细分理论，按照市场营销学的观点，可以按照多种变量将消费者分为不同的类型。

(1) 地理要素。地理要素可以按照区域、城市规模、人口密度、气候特征等进行细分。例如，在我国以气候特征为依据可以分为南方消费者和北方消费者。对于加湿器这样的产品来说，由于南方地区气候湿润，所以在广告创意中可以不用考虑南方消费者的喜好。

(2) 社会因素。社会因素可以按照职业、社会阶层、受教育程度、宗教信仰、个人收入等进行细分，如图7-14所示，就是针对爱好越野的人士设计的。

图7-14 马自达越野车广告(摘自：三视觉网)

(3) 生理要素。生理要素可以按照年龄、性别、家庭规模等细分。比如，妇女卫生用品，其消费者不言而喻，如图7-15所示。

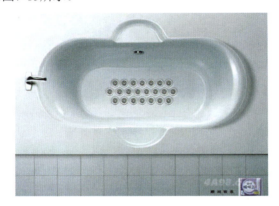

图7-15　卫生用品广告(摘自：中国广告网)

(4) 心理要素。心理要素可以按照生活方式、个性、价值取向、消费观念等进行细分。例如，可以按照生活方式分为变化型、参与型、自由型和稳定型。

(5) 行为因素。行为因素可以按照品牌忠诚情况、使用者状态、对产品的态度进行细分。

7.3.2　针对竞争对手

对大部分行业市场而言，都是几家企业的几个品牌占据着绝大部分市场份额，如可口可乐和百事可乐、麦当劳和肯德基等。这就告诉我们在广告创意中要从实际情况出发，针对主要的竞争对手，有目标性和针对性地提出说辞和进行表现，这样才可能达到事半功倍的效果。如图7-16所示，乔装打扮的麦当劳叔叔都会选择汉堡王的汉堡，不仅针对了消费者，还针对了竞争对手。

图7-16　汉堡王广告(摘自：设友公社)

在针对竞争对手的创意中，要全面考虑，仔细把握。

(1) 自己有无实力向对手挑战，不要搬起石头砸自己的脚。

(2) 很多针对竞争对手的广告都是运用比较的手法，注意要在法律和道德的范围内进行。

(3) 要选择合适、有利于消费者容易理解的挑战点，所谓的"针对"，目的还是要消费者了解和认识自己产品或品牌的优势，消费者是否接受为选择针对点的首要依据。

7.3.3 针对社会环境

无论是企业、品牌、产品，还是为它们进行宣传的广告，都不是孤立存在的，它们都是存在于社会的大环境中，与当时的政治、经济、文化、民生紧密联系在一起。在广告创意中，我们需要考虑到这些社会环境因素，尽可能地利用这些社会环境，针对特定环境，让社会环境因素成为广告创意的元素。

消费者在接受信息的过程中总是会对新近发生的政治经济事件或与自己相关的民生事件投入更多的兴趣和精力。广告创意针对社会环境、针对事件，目的就是利用消费者对这些事件的关注，转移至消费者对广告的关注，引起消费者更多的注意，获得他们的共鸣，从而取得更好的广告效果。

7.4 简洁性原则

广告创意的简洁性既包含广告内容的简洁，也包含广告表现的简洁，是指创意必须简约、单纯、明确、清晰，把广告所要传达的意思以简洁明了的视觉元素、语言元素、声音元素等表现出来。简洁性既要求创意有高度的综合性，也要求其明了易懂。

7.4.1 简洁中的智慧

简洁看似简单，但在思维上却是复杂的。简洁是一个高度浓缩、提炼、升华的过程，是一种广告智慧。很大程度上简洁也是丰富、丰满，只有最简洁的东西才具有最大的孕育性和想象空间。长期以来，简洁且有震撼性是优秀广告的标准，也是广告创意的要求。如何让自己的广告独占鳌头、与众不同呢？那就是简洁，简洁是广告创作中屡试不败的法则。它是唯一能在保证全面详尽地传递信息的同时，又可以在喧闹的世界中独领风骚。

📊 **案例7-3**

舒肤佳——以简洁的"除菌"概念雄霸市场

1963年舒肤佳除菌香皂首次在美国上市(属于宝洁公司的品牌之一)，此后畅销于全世界几十个国家和地区。

1992年舒肤佳进入中国市场，而早在1986年进入中国的力士当时已牢牢占住香皂市场。后生舒肤佳却在短短几年时间里，凭借其高质量和准确的市场定位，硬生生地把力士从香皂霸主的宝座上拉了下来，成为中国个人清洁产品市场的主导品牌，取得了极大的成功。根据2001年的数据，舒肤佳市场占有率达41.95%，比位居第二的力士高出14个百分点。

【案例分析】

舒肤佳的成功自然有很多因素，但关键的一点在于它找到了一个新颖而准确的"除菌"概念。

在中国人刚开始用香皂洗手的时候，舒肤佳就开始了它长达十几年的"教育工作"，要中国人把手真正洗干净——看得见的污渍洗掉了，看不见的细菌你洗掉了吗？

在舒肤佳的营销传播中，以"除菌"为核心概念，诉求"有效除菌护全家"，并在广告中通过踢球、挤车、扛煤气等场景告诉大家生活中会感染很多细菌，然后用放大镜下的细菌"吓你一跳"。就是一条简洁的"除菌"概念，加深了消费者对舒肤佳产品性能的了解。

(资料来源：根据豆丁网资料整理)

7.4.2 简洁能使消费者更好地接收广告信息

受众群处在一个信息高速增长的环境里，某些情况下对信息特别是广告信息的接受已经麻木。不管你是否愿意，每天各种报纸广告、杂志广告、电视广告等都伴随在每个人的身边。在这种情况下，消费者不可能对每一个广告都投入感觉和精力。消费者对广告投入的时间是非常有限的，而且通常是在漫不经心和无所谓的状态下。一个普通平面广告，消费者关注的时间很可能就是几秒，消费者对户外广告的关注很可能就是抬头或转身一瞬间，而对电视广告和网络广告，很多受众似乎已经是视而不见。

简洁原则就是广告创意应从消费者更好地接受广告信息的角度来考虑。现实中，一方面包括广告信息在内的各种信息众多繁杂，另一方面消费者接受广告信息大多数情况下是无意识的、非主动的。这就要求广告创意必须简单明了、纯真质朴，要一针见血，只有这样才能让消费者认识到特定广告信息的存在，并保持一定的记忆。

小贴士

有些广告主认为自己的产品什么都好，又觉得广告是付费的传播活动，所以要求在广告中把产品的特点一一列出，认为写得越多，吸引的消费者也就越多。其实过多的信息诉求反而会削弱消费者的印象，什么都有就等于什么都没有，什么都突出就等于什么都不突出，如图7-17所示，通过一个水果形状的水杯，将产品的"天然无添加"理念一目了然地传递给了消费者。

图7-17 蔬菜思慕雪蔬果饮料创意

7.5 差异性原则

技术的进步、媒体的发展,以及全球一体化步伐的加快,产生的信息呈几何态增长,使得我们处在一个信息爆炸的时代。受众已经被信息的汪洋大海淹没。在形式各异、色彩缤纷的广告创意背后,其实质是广告信息的传播。广告信息同其他信息一样也处于快速增长状态。如何让广告传播更有效,如何让受众在信息的海洋里接触、接受广告,这是每一个广告创意人必须面对的问题。

7.5.1 差异性与创新性

广告创意差异性的本质是原创和创新。与众不同的新事物往往会有很强的冲击力、生命力和吸引力,在广告创意中运用新的形式、角度和方法也是如此。别具一格,并给人以新的感受和启迪是广告创意所要追求的方向。如图7-18所示,这则杀虫剂的广告就别出心裁,给人以很深刻的印象。

图7-18 杀虫剂广告(摘自:站酷网)

要想广告创意达到较好的效果就要避免广告策划的简单化和经验化,如果广告都是一样的,就很难让消费者注意到,也很难引起消费者的购买欲望,没有促销的作用,也就达不到广告的最佳效果。例如,在各种行业的广告中,日化用品类广告占据了举足轻重的位置,但是日化用品广告却完全走向了一种模式化,因此十分缺乏创新,相互间也没有差异性。

7.5.2 广告创意差异性的理论依据

追求广告创意差异性的意义主要表现在以下几个方面。

1. 差异性可以更好地引起受众的注意

一般情况下,广告对受众个体产生的效果,在心里有这样的一个路径,那就是首先引起注意，然后提起兴趣，其次激起欲望，再次加深印象，最后是引起行动。我们可以看出，引起受众的注意是广告效果的首要环节。当今信息社会，在大量信息中如何让受众注意到你所传递的信息，是一件值得研究的事情。

在差异性的广告创意中就能很好地做到这一点，用"与众不同"和"新"来引起消费者的关注，从而迈出成功广告创意的第一步。人们平时的行为，以及处理各种情况的方式，是受到先天本能反应和后天经验的影响的，我们也可将这一行动过程看作是人们对外部环境所传递的信息的反应过程。当外部环境趋于稳定、输入信息极少变化时，人们的反应趋于一种被动的惯性反应，这个时候就不可能引起人们对信息的关注，而只有当这种刺激信号变化时，才能引起反应。这种变化越是出人意料，反应也就会越强烈，这就是要求广告创意差异性的心理基础。

2. 差异性能更好地加深受众群对广告的印象

在很多的商品中，一般消费者都难以对这些商品做出选择，他们需要在一定的时间内进行考虑，最终形成消费决策。对于差异小或者是没有差异的广告不能对消费者产生震撼力，这时消费者也难以把这样的广告商品选进选择范围之内。而差异性的广告创意是具有很强的心理突破效果的，与众不同的新奇感总是引人注意，能够在消费者的脑海中留下深刻的印象，这样就能够给消费者提供一定的选择，从而达到了广告的目的。

3. 差异性能够更好地树立企业的形象

企业形象从消费者的角度来说就是他们对企业的认识、看法、印象和感觉，良好的企业形象对于企业长期发展的支持作用是很大的。如何让消费者对企业获得认识和看法呢？事实上，企业树立良好的形象，只能依赖于产品的包装。那么广告中的大众传播性质，使它成为影响企业的一个重要因素。

在很大程度上有什么样的广告就有什么样的企业形象，广告形象影响甚至决定着企业形象。广告中所表现出的气质、格调、氛围，会被消费者自然地引入到对企业和品牌的认知中去。如果广告创意长期缺乏个性和没有差异性，会使品牌的形象毫无新意和生机，这对于企业和品牌来讲，长此以往是极为不利的。

案例7-4

云南白药急救包——填补本土产品空白

目前市场上，急救包并没有成熟的大众市场品牌。同类产品中，海外进口产品在专业性和使用功能性上投入了较大的研发成本，价格与功效更适合专业机构使用；本土产品品质太低，主要是各类创伤药品的杂乱堆砌，无法满足大众消费市场的发展。

云南白药急救包专门研发配备了更适合普通消费者使用的创伤用品，更贴近消费者的价格，更符合大众意外处理的产品组合。因此，它最好地权衡了急救包市场中应用专业性与消费价格性，成为面向大众消费群的龙头品牌，形成了独立的品类壁垒。较之前急救包狭小的专业应用领域，云南白药急救包试图在更广袤的市场中破局。

1. 品牌定位——大众化便携式急救器材

云南白药急救包融合了百年白药的文化底蕴和科技含量，彩虹援助产品的专业性和安全性均值得大众信赖。云南白药急救包更有独特的彩虹设计理念，将器械和药品按应用方式进行色彩区隔，化繁为简，方便取用。

目前，云南白药急救包主要包括车载、家用、军用、警用、安全生产防护及户外运动6大类。

2. 品牌优势——主场的天时、地利与人和

天时：后"5·12"时期的急救品类认知良机。地震灾害极大促进人们对急救包的需求。

地利：巨大的主场优势。昆明地域独特的白药大药房销售渠道与地方媒介资源配合优势。

人和：强大的地区研发团队、销售团队与市场策略团队支持，最快速应变市场状况。云南白药在昆明当地巨大的主场人气与品牌信赖度。

3. 营销传播目标

目标一：影响力。噱头营销，制造产品上市关注度，让云南白药急救包与时下最热门的消费者急救、安全必备措施画等号。

目标二：渗透力。找准一个传播突破口，再辐射至急救包更广泛的目标消费群体，形成相关群体的市场认知。

【案例分析】

云南白药急救包采取差异化的广告原则，先发制人，借助云南白药的百年品牌根基树立起品类领军者的角色，将具有差异化的产品向大众普及，并借助"5·12"汶川地震中为急救包的宣传奠定了一定教育基础，中国大众的急救意识空前警醒。云南白药急救包在已不需要对急救意识教育花费过多成本的前提下，将"急救"转换为"援助"，将"急救包"演绎为"护身符"，引导大众对传播主张"彩虹相伴，一路平安"的深度理解，打造"身边常备急救包"与"安全保平安的护身符"印象强关联，彻底扭转了大众以前"急救只是在突发事件来临时才需要"的思想观念。

转变急救包形象，给冷冰冰、话题沉重的急救赋予年轻吉祥的生命诉求。单一的急救包名称给人以事故、沉重的第一印象，很多消费者甚至会有买急救包不吉利的观念，给急救包赋予鲜活的生命形态是转变人们"5·12"沉重、消极心态的重要使命。让人们在相对轻松、美好的生活姿态中，接受"彩虹相伴，一路平安"的美好祝愿。

因此，在广告策略中，四款急救包分别赋予了"昆虫包""波波包""丽人箱""如意箱"的产品命名。前两者是对昆虫族、波波族年轻、活力生活形态的美好寄托，而后两者则是使用者地位的尊贵象征。这种朗朗上口的产品命名，不仅方便终端销售，而且更自然地拉近消费者与急救包的距离，与消费者产生生活追求的共鸣。

(资料来源：根据道客巴巴资料整理)

> **知识拓展**
>
> 广告大师威廉·伯恩巴克(William Bernbach, 1911—1982)说:"你没有吸引力使人来看你的这页广告,因此,不管你在广告里说了什么,你都是在浪费金钱。"可见,创意在广告中的作用首先表现在广告的第一层次的要求上,即刺激醒目,引起兴趣,促使购买。也就是说,由于广告的作用,某种产品获得了比其同类产品更多的销售机会。

7.6 通俗性原则

广告应遵循通俗性原则,同时要求通俗必须具有相对性和对等性。

7.6.1 广告产生效果的前提是通俗易懂

广告产生效果的前提是消费者要知道广告在说什么,才能决定自己购买的趋向。如果消费者对于广告不能理解的话,那么广告的效果就毫无作用。广告内容通俗可方便消费者看得懂广告,便于消费者对广告的认识和理解,从而为较好的广告效果提供前提。如图7-19所示,用水果做罐头的瓶身,简明扼要且通俗易懂。

图7-19 水果罐头的平面广告(摘自:站酷网)

广告的本质是信息传播,传播模型有发送者、接收者、编码、解码等要素,要使广告信息有效地传播,发送者不仅仅要考虑自身的编码工作,而且还要考虑接收者的解码方式,考虑接收者的解码能力和水平。如果接收者的解码方式出现障碍,信息的传播就无法顺畅进行。

7.6.2 通俗的相对性和对等性

一般来说,广告都有特定的目标受众,有的产品目标受众范围小一些,而有的则非常宽泛,如一些日化用品、饮料食品、家电等。广告是给目标受众看的,以目标受众的能够接受和理解为原则。目标受众如果能够理解,那么就说明广告创意在通俗方面做得比较好,至于目标受众以外的其他人是否能够接受,那并不是我们关注的要点。

要想更好地理解通俗的相对性和对等性,主要应把握三个方面的差异性,那就是知识水平差异、文化习惯差异、经验背景差异。

1. 知识差异

不同的广告受众之间的知识水平差异是非常大的,而知识水平又决定了受众对信息的解码能力。因此在广告创意的通俗方面要重点考虑受众的知识水平差异,对于受众面较广的大众化消费品要尽可能通俗、简洁、易懂。而对于受众面较小的商品广告,则要区别对待。比如,化肥、农药等农业用品,其受众群是农民朋友,那么文化水平相对较低,创意广告需要运用通俗的语言和画面来告诉他们这些产品能够给他们带来什么好处。

2. 文化差异

广告所面对的每一个消费者都是在一定的文化环境中成长和生活的。这种文化环境影响着消费者的生活方式、消费习惯、审美感受、价值判断、理解方式和接受特点。不同的国家、不同的民族、不同的地区具有不同的语言、风俗、习惯,同样的广告创意对于不同地区的受众来说,理解程度与难度也是不一样的。

知识拓展

我国的很多广告都利用了大家非常熟悉的典故、故事、成语、人物等来说明某一产品的特点,帮助消费者认识理解产品几乎不存在困难。如果这样的广告拿到日本或韩国,他们的消费者也可能勉强理解,因为他们很多的传统文化和中国同宗同源。但是把同样的广告放到欧美,他们的消费者就只能两眼摸黑了。

3. 背景差异

每个受众群体都有自己的社会经验、生活阅历、职业爱好等,这些都意味着不同的受众群体有不同的经验背景,对着同一个广告,很可能因为受众经验背景的不同而在理解难度上产生差异。

作为广告创意人员不能完全从自己的角度出发来考虑广告的通俗性,而是要从消费者角度考虑他们的经验背景,很多简单的问题对于特定消费者就不一定简单。例如,年轻人每天都和计算机相伴,知道上网、网上购物等;而年纪大的人,由于生活的年代影响,生活方式不容易发生改变,可能对现在新潮的东西无法理解。这就需要广告创意人员在创意中运用受众熟悉的元素来帮助消费者对广告的理解。

7.7 广告创意案例

7.7.1 雪佛兰——热爱我的热爱

1. 汽车设计师篇

"我热爱汽车,从爸爸的拖拉机开始,我的梦想就是设计出中国人喜欢的汽车。虽然,这不是一条平坦的路,但我庆幸人生中的每一天,我都在接近儿时的目标,它在我心里,坚定而美好。我的热爱能走多远,直到中国制造变成为中国而造。"

"雪佛兰,热爱我的热爱。"

2. 旧货精品店篇

"我们的热爱就是我们的小店,卖我们喜欢的旧东西,踩着别人的脚印,不如开辟自己的领土,撞了南墙也绝不回头。谁说爱好这件事成不了大事?没有做不成的梦,只有太早醒的人。我们的热爱能走多远,直到走别人的路变成走自己的路。"

"雪佛兰,热爱我的热爱。"

3. 音乐家篇

"我,热爱演奏,尽管不是哪儿都有知音,也没想过要成为什么音乐家,也没打算用音乐拯救世界。但至少,我爱的东西,我永远都会背在自己的肩膀上。人生本来就是一场即兴演出。我的热爱能走多远,直到每段旅程变成我的舞台。"

"雪佛兰,热爱我的热爱。"

4. 徒步旅客篇

"我热爱旅行,不为别的,只为把世界看多一点,我不坐飞机,也不打的,但我去过的地方比谁都多。生活就是这样,脚长在自己身上,往前走就对了。我的热爱能走多远,直到向往的风景变成走过的地方。"

"雪佛兰,热爱我的热爱。"

【案例分析】

整篇广告,并没有从介绍雪佛兰车的功能出发,而是通过画面、通过主人翁们的话语向人们传递一种热爱的氛围、坚持自己热爱的精神,让人很受鼓舞、很励志、很给力。

刚一开始看这些广告感觉没有体现出雪佛兰的特点,即没有雪佛兰的标志,看起来似乎和它没有关系,但是,广告通过一个个故事的介绍,以及每个故事的最后一个镜头、画外音和画面上同时定格"雪佛兰,热爱我的热爱"看出,这是雪佛兰品牌在向人们传递一种热爱的精神,昭示着人们去坚持自己的热爱。这是雪佛兰在给自己的品牌做内涵的介绍及培养,一个想长远发展的品牌,没有品牌内涵没有品牌文化,是不可能走长远的。从这个角度看,雪佛兰做这个广告是相当成功的。

同时，这篇广告中让人印象最深的就是这句"热爱我的热爱"。每个人都有自己的理想，甚至可以说是因为某些客观主观的原因让它成为无法实现的奢侈的梦想，但这个梦想却真的是我们发自内心的热爱的，就像广告中"我，热爱演奏，尽管不是哪儿都有知音，也没想过要成为什么音乐家，也没打算用音乐拯救世界。但至少，我爱的东西，我永远都会背在自己的肩膀上……"也许这份热爱，并不能让我们成为什么，或者说依靠它来成功，但这份热爱是我爱的东西，就算不能实现，有这么一份热爱在我心里已经足够。热爱的东西，就大胆地去热爱去追求去为它努力，不为能否成功，只为满足自己的热爱、满足自己的爱好、满足自己的梦想。这份热爱的精神就足以打动人。人生本来就是自己的舞台，只要有追求就是最大的满足，人人都可以"热爱我的热爱"，如图7-20所示。

图7-20 雪佛兰广告

(资料来源：根据中华文本库资料整理)

7.7.2 李宁产品广告

"90后李宁"的这则广告延续了老李宁品牌的大气与拼搏的精神，同时，又加入了90后人们的张扬、不服、想变就变、想怎样就怎样的不羁与潇洒。这些体现出了李宁品牌的时代发展，即根据自己产品的定位——青少年的运动品牌和如今的受众群体——90后，及时调整自己的品牌内涵与发展方向，如图7-21所示。

图7-21 李宁广告

尽管该广告的开场镜头并没有以"90后李宁"的产品形象出现，并不能让观众第一眼就知道这是什么品牌的广告。但是，第一个镜头很好地展现出了一个故事的开端，吸引着人们继续往下探究这一广告如何发展，吸引着人们想去探究这到底是什么广告，同时它也向大家阐述着"90后李宁"的品牌内涵。到了广告的最后，"90后李宁"的标志放大出现在画面中，很有视觉冲击力，特别容易在消费者的心中留下深刻的印象。

【案例分析】

首先，整篇广告中，让人印象最深的就是最后的画面"Make the change"。深褐色加点儿红色的背景上彰显着红色的"Make the change"，显得醒目和耀眼，在向受众传达出这一广告口号的同时也让人们深深感受到"90后李宁"品牌新的变化。"Make the change"和"一切皆有可能"一样，昭示着青年人想做什么就做什么，没有什么不可以，用自己的双手去改变一切的不可能，用自己的双手去创造属于自己的梦想，没有什么可以阻止你，只要你想，一切皆有可能。

其次，"李宁"现在在发展，在跟着它所面临的受众人群的特点一起发展，这是一个大品牌应该具备的对受众的敏锐洞察力。很简单，李宁运动品牌，它的目标人群就是青少年，那么现在处于青少年的是谁？90后！"Make the change"很好地道出了90后们的心声，他们不再是任人摆布的小绵羊，他们不再是唯唯诺诺的小羔仔，他们是一群拥有着巨大个性想怎样就怎样的年轻人；他们叛逆、他们轻狂、他们任性，他们不需要别人来给自己安排人生；他们无畏无惧、什么都不怕、只要我想，什么都拦不住。他们就是这么疯狂，而"90后李宁"，正是和他们的性格相符，和他们的个性相符。因此，"90后李宁"在李宁品牌新发展的道路上走得是正确的，在保留着李宁原有的内涵外又融入了新的含义，相信，"李宁"可以在中国体育品牌甚至世界体育品牌中越走越远，独占鳌头。

(资料来源：根据中华文本库资料整理)

广告不仅要吸引消费者的注意力，还要起到销售的作用。如果广告没有好的点子，广告就像很快被黑夜吞噬的船只。现代广告创作人员必须遵循的基本原则有实效性原则、目的性原则、针对性原则、简洁性原则、差异性原则和通俗性原则。

1. 为什么说实效性原则是广告创意的第一原则？
2. 谈谈关于广告创意基本原则中的简洁性原则。

实训课堂

1．内容：根据以下3幅广告(图7-22～图7-24)，利用本章节的内容对其创意进行分析，看看它们符合哪些原则，不符合哪些原则。

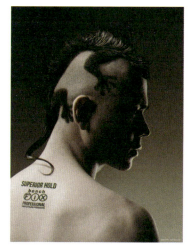  

图7-22　美发产品广告(摘自：中国设计网)　　图7-23　沐浴产品广告(摘自：中国设计网)　　图7-24　孕妇咨询中心广告(摘自：中国设计网)

2．要求：分析得当，结合图片，切忌只有理论知识，不少于1 000字。
3．目标：真正地理解什么是创意，通过实例的分析，掌握创意的特性。

第8章

优秀广告案例分析

 学习要点及目标

- 了解优秀广告作品的特征,学会对广告作品进行分析,同时会赏析各种广告的创意,从这些案例中汲取精华。

 引导案例

安踏:草根精神永不止步

"自相矛盾"的故事发生在近两千年前的楚国。跨越了两千年的历史长河,这种叫卖宣传的方式已经发展到更高的境界,并且无孔不入地渗透进人们的生活。对于这种方式,现代有一个专门的名词,叫作"广告"。

从来没看过广告、对广告一无所知的人,他肯定不是一个现代社会的人。在信息高度拥挤、越来越趋于饱和的今天,广告是人们获取信息的主要方式之一。尽管人们厌烦广告、逃避广告,但是人们又离不开广告。联想有一句著名的广告语:"人类失去联想,世界将会怎样?"广告人则骄傲地将这则广告语篡改为:"人类失去广告,世界将会怎样?"虽然夸张,但也是现实的写照。下面就安踏的广告为大家举例说明。

据称,安踏的广告片《公平篇》中所有的演员都是从上海各个体校选出来的专业运动员,绝大多数来自二三线城市。不久之后,安踏的另一则系列广告将同样选取普通人作为广告片的主角,这些人没有过人的天资,内心却充满了对成功的渴望。这就像同样出身草根的安踏一样,从最初的默默无闻到现在成为民族品牌的卓越代表,从开始的跟随定位到现在的独树一帜,从打开知名度到2003年开始专业化体育品牌之路再到现在致力于综合体育品牌的转型。安踏的成功,正是草根精神"Keep Moving,永不止步"的最佳印证。

从另一个层面,安踏对于草根精神的推崇也恰好体现了一个成熟企业的社会责任。安踏显然已经意识到,体育精神的核心价值就是不断超越,不断改善,是"更高,更快,更强"的奥林匹克精神。正如安踏总裁丁志忠所描述的:"我们的品牌使命就是将超越自我的体育精神融入每个人的生活。"正是这样简单而质朴的品牌梦想,成就了安踏现在不凡的业绩,并推动安踏不断前行。

战术之于战略,从明星到平民,或许人们早已习惯了体育品牌广告中一张张大众所熟悉的明星脸,继而认同了所谓的"明星效应"。2006年9月当安踏一反常规,将前面提到的一张张"平民面孔"和一幕幕生活中的运动场面大胆地放在新广告片中的时候,很多人不禁为安踏捏了一把冷汗。然而,这则相对于中国本土传统的运动品牌广告有点长的广告不仅没有让观众失望,更没有让安踏人失望。随着新广告片的播出,安踏的品牌形象焕然一新。很多人认为这则广告的视觉冲击力和节奏感很强,张扬甚至挑衅的广告语所传达的励志精神给人留下了深刻印象。"通过这个广告,我们的品牌力明显提升了",安踏品牌总监徐阳对此充满了自豪感。

徐阳坦言,在刚开始做这个新概念的时候其实是很有顾虑的。安踏的目标消费者是13~21岁的年轻人,他们是最容易被时尚感染的人群,但他们是否能接受这种拼搏、励志的文化?为此,安踏的工作人员拿着新广告片在全国7个城市进行了有针对性的市场调研,调查对象包括中学生、大学生、职场新人,这些都是安踏的目标消费群。

回想起市场调研的经过，徐阳对于其中的一个插曲至今记忆犹新。一个即将参加高考的小男孩用手机把尚未投放的广告片拍了下来，说要打印出来挂在床头用于励志。调研的结果就是，时尚和励志并不矛盾，这些年轻人同样需要被激励，他们希望在广告中看到和自己一样的普通人的身影，他们也有梦想，而承载他们梦想的并非只有明星。

谈及此前的明星路线和现在的"平民面孔"，徐阳认为二者并没有什么冲突："我们大的战略是Keep Moving，它代表的是一种主流文化，这种文化代表了中国人努力拼搏、不甘平庸的体育精神，这是一种永不止步的精神。在国外，体育是一种富人的游戏。但在中国，体育是一个普通人实现梦想的桥梁。现在的明星在成名之前不为人知的时候也只是普通人，他们也曾经为了梦想付出了不懈的努力，他们的很多成长故事就体现了我们所倡导的这种精神，完全符合我们大的战略。最近这一两年我们会比较强调普通人，但也不会忽略明星，因为这与我们大的战略并不冲突，明星和平民两条线，我们认为是相互补充的。将来安踏也不会排除明星代言，但是在明星的选择上会考虑品牌诉求，明星的出现不是否定'草根'，而是给'草根阶层'一个成功的梦想。"

【案例分析】

围绕着全新的品牌形象，安踏开始呈现出更多的品牌个性和内涵，其切入点就是草根文化。草根一说始于19世纪美国的淘金狂潮，当时盛传山脉土壤表层草根生长茂盛的地方就蕴藏着黄金。"草根"在当今的中国已经不是新鲜词汇了，从超级女声的平民选秀到郭德纲类似脱口秀的相声，从胡戈到天仙妹妹，越来越多的人有机会加入到"草根"的行列中来。

而深谙营销之道的安踏并没有因为连续6年蝉联年度运动鞋市场综合占有率第一名的成绩而忘本。正如徐阳所说："安踏的目标受众是一群有梦想的普通年轻人，他们是不堪学业压力的高中生，是迫切需要自我实现的大学生，是在职场底层努力打拼、渴望出头的职场新人。他们需要找一个渠道来释放自己，有一个目标可以去赢取，允许他们进行任何形式的自我表现和炫耀张扬——这个渠道就是运动。自强不息、千锤百炼的体育精神正迎合了他们内心的需要，成为激励他们不断努力、不断超越的精神武器，而他们身上体现的正是草根文化。安踏就是要做既能满足品牌消费需求，同时价格又适合草根的产品。安踏希望做的，就是为这些草根提供实现梦想的机会和可能。"

8.1 优秀广告作品分析

8.1.1 金六福广告分析

1. 广告目标——品牌

品牌的打造关键是品牌主题的设计，一个品牌没有明确的主题，品牌形象就会模糊不清，广告传播效果也会大打折扣，品牌资产的积累将成为更大的问题。福星酒天生与好运关联，一系列的市场策略定位、品牌形象确立等工作之后，品牌自然而然地就呈现出来"喝福星酒，运气就是这么好"，而且和主品牌金六福的定位——"中国人的福酒"一脉相承。

金六福能喝出全家福，这一策略既强化了其品牌文化和内涵，又深入人心，以简胜繁。打造成功的品牌形象需要长期的全方位的市场策略，如果在最初的光环中昏昏欲睡，终将会像一颗流星一样，只会留给人们瞬间的美好回忆。尽管在道理上谁都懂，但事实上并不是每家企业都能很好地执行。

金六福的高明之处在于，它是在不断地演绎着"福运"品牌形象，将个人的"福"提升到民族的"福"，品牌形象的塑造一步一步向前推进，烘托的气势是一浪高过一浪，让人们真正感受到"福运"的气氛在袭击过来。

北京申奥成功，金六福酒被中国申奥代表团高高举起，以示成功的喜庆，金六福成为人们为民族喜事欢呼雀跃之时的庆功美酒，其意义已远远超出了酒的范畴，而成为一种象征，即人们为国事举杯祝贺的佳酿。金六福在这时就不失时机地将其"福运"文化品牌的塑造掀起了一个新的高潮。

金六福就是这样不断地提升"福文化"的范围，它不仅象征着个人的福，而且还是全中国人的福、民族的福。这时候，金六福的广告语也变成了"金六福——中国人的福酒"，这种定位已将金六福的品牌文化提升到一种民族的"福"。

2. 广告定位——福文化

古往今来，关于白酒的诗句可谓多如牛毛："人生得意须尽欢，莫使金樽空对月""酒逢知己千杯少"等，这些国人几乎都已耳熟能详的诗句，无不折射出白酒在中国这个已有五千年文明历史国家的重要地位。无疑，白酒业是我国历史悠久的传统民族工业，酒是中华五千年的文化产物，它积淀了历史，积淀了品牌。但随着近年来白酒市场竞争的日益加剧，以及人们消费品位的日益升迁，白酒遭受到了前所未有的冷遇与落寞。就连许多白酒知名企业也深感举步维艰。寻找白酒新的生机使其焕发更美的光彩，成为白酒业人士的头等大事。

以"文化"作为营销点来运作的一些白酒企业取得了不错的效果，值得深思和借鉴。比如，在这方面做得不错的泸州老窖、全兴等，运用"文化"二字就成功地提升了其品牌的内在价值。不过，对文化的理解，许多企业却过于肤浅。例如，提到文化，就等同于源远流长、吉利、交友等内容。做"文化"的文章，更重要的是应该结合时代节奏对其进行深度细分。在未来十年内，或许更短，白酒品牌的价值定位应该以传统文化为支撑，以人文意识、人格化与某种生活情趣的象征为突破点来展开。这是一种趋势，是时代发展的必然。换句话说，也就是企业要在挖掘传统文化的基础上，对品牌及市场进行细分，确立能引发特定目标消费群体共鸣的品牌价值，使品牌具有鲜明的个性。

毋庸置疑，金六福是一个中高档白酒品牌，它的消费人群在于那些富裕起来过上好日子的中高档收入者(它的广告词"好日子离不开金六福"已经很明白无误地传达了这一信息)，因此普通质次低廉的促销品既不符合产品特点，也不符合企业形象；更重要的一点是，消费金六福，购买金六福，消费购买的不仅是身具五粮液贵族品质平民化价位的酒类产品本身，更是吉祥、如意、喜庆和福气，是寿(寿比南山的"寿")，是富(荣华富贵的"富")，是康宁(安康和宁静的"康宁")，是好德(品行和德行)，是家和合(家和才能万事兴)，是子念慈(儿女的孝顺)，所谓金酒一开，六福至矣。这才是金六福反复诉求和告诉人们的。这一点也是金六福本身的真正内涵。

3. 广告主题——勤吆喝

金六福尽管"出道"时间不长，然而知名度却高得出奇，"靠酒吃饭，哪个不知道旋风小子金六福"，提起金六福，几乎人人都能说上那句"好日子离不开金六福"的广告词，看来，金六福从中央台到地方台的广告轰炸还是见了效。据悉，现在的金六福系列酒中，三星的金六福和六福酒销得极为火爆，在中档酒中大有一边倒的趋势。

金六福"走红"的秘诀是什么？透过金六福纷扰的热卖中我们不能不有所思考。"好酒也怕巷子深""酒好还得勤吆喝"，金六福人深谙吆喝的哲学和技巧，尽管金六福诞生在酒市萎缩竞争激烈的20世纪90年代，而且工商联合买断经营的方式又使金六福带有先天性的缺陷和不足，然而它却知道在品牌营销的年代里，品牌是巨大的无形资产，一个新品牌要想在短期内被公众认知和接受就必须借助媒体的力量，时间就是生命，依托媒体，使得金六福赢得了时间上的优势，抢在了同线起跑者的前面。然后广告宣传版本的成功运用又使金六福把时间上的优势发挥到了极致。"先卖产品，再树形象"的广告策略符合事物发展的一般规律，符合人们认识事物的一般规律，同时也极大地配合了产品的销售。从好日子篇，到神仙篇，再到卓尔不凡篇，层进式的广告诉求不仅提升了金六福酒的品质和形象，更显示出其背后操作者的良苦用心。

可见，在金六福的前期市场动作中，吆喝与坚挺有着密不可分的联系，吆喝在金六福的坚挺过程中也发挥了极为重要的作用。然而，透过这个表层，我们还应看到，金六福人做市场有着独特的风格和个性。不拘泥于常理，不囿于陈规旧俗，使得金六福这匹"黑马"格外引人注目，庞大的直销队伍，超常规的高额返利，不仅没有使市场一派混乱，相反倒更井井有条，这似乎是令许多人感到不可思议的一个奇迹。

吆喝即广告促销只是坚挺的一个要素，除了丰富的市场操作经验，产品畅销还有诸多的因素，在这诸多因素中，其中不能不提到的是酒质。酒质是基础，这一点在今天争夺消费者比争夺经销商更激烈的酒界里已成为一个共识。

4. 广告组合——体育组合

2001年金六福在大手笔的动作下，实施"体育营销"的策略，创作围绕着金六福——2001—2004年中国奥委会合作伙伴、第28届奥运会中国代表团庆功白酒、第24届大学生运动会中国代表团唯一庆功白酒、第14届亚运会中国代表团唯一庆功白酒、第19届冬季奥运会中国代表团唯一庆功白酒等称号展开。在体育营销这个平台上面，金六福福星酒又分两条线路有条不紊地走着。

国足出线后，媒体将米卢誉为中国足球的神奇教练和好运福星，米卢的"好运"和"福星"的大众形象与金六福公司的品牌文化定位不谋而合，金六福公司力邀其担当福星酒的形象代言人。一身红色唐装的米卢端起福星酒，笑眯眯地向观众说："喝福星酒，运气就是这么好！"

虽然米卢平时很少喝酒，对中国白酒更是滴酒不沾，但他还是接下了中国队进军2002年世界杯唯一庆功白酒"金六福"的这段广告，成为金六福企业形象代言人，这也是米卢生平拍摄的第一个广告片。

都说2001年是中国年，申奥成功，国足出线、APEC会议的举行都是中国人的大喜事。在上海举行的APEC会议上，国家元首们的唐装形象可谓轰动，现在又借势将它用在米卢身上。

广告片和平面广告匆匆出台，遗憾一堆。但广告效果却出奇的好。米卢说"喝福星酒，运气就是这么好！"谁能不信呢？谁又能拒绝福星酒带来的好运气呢？这更加证明，在广告创作中最重要的首先是策略，即使创意和制作差强人意，但只要策略正确，成功总是能够保证的。

金六福还利用中国足球队出线而不失时机地开展公关活动，向国足们献上庆功酒。在庆功酒的新闻发布会上指定金六福酒为国足世界杯出线专用庆功酒，并授权北京金六福酒有限公司生产销售"9999瓶庆功珍藏酒"。金六福算是大出风头，米卢从金六福总经理吴向东手中接过期号珍藏证书时，还迫不及待地询问什么时候才能真正拿到那瓶属于自己的酒，已是满面春风。

由于金六福人竭诚致力于支持中国体育事业的腾飞，被指定为"中国奥委会2001—2004年合作伙伴"。

【案例分析】

纵观国内外的酒类广告创作，粗略地分主要有三种：洋酒红酒广告卖气氛；啤酒广告卖情趣；白酒广告最为朴素，也最具中国本土特色。如果说洋酒红酒是大雅路线，白酒广告则是大俗路线。那么这一次如何选择福星酒自己的路线？如何让福星酒一出场就具备新兴白酒独有的气质呢？

如果还是走白酒的老路线，那么福星酒充其量还是一个普通白酒品牌，无法达到鹤立鸡群的效果；但如果像红酒一样卖弄气氛显然不适合福星酒的产品特性。应该在大俗的同时必须有雅的成分，在大雅的同时必须有俗的成分，白酒毕竟是白酒。大俗与大雅，这一对矛盾的处理，成为广告片执行中的一个大课题。

"井盖篇"的拍摄，光演员的选择，就来往十多个回合。后来还是相信金六福人的直觉，他们看到某啤酒广告中的男演员健康俊朗，就希望能把他找出来。因为该演员不太知名，问了几十个制作人，才在上海找到这个演员。对旁白的设计也是一而再、再而三地推敲。打电话的男青年边走边说话，旁白不能太低俗，太俗就会影响品牌的气质；也不能太雅，太雅就会削弱亲和力。而且旁白不能太具体，太具体就会削弱创意的单纯性；旁白也不能太抽象，太抽象就会削弱戏剧性。最后决定采用一连串的OK、OK、OK，终于解决了这些矛盾。

从战略到战术，从策略到创意，从旁白到音效，从画面到色调，在每一个细节都精心设计，让每一个环节都为成功加分。

8.1.2 泰国公益广告分析

随着社会的发展进步，建立有效的健康传播机制，以此推动全社会的健康发展，是每个国家与地区都值得研究的话题。本文对泰国健康促进基金会的公益广告进行探究，吸取泰国在健康传播上的优点，以期给我国健康传播实践提供一些有益的启发与指引。

成立于2001年的泰国健康促进基金组织(THFD)，以启发、动员、协调和授权所有领域的个人和组织，强化健康促进能力和促进健康社会、环境等为目标，主要涉及健康饮食、健康家庭、健康社区等八大健康领域。公益广告是泰国健康促进基金组织传播战略的行动分支，是大众接收健康信息的一个重要渠道，泰国健康促进基金组织对健康类公益广告的执行主要围绕长期性策略、广泛性合作和创意性内容三个维度展开。

(1) 长期性策略。泰国健康促进基金组织将健康类公益广告计划作为长期性策略，每年在各个健康领域进行公益广告的制作与投放，以此触及大众，使他们了解健康知识，产生健康意识，从而产生风险意识。风险意识的产生与行为的改变，需要长期不断地传播与摄入。改变社会中所存在的风险行为，是一个长期性过程，这里的长期性甚至要触及未来群体。除非文化改变，风险行为同样会潜移默化地转移到下一代身上。这也是进行长期性传播的必要所在。

(2) 广泛性合作。公益广告的广泛性传播不可忽视，THFD与社会各界公益机构、学生组织、无政府组织等展开广泛合作，通过线上线下，以及社会活动，共同进行健康教育。因此THFD的每一则优秀的健康公益广告都是全社会合作的结果。THFD前期通过泰国社会数据调研机构的泰国健康情况调查，认清了目前泰国主要存在的健康及安全问题，并将事实数据呈现在广告中，起到警醒大众的作用。与此同时，广泛与科研机构展开合作，研发健康科技(如与救援中心连接的安全帽、听障人士手环等)，并借助公益广告的形式进行健康知识传播与健康科技的推广，让大众认清健康危机，采取相应措施。

(3) 创意性内容。泰国健康促进基金组织制作的公益广告大都来自泰国的BBDO、盛世长城、The Film Factory、奥美等广告代理公司，借助他们的专业优势，传播富有创意的健康公益信息，这些公益广告在传播健康的同时也斩获了各类广告大奖，如2017年的《Speed Blinds You》获得戛纳国际创意节银狮子，2015年的《The Message From The Lungs》获得The One Show 优秀设计奖，2013年的《Smoking Kid》获得银狮子……正如奥格威所说，没有一个好创意的广告，宛如黑夜行舟，无人知晓。公益广告也不例外。泰国健康促进基金组织对公益广告创意性、高质量的要求，化为了实际的效益——广泛关注度，2017年推出的《Speed Blinds You》在Facebook上获得超过560万次观看量，《Smoking Kid》在YouTube上收获超过640万次观看记录。

下面选取了泰国健康促进基金组织近年来的三支公益广告，从广告主题、表现形式、广告创意三个角度展开分析。

1. 广告目标主题

下面选取了2013—2017年泰国健康促进基金组织的三支公益广告，广告主题涉及了交通安全和戒烟行动两个方面，除了案例中的主题，泰国健康促进基金组织的公益广告还涉及儿童健康、防艾宣传、家庭健康等内容，健康类主题广泛，细腻微观，涉及泰国社会健康问题的方方面面。并且围绕各类主题，线下会同时开展各类公益宣传活动，如泰国戒烟热线(Quitline)、身体健康小手册等。

2. 定位及表现形式

通过对案例的分析整理，泰国健康基金组织对公益广告的内容制作主要通过感性、理性、科技三个维度展开。

(1) 共鸣的情感表现。《Begging For Life》(见图8-1)中受害者对酒驾司机的无力的乞求等情感表现，触动受众的内心深处。广告对受害者及受害者家属的痛苦表现，让观众产生情感性移情，包括对他人的不幸感到同情和目睹他人的不幸而产生的警示作用，从而修正自己的行为。感性诉求在泰国的公益广告中较为常见，"感人""催泪"一直是泰国公益广告的关键词，这也是信仰佛教的泰国对人性至美与社会关怀的不懈追求。

图8-1　Begging For Life

(2) 科学的理性诉求。除了从感性的视角触动受众，增强受众的安全意识外，理性的诉求方式则更加直观地警醒受众。《The Message From The Lungs》(见图8-2)从化学的角度说明吸烟的危害。广告中对健康知识的普及和对泰国目前真实的健康、安全数据的呈现，向受众客观准确地传达出事实的真相，提升大众对健康安全的认知与了解，促进行为的修正。这样的表现形式直观、客观、足够理性，进而真相的残酷性也足够警醒大众。

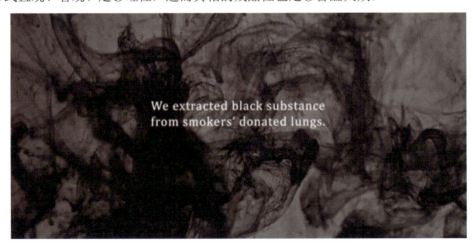

图8-2　The Message From The Lungs

(3) 健康的科技推广。泰国健康促进基金组织广泛地与各领域研究机构合作，研发推广健康科技，以此从"工具"入手改变大众错误的健康理念、引导健康行为，Hearing Rescue，一款为听障人士准备的摇动手环，提醒他们所察觉不到的危险；Absorb Plate，通过对盘子的改良，减少消费者对油的摄入，以此实现倡导健康饮食的目的；Helpmet，在发生交通事故后，安全帽会将受伤信息传送给救援中心。公益广告与健康科技的结合，让受众不仅产生修正错误行为的意识，同时为大众提供修正行为的方法，也产生了不错的效果。

3. 广告创意

通过平民化的人物形象，真实性的故事情节，以及敏锐的人性洞察，泰国健康类公益广告将创意发挥得淋漓尽致。广告中没有人气明星、社会名流，更多的是平凡生活中的小人物，广告故事大都是生活中真实发生的事件，广告的创意精髓来自对平凡生活中的人性的洞察，淳朴的情感要比矫情的表达更感人，以大众认可取代个别崇拜。 例如，在全球广为传播的《Smoking Kid》(见图8-3)中，两个5岁的小孩向大人们借火吸烟，几乎每个吸烟者都拒绝了，并告知小孩吸烟有害健康，小孩给了他们一张纸条，上面写道："替孩子担心，为什么不替自己担心？"自我提醒是对吸烟最好的警告。每个大人都知道吸烟有害，但他们却忽略了这个事实，这则公益广告敏锐地发现了这一点，利用逆向思维，唤醒大众对吸烟危害的关注。

图8-3　Smoking Kid

【案例分析】

通过以上可以看出，通过多维度的表现手法、创意洞察、全社会协同等手段，THFD所进行的健康教育传播广泛，影响深刻。为此，结合我国自身情况，吸取THFD在健康类公益广告的可取之处，给我国在健康促进方面提供一些启发与指引。

(1) 重视公益广告创意。结合我国自身的文化特色，研究我国受众特征，基于详细的前期社会调查，从策略出发，进行创意化表达，制作出富有创意的公益广告，让健康信息在信息泛滥的时代脱颖而出。 在这里，可以与优秀的专业广告公司合作，在专业的广告制作团队的带领下，基于丰富的经验洞察，表现形式的合理运用，以及专业的情节处理，创造出创意独特的高效应的公益广告作品。

(2) 突出公益广告主题。一个健康主题的展开，除了公益广告的传播之外，同时还需要与其他活动协同进行。例如，泰国在推出戒烟广告的同时，线下在学校、商场同时进行戒烟健康知识的宣传，在线上多个社交平台发布，同时设立了健康热线，为采取戒烟行动的大众提供咨询帮助。公益广告信息的传播，目的是为了让大众产生风险意识，进而能够改变不当行为。但是这一系列的转变，单单靠广告的宣传是不够的，需要政策的制定、全社会的动员、多渠道的协同等，共同促进健康教育事业的发展。

(3) 开展公益广告协作。健康教育不仅仅只是政府部门、健康促进组织的职责，同时需要社会各领域的共同协作，以促进社会健康教育的全面发展。社会组织、学校团体、媒体机构是开展公益广告协作的主体部门。在健康教育知识的普及、健康科技的推广、健康类公益广告的制作和健康公益活动的举办上，各活动主体应发挥自己的优势与作用，共同营造健康和谐的社会环境。

(资料来源：根据网络资料整理)

8.1.3 电信广告分析

中国电信"小店篇"(黑白45秒)，是由杭州阳光创意广告有限公司、上海乾城文化咨询服务有限公司联合设计的。

1. 广告作品脚本

广告作品脚本如表8-1所示。

表8-1　电信广告脚本

序号	镜头	画面	配音
1	平、中	雨后，摩托车驶过一村镇街口杂货店	
2	平、近	小店，女店主擦拭柜台及电话，随手将电话放于柜台下。	
3	平、近	一个小学生吃力骑车到小店，女店主问：	阿二头，你妈又让你来买什么？
4	平、近	男孩停下自行车，来到柜台前说：	买一袋酱油、两瓶啤酒，还有……
5	平、近	男孩努力思索就是想不起来。女店主说：女店主随手从柜台下拿出电话。	想不起来了，打个电话问问你妈。
6	平、近	男孩接过电话，按着键钮，拿着听筒。	妈妈，还要买什么东西？
7	平、近	女店主微笑着拿出酱油、啤酒。	
8	平、近	男孩放下电话说：	还要买一纸筒挂面。
9	平、近	女店主又拿出一纸筒挂面。电话铃响起，女店主接电话说：	晓得了，还要一包洗衣粉。
10	定格	字幕：多打电话，多方便	
11	近、平	男孩打电话说：	妈妈，我想买果冻吃可不可以？
12	定格	中国电信商标。	男声旁白：中国电信。

2. 技巧分析

就这么短短的45秒，给人留下的却不仅仅是一点点回味。在如今这个电话家家有的时代，看此片怎能不让人想起家里装第一部电话时的情景呢？全家一起讨论商议。装部电话仿佛是一件重大的决策。而今呢，多打电话多方便。广告不只突出了主题，为中国电信打造了品牌，还让人们体会到了电话在生活中的作用。

广告的手法也很特别，情节虽稍有夸张，但却起到了吸引人、打动人的作用。无论是色彩还是镜头的效果都给人以耳目一新的感觉。最后显现的商标再次突出品牌，让人有一种认同：装电话，中国电信能做到，有了电话生活处处都方便。

此篇在中国南方播出可以产生更大的共鸣。家乡的口音，家乡熟悉的小街，熟悉的店铺，亲切的对白，让人留恋，想家。让人联想到用电话和家乡的亲人联络是一件多么重要的事，让人无时无刻不想起家乡的故事。

突出的主题，怀旧的氛围，温馨的话语，略带一点点童趣的幽默。这完全是一幅中国式的风情画，适合各个年龄阶段的人群观看，有民族的特色。许多观众喜欢这种黑白的底色，喜欢这种童趣，喜欢这种温馨，喜欢这种怀旧和平易近人的氛围。

【案例分析】

怀旧的底色，南方的小镇，20世纪80年代的自行车，十来岁的小孩，简朴的小店构成了一幅黑白的老照片。孩子费力地蹬着车停在小店前，女店主用略带南方口音的普通话叫着他的小名，欢迎这位小顾客。

温馨，宁静，带着一点点乡土味，构成了这则广告的特点。孩子的童趣、店家的热情感染着观众。一个"还有……"打破了温馨的画面。正当人们为这个孩子的懂事而感到高兴时，一句没有下文的"还有……"多让人着急啊。妈妈还让买什么来着？孩子努力地想，支支吾吾地说。女店主却出乎意料地拿出一部电话："想不起来了，打个电话问问你妈妈。"一句话，难题顿解。"还要一纸筒挂面"，电话打完了，孩子笑了，店家也笑了。"铃……"拿起电话倾听，"还要一包洗衣粉"。最后还加上一句：我想买果冻吃可不可以？温馨的画面再次浮现。多打电话多方便，点出主题令人叹服。

8.1.4 空调广告分析

1. 广告作品脚本

广告作品脚本如表8-2所示。

2. 技巧分析

此广告受众是空调的消费者。企业的生产与销售都要从目标消费者的利益出发。这就是整合营销传播与传统营销传播的最大区别。

整合营销传播与传统营销传播最大的不同，在于整合营销传播是将整个企划的焦点置于现实与潜在的消费者身上，而不只是放在公司的目标利润上。具体表现为以下几个方面。

第一，要研究消费者的需要与欲求，卖消费者确定想购买的产品而不要只卖自己所能制造的产品。

第二，要了解满足消费者需要与欲求所需付出的成本，忘掉以往的产品定价策略。

第三，要考虑如何给消费者方便以购得商品，放弃过时的销售策略。

第四，与消费者建立关系的关键是沟通，而不仅仅是促销。

表8-2 空调广告脚本

序 号	镜 头	画 面	配 音
1	平	蓝色的地球在飞快地旋转。	男声旁白： 世界转得快，我们的脑袋怎么可以慢呢！ 要预先以未来， 要打新鲜的主意。 比如说会呼吸新鲜空气的空调机。 现在买空调的、卖空调的，谁不争着要换气。 想别人想不到的就是创新。 美的集团率先活在明天。
2	平、近	一男子在讲话。 字幕：金培耕，美的集团空调事业部	
3	俯、近	绘图笔在直尺上滑动。 叠化：电子线路板、设计人员在讨论。 叠化：一只钟表。 设计室里多架绘图台在自动工作(动四)。	
4	俯	身着整洁工作服的员工奔向图纸。	
5	平、推近	金培耕的手中出现一转动的风扇，随又变成一茂盛的大树。	
6	平、推近	绘图台前，角度尺在转动。 叠印：一片禾苗随风摆动。	
7	平、近	青山叠翠，绿树环抱，水平如镜。 叠印：湖中心，一男子坐在沙发上尽情地享受大自然的新鲜空气。	
8	定格	美的商标。 字幕：率先活在明天	

【案例分析】

这则广告画面充实，给人留下的记忆是完整的。虽然是为空调做的广告，但画面并没有直接表现空调。第一个画面由地球引出，主色调是蓝色，自然地营造出一种氛围。蓝色带给人的是蓝天白云的想象。在这个环境下，人的心情也会开朗舒畅，暗喻产品的特点是自然舒适的凉爽。蓝色是地球的本色，没有污染的，暗指空调的性能也是环保的，排出的气体不会污染环境。人们在选择电器时特别关注的也是环保。画面的配音恰到好处，直入主题，用带有反问语气的话表达肯定意思，给人肯定的答案。

计算机中飞快闪现的各类设计方案，营造出一种高科技的氛围，使人产生联想，想到高科技的应用，想到未来。画面叠印的一只钟表，让人感觉到美的集团争分夺秒的工作节奏。当镜头出现空调机时，配音响起，员工正在设计图纸，图纸上正是会呼吸的新式空调，一下点出产品特性。会呼吸的空调能带给人什么呢？让人感受到什么？一棵枝叶茂盛的大树胜过千言万语的描绘。看到树，想到环境，感觉到的是自然，而空调突出的正是这种意境。如果技术人员的设计以远山江河为依托，那么他们设计出的产品必定让人感受到这种透视辽阔的境界。现代人的生活节奏很快，因此，都希望在办公室或是家中有一个轻松自然的气氛。广告要告诉观众的就是我们的产品让你置身于自然之中。

在广告的结尾，点出"创新"的主题：产品优质，技术先进，设计工作杰出。当企业的形象标志出现在画面时，配音："美的集团率先活在明天。"点明人们所渴望的是在高科技的带领下回归自然。

8.1.5 百事可乐广告分析

百事可乐最初于19世纪90年代(1890—1900)由美国北加州一位名为Caleb Bradham 的药剂师所造，以碳酸水、糖、香草、生油、胃蛋白酶及可乐果制成。该药物最初是用于治理胃部疾病，后来被命名为"Pepsi"，并于1903年6月16日将之注册为商标，是美国百事公司推出的一种碳酸饮料，也是可口可乐公司的主要竞争对手。

百事公司的前身百事可乐公司创建于1898年。百事可乐公司于1965年与世界休闲食品最大的制造与销售商菲多利(Frito-lay)公司合并，组成了百事公司。

百事可乐(1979—2010年)的广告语如下。

1979年，把握百事精神，赋予百事挑战；1982年，喝百事可乐，享受一生美味啊！百事的时代；1983年，现在就去体会百事；1984年，百事可乐，新一代的选择；1987年，百事可乐：美国的选择；1990年，亲爱的，这就是您所需要的；1992年，不能没有它——百事可乐；1993年，年轻、开心、喝百事；1995年，百事之外，别无选择；1996年，改变新的一页，百事可乐；1998年，新一代的选择(The choice of a new generation)、渴望无限(Ask for More)；1999年，百事，渴望无限，快乐的可乐；2003年，百事，这就是可乐；2004年，突破渴望(Dare for More)，敢于第一(Dare to Be No.1)；2007年，突破、创造、发现More；2008年，全民携手，舞动中国，欢聚时刻，共享百事；2009年，百事我创；2010年，LOVE！PEPSI NEXT；2011年，渴望就是力量(出现在谢霆锋成者为王的百事广告曲中)。

百事可乐部分代言人如下。

Michael Jackson(迈克尔·杰克逊)、麦当娜、布兰妮、贝克汉姆、罗纳尔多、齐达内、罗伯特·卡洛斯。在中国，曾担任百事可乐代言人的名人包括张国荣、刘德华、陈慧琳、王菲、郭富城、郑秀文、周杰伦、蔡依林、陈冠希、古天乐、谢霆锋、赵晨浩、热力兄弟(见图8-4和图8-5)、F4、黄晓明、罗志祥、林丹、谢杏芳、快乐家族、蔡依林、庾澄庆、吴莫愁(见图8-5)等。

图8-4　2008年明星代言(摘自：中国时尚品牌网)

图8-5　2013年吴莫愁代言(摘自：中国时尚品牌网)

百事公司做了一次市场调查。调查人员发现，当消费者在挑选软饮料时，他们实际上做出了三项选择，他们拿定主意喝软饮料，而不是果汁、水或者牛奶；接着他们选择了可乐，而不是雪碧、七喜或者其他软饮料。只有在这时，他们才开始从百事可乐和可口可乐及其他可乐中挑选。同时，调查结果还表明，消费者认为百事可乐公司是一家年轻的企业，具备新的思想，富有朝气和创新精神，是一个发展很快、赶超第一的企业，不足之处是鲁莽，甚至有点盛气凌人。而可口可乐得到的积极评价是美国的化身，可口可乐是"真正的"正牌可乐，具备明显的保守传统；不足之处是老成迟钝、自命不凡，还有点社团组织的味道。因此百事可乐选择青少年作为自己的形象，年轻人充满情趣，令人振奋，富有创新精神。例如，1994年，百事可乐投入500万美元聘请了流行乐坛巨星麦克尔·杰克逊拍摄广告片。此举被誉为有史以来最大手笔的广告运动。而且调查表明，这也是有史以来最成功的广告片，这部广告片开播不到30天，百事可乐的销售量就开始上升。

【案例分析】

我们认为百事可乐以新生代喜欢的超级巨星做形象代言人是它广告策略最成功的一点。百事可乐广告的创意都源于它的市场定位。

从广告的投放来说，百事可乐的广告铺天盖地加上定位准确，促进了它的销售上升。

在广告发展史上，相对印刷和广播广告来说，电视广告是后起之秀，但在各媒体广告中，它最具影响力，也是最受消费者关注和最有争议的。因为电视屏幕上的百事可乐的广告重复播出，使消费者对这个产品产生了注意。

首先分析它的广告是怎么引起受众的注意的。它利用了广告信息的新异性；利用活动变化性；选择恰当的时空位置；提高重复率——百事可乐的广告铺天盖地，在电视屏幕上重复出现；增加趣味性——广告中充满趣味；增强艺术性——影视广告做得非常有艺术性，基本上以蓝色为主色调；利用悬念。通过以上手法引起了观众的注意。

其次分析百事可乐的广告是怎么让受众记住的。和引起注意一样，需要适当地重复；广告信息容量要恰当；利用语言特点；广告内容形象、有意义；广告形式新颖独特；增强广告的互动性；广告编排位置恰当；多种感觉器官同时参与记忆。

根据AIDMA原理，首先要引起注意，其次才能使其产生兴趣和进一步产生记忆，最后采取购买行动。

(资料来源：根据百度文库资料整理)

8.1.6 聚美优品广告分析

聚美优品的前身是团美网，中国第一家专业化妆品团购网站，也是中国最大的化妆品团购网站。在2010年9月，为了进一步强调团美在女性团购网站领域的领头地位，深度拓展品牌内涵与外延，团美网正式全面启用聚美优品新品牌，并且启用Jumei全新顶级域名。2011年，聚美优品优雅转身，自建渠道、仓储和物流，自主销售化妆品。以团购形式来运营垂直类女性化妆品B2C，打造另类的时尚购物平台。

聚美优品是一家专业的垂直类团购网站，垂直类团购网站被誉为未来团购网站的三大趋势之一；垂直类团购容易做到服务标准化，更容易吸引忠诚的客户。

2011年，聚美优品以陈欧作为品牌代言人进入人们的视线，省去明星代言费的同时，开启了电商品牌拟人化的新路径，为电子商务融入更多社会化属性，获得了"最具人气美妆电商"之称。

"我为自己代言"(见图8-6)这一案例总结了聚美优品产品、渠道、品牌、传播及行业贡献等方方面面的策略及成就，赢得了极高的评价，是围绕视频广告投播与微博、微信所进行的整合营销传播。前期预热的手法，如微博预告等，极成功地在公众中制造广泛的产品悬念，令人印象深刻；广告创意上以写实的镜头，告白式的广告词，并没有华丽的辞藻，也没有过多强调产品和品牌，但是它道出了年轻一代所面临的社会压力，也展现了他们的理想和憧憬；一句"我为自己代言"，配合聚美优品的创始人兼CEO陈鸥其传奇经历和独特的气质，在某种程度上用人格做形象，顷刻间引发广泛的共鸣！而进入投播后期，则通过微博大范围传播，并配以站点产品优惠活动、企业微博、微信等手段全方位出击，为品牌推广掀起一浪接一浪的高潮。

图8-6　聚美优品海报

【案例分析】

聚美优品这一品牌在广告上的成功取决于以下几点。

(1) 突出产品的正品保证。这是消费者最关心的问题，聚美优品从成立之初，就建立了严格的采购管理体系，所有商品都经过了严格的质量检测。与国内多家知名化妆品品牌建立起官方合作关系，并与兰蔻等国际一线品牌商展开密切合作。

(2) 突出团购。在广告中突出体现了产品的价格优势，使消费者能够在价格的权衡下首先选择聚美优品网站上的商品。

(3) 励志文案。最开始，聚美优品的广告词是"我为自己代言"。一年之后，在发布的最新广告中，依旧是陈欧为自己代言，只不过，经历了一年后，所有的挫折、汗水、梦想、希望等或许自己去表达更能打动人心。广告文案部分透露着如今团购网站的不易，陈欧则自信满满以自己的方式诉说着梦想的力量。一个理念，反复灌输，说上一千遍，你很难不被感染和同化。

(4) 锁定广告播放时机。广告选在2013年11月10日，光棍节购物狂欢前夜播出，时间相当巧妙，能让广告的收视率最大可能地转化为网站购买率。广告投放于《快乐大本营》，节目目标受众与网站的目标消费群吻合度高，《快乐大本营》的娱乐效应，能真正快速让消费者知道聚美优品。化妆品是时尚圈，时尚和娱乐紧密结合在一起，这是一个非常好的营销和传播方式。

(5) 个人与公司品牌合二为一。聚美优品的品牌传播策略较为独特，不鼓吹产品，而是做对品牌长线投资的形象广告。陈欧似乎经常出现在人气颇高的电视节目里，这个帅气的大男孩看起来似乎与娱乐本为一体。企业创始人、高管都是公司代言人，通过《快乐大本营》《非你莫属》等各种娱乐节目、微博等沟通渠道传播公司的理念、产品信息，营造出了年轻、现代、创业、激情等公司形象，直接命中目标客户群——爱美的女性们的心。

(资料来源：根据中国广告网资料整理)

8.2 优秀平面广告作品赏析

8.2.1 美国Organic Nutrition有机营养体育运动品牌广告赏析

创意，就是要让自己的思维在无限的空间里任意驰骋，天马行空！敢想、敢做、敢破格。没有什么是"不可能"的！然后再用毅力、耐心和坚持来完成它！创意需要疯狂与孤绝，需要才气、灵感、机智、聪慧融于一体，需要非理性的直觉、想象、潜意识和情感的力量。现代的创意广告制作越来越精美，内容越来越新颖，功效诉求也拍得视觉冲击力极强。如图8-7所示是美国Organic Nutrition有机营养体育运动的广告设计，根部的创意设计能够传达该产品带给人们的好处，使人们很容易想到该款产品的健康理念，并且符合广告简单明了、直击主题的原则，值得很多设计者学习。

图8-7　美国Organic Nutrition有机营养体育运动广告(设计者：王晓)

(资料来源：根据中国设计网资料整理)

8.2.2 Glad保鲜膜广告赏析

广告代理：迪拜 DDB
创意群总监：Shehzad Yunus
创意总监 & 美术指导：Firas Medrows
文案：Swati Sholapurkar，Firas Medrows
摄影：Daryl Patni
插画：Firas Medrows
高级客户经理：Krishnakumar G. P.

所谓独创性原则是指广告创意中不能因循守旧、墨守成规，而要勇于、善于标新立异、独辟蹊径。独创性的广告创意具有最大强度的心理突破效果。与众不同的新奇感引人注目，且其鲜明的魅力会触发人们强烈的兴趣，能够在受众脑海中留下深刻的印象。美国广告学教授，詹姆斯·扬说"创意不仅是靠灵感而发生的，纵使有了灵感，也是由于思考而获得的结果"。创意是从"现有的要素重新组合"而衍生出来的，创意并非天才者的独占品。如图8-8所示，是Glad品牌的保鲜膜广告，这则广告将元素重新组合，亮点在于把不用保鲜膜的"串味儿"效果直接放到图上(西瓜与肉结合)，让受众非常明确地感知到，如果不用这个品牌的保鲜膜食品就容易串味儿。

图8-8　Glad保鲜膜(摘自：中国设计网)

8.2.3 Asurin垃圾袋平面广告赏析

现代广告设计的任务是根据企业营销目标和广告战略的要求，通过引人入胜的艺术表现，清晰准确地传达商品或服务的信息，树立有助于销售的品牌形象与企业形象。

图8-9中，夜深人静的餐厅后门，照常理，应该是臭气熏天的，但是，一名厨师正在垃圾袋旁边用享受的样子呼吸空气，可见，此地的气味并没有想象中难以忍受，而是非常新鲜的感觉，很好地将"袋子关闭，气味就会消失"的理念传达给了消费者。

图8-9 Asurín垃圾袋平面广告

8.2.4 禁烟公益广告赏析

夸张一直是广告中所常用的手法。夸张是指依据一定目的，在客观现实的基础上，对事物做出扩大或缩小。从事物矛盾统一体的角度来说，夸张的意义在于它打破了事物矛盾对立面的力量平衡，通过加强和夸大矛盾的一方，让这一方成为矛盾的主要方面，从而使整个事物具有鲜明的倾向性，最终表现为事物产生了明显的特征，而这种特征往往揭示了事物的真实面貌，反映了事物的本质。夸张的修辞手法是为了体现产品的性能放大或缩小产品特征的做法，其特点是可以给人以鲜明的形象，给人以强大的视觉冲击力，给消费者留下深刻的印象。如图8-10所示的禁烟广告，则用了夸张的修辞方法来表示吸烟对人体寿命产生的影响。

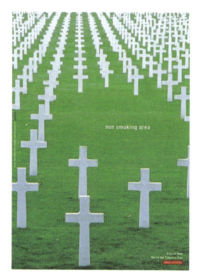

图8-10 禁烟公益广告(设计者：张磊)

幽默的技巧，唯美的视觉画面，品牌提升广告策略的表现，象征技法运用，广告情节生活化，细节处理和以小见大的技巧，常规思维模式的突破，都在本章的广告创意分析中展现得淋漓尽致。

1. 优秀广告有哪些优点？
2. 在进行广告创意的过程中，如何将元素进行整合？

1. 内容：对下面的广告进行赏析。
"对面的女孩看过来"广告作品脚本如表8-3所示。

表8-3 广告作品脚本

序号	镜头	画面	配音
1	平、近	校园一男生肩背吉他，边走边弹边唱：	对面的女孩走过来，走过来
2	平、近	对面楼窗前，一女孩含情脉脉，秋波闪烁。	
3	平、近	男生在阳台上唱：	……看过来啊，看过来
4	平、近 特写、 叠印	女孩害羞地用手抚摸脸上青春痘，转喜为忧。坐于桌前，照着镜子；女孩以手指蘸着益肤霜，抹于面颊。 字幕：PLANT去痘精华。 女孩面颊清洁红润，自信美丽。 5天以后，女孩插花，花开，惊喜地说：	说出来，谁明白？ …… 痘不见了
5	近、平	女孩手持花束站于阳台。	
6	中、平	对面阳台，六个男生同声歌唱：	我左看右看，上看下看
7	近、平	女孩微笑，以手托腮，道：	左看右看，不简单！
8	特写	益肤霜。字幕：益肤霜。	益肤霜
9	定格	字幕：广州溢香——专业护肤研究机构。	

2. 要求：参考优秀广告案例的分析方式，自行评论该广告的技巧及内容，不少于800字。
3. 目标：提高对广告分析的能力，懂得怎样来赏析广告。

参 考 文 献

[1] 饶德江. 广告创意与表现[M]. 北京：中央广播电视大学出版社，2001.
[2] 饶德江，陈璐. 广告策划与创意[M]. 2版. 武汉：武汉大学出版社，2015.
[3] 卢泰宏，李世丁. 广告创意——个案与理论[M]. 广州：广东旅游出版社，2000.
[4] 余明阳，陈先红. 广告策划创意学[M]. 上海：复旦大学出版社，1999.
[5] 王玉成，韩天雷. 广告心理战[M]. 北京：中华工商联合出版社，1996.
[6] 何家讯. 现代广告案例——理论与评析[M]. 上海：复旦大学出版社，1998.
[7] 樊志育. 广告制作[M]. 上海：上海人民出版社，1996.
[8] 何修猛. 现代广告学[M]. 上海：复旦大学出版社，1998.
[9] 张金海. 世界经典广告案例评析[M]. 武汉：武汉大学出版社，2000.
[10] 张金海. 20世纪广告传播理论研究[M]. 武汉：武汉大学出版社，2002.
[11] [美]威廉·阿伦斯. 当代广告学[M]. 丁俊杰，程坪，苑菲，张溪，译. 北京：华夏出版社，2001.
[12] [美]里斯，屈特. 定位：头脑争夺战[M]. 王恩冕，于少蔚，译. 北京：中国财政经济出版社，2002.
[13] [日]直条则夫. 广告文稿策略——策划、创意与表现[M]. 俞纯鳞，俞振伟，译. 上海：复旦大学出版社，1999.
[14] [美]肯罗曼·珍曼斯. 贩卖创意[M]. 庄淑芬，译. 呼和浩特：内蒙古人民出版社，1998.
[15] [美]汤·狄龙. 怎样创作广告[M]. 刘毅志，译. 北京：中国友谊出版社，1991.
[16] [美]大卫·爱格. 品牌经营法则[M]. 夏慧言，马洪，张键青，译. 呼和浩特：内蒙古人民出版社，1998.
[17] 徐智明，高志宏. 广告策划[M]. 北京：中国物价出版社，1997.
[18] 刘刚田，田园. 广告策划与创意[M]. 2版. 北京：北京大学出版社，2019.
[19] 潘君，冯娟. 广告策划与创意[M]. 北京：中国地质大学出版社，2019.